★财知通金融交易经典图书系列★

从零开始

股票入门与实战技术指南

王中华　袁刚 / 著

群言出版社
QUNYAN PRESS
·北京·

图书在版编目（CIP）数据

从零开始：股票入门与实战技术指南 / 王中华，袁刚著. -- 北京 ： 群言出版社，2016.10
ISBN 978-7-5193-0214-6

Ⅰ. ①从… Ⅱ. ①王… ②袁… Ⅲ. ①股票投资—基本知识 Ⅳ. ①F830.91

中国版本图书馆 CIP 数据核字（2016）第 229241 号

责任编辑：王　聪
封面设计：逸品书装设计

出版发行：群言出版社
社　　址：北京市东城区东厂胡同北巷 1 号（100006）
网　　址：www.qypublish.com
自营网店：https://qycbs.tmall.com（天猫旗舰店）
http://qycbs.shop.kongfz.com（孔夫子旧书网）
http://www.qypublish.com（群言出版社官网）
电子信箱：qunyancbs@126.com
联系电话：010-65267783　65263836
经　　销：全国新华书店
法律顾问：北京天驰君泰律师事务所

印　　刷：北京毅峰迅捷印刷有限公司
版　　次：2016 年 10 月第 1 版　2016 年 10 月第 1 次印刷
开　　本：710mm × 1000mm　1/16
印　　张：14.25
字　　数：218 千字
书　　号：ISBN 978-7-5193-0214-6
定　　价：38.00 元

前言

美国著名炒股家朱尔曾说过:“股票市场是有经验的人获得很多的钱，有金钱的人获得很多经验的地方。”在定期存款、股票、期货、基金等一系列理财方式中，股票是让人又爱又恨的一种，门槛低、收益相对高、风险可控等优点让它具备长久的诱惑力，但是面对股市里数量繁多的股票，我们究竟应该把宝贵的资金投入到哪几只股票里去呢？对于散户们来说，这是一个需要从很多方面来思考入手的问题。

炒股的技术来自于经验的积累，这一积累过程是艰难且痛苦的，那些懒惰的人、不愿动脑的人和只想快快发财的人在这行没有生存的空间。证券投资是一种智力性行为，因此入市之后就会使人费心劳神，而且随时可能受到挫折。股市行情的涨落引起的获利和损失总要不断地刺激人的神经，影响人的情绪。所以，投资者还必须有充沛的时间和体力，这样才能经得起精神上的考验。

有句俗语叫做:临渊羡鱼，不如退而结网。想要在股市搏杀中胜出，就需要专心致志、废寝忘食地学习和实践。运气往往偏爱最努力的人，而不是最聪明的人。如果你已经入市成为一名股民，那么就应该尽早补充一下投资常识和风险课程;如果你正准备入市，就必须做好基本功课，做好风险承担和防患的准备，切勿盲目行事。一些进入股市时间短的股民最大的缺陷是实践少、经验少和行情见识少，因此必须多学习。要学习股市与各种社会、政治和经济利益的关系；学习技术分析，学习社会经济知识，学习有效的财务分析知识。只有经过努力学习，新股民才可能成为股市大赢家，而不是掉入庄家的陷阱，在股市上惨败而归。

本书主要以股票买卖的流程为线性框架，并通过很多股市买卖里常用的名词，加上即便是从来没买卖过股票的人也能明白的浅显的解释，组织串联起整个框架，为你立体地呈现出股票买卖中你不得不关注的各个方面。形象来说，就好比是一本高深武功秘籍的总纲。在你修炼高深的武功前，先为你打好扎实的基础，等你对股票买卖有个清晰的概念后，自然知道日后从哪方面再去深入，真正做到一日千里。

本书包括 11 章，依次介绍了新股民入市常识，如何进行基本面分析，掌握大盘走势，巧用同花顺软件、K 线等技术分析，股票买卖的选择与时机，九大 K 线经典实战策略，不同趋势下股票买卖操作要点、时间周期，如何找到黑马股票，果断追涨、严格止损。每章讲解了典型案例，引导读者学会综合应用所学知识进行研判。书中摒弃了那些繁琐的计算原理与公式，更多介绍关于实战应用型的知识内容，使投资者阅读起来更加轻松、易于理解。

本书适合各个层次和年龄段的人群，尤其适合刚进入股市的证券投资者，通过对全书系统性地学习，投资者不仅能够获得新股民入市常识和股票基础知识，还能掌握大量的实战技能。登录 www.cztfinance.com，与大师直接面对面。

由于编写时间仓促，书中难免会有疏漏与不妥之处，恳请广大读者谅解指正。最后希望本书能满足读者的需要，并为读者解决实际问题尽一份绵薄之力。

编者于北京大学 燕北园

目录

第一篇　入门篇

第一章　明明白白再炒股

第二章　基本面分析——扫清选股盲点

第三章　掌握大盘走势——认清行情趋势

第四章　巧用同花顺软件——一目了然股市行情

第五章　预测股票买卖时机的好助手——技术分析

第二篇　实战篇

第六章　股票买卖的选择与时机

第七章　九大K线经典实战策略

第八章　不同趋势下股票买卖操作要点

第九章　定位翻倍股——时间周期

第十章　你也能找到黑马股票

第十一章　果断追涨，严格止损

第一篇 入门篇

第一章　明明白白再炒股

第二章　基本面分析——扫清选股盲点

第三章　掌握大盘走势——认清行情趋势

第四章　巧用同花顺软件——一目了然股市行情

第五章　预测股票买卖时机的好助手——技术分析

第一章

明明白白再炒股

股市新手在面对类似下面这样的图时可能会感觉到非常迷惑。实际上，在投资股票前，一些人忽视了先学习一些基础知识的重要性。虽然它们无法让你赚到多少钱，至少能让你不至于产生无谓的损失，例如因为低价配股没有现金购买而导致大额损失。因此，我们首先了解什么是股票、股票如何交易以及补仓、斩仓等概念。

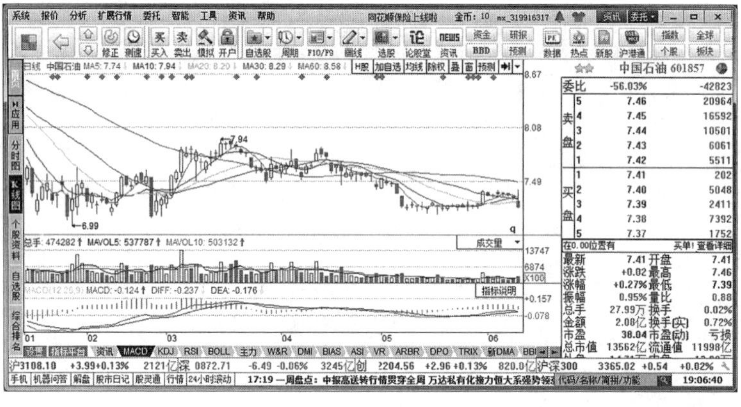

股票入门知识点 1

股票交易场所——证券交易所和证券公司

我国内地有两个证券交易所：上海证券交易所和深圳证券交易所。

上海证券交易所成立于 1990 年 11 月 26 日，同年 12 月 19 日开业，归属中国证监会直接管理，是我国目前最大的证券交易中心。

上海證券交易所
SHANGHAI STOCK EXCHANGE

深圳证券交易所是我国第二家证券交易中心，成立于1990年12月1日，于1991年7月3日正式营业。

深圳证券交易所
SHENZHEN
STOCK EXCHANGE

两市的交易品种稍有差别，上海证券交易所侧重于国有大中型企业，而深圳证券交易所则侧重于创投和中小企业（中小板）。

对于投资者来说，只和证券公司有直接联系，如果需要买卖股票，可到证券公司办理委托，证券商的业务员在受理委托后，便会立即通知在证券交易所内的驻场交易员，驻场交易员接到委托通知，按一定方式在场内依照委托要求进行公开申报，完成交易。

可供投资者选择的证券公司有很多，例如国泰君安、银河证券、申银万国、国信证券、海通证券、广发证券、招商证券、中信建投、中信证券、华泰证券、东莞证券、北京证券、渤海证券、财达证券、财富证券、国都证券、国海证券等。

股票入门知识点 2

认识股票的构成、种类

股票是股份公司发行的所有权凭证，是股份公司为筹集资金而发行给各个股东作为持股凭证并借以取得股息和红利的一种有价证券。每股股票都代表股东对企业拥有一个基本单位的所有权。每支股票背后都有一家上市公司。同时，每家上市公司都会发行股票。上海飞乐音响公司股票是我国改革开放后第一张真正意义上的股票。

当你购买了一家公司的股票后，不仅可以从中获利，还拥有了一定的权利和义务。股票的构成参数如下。

◆ 面值：股票以股份公司的资本总额化分成若干股，每一股代表的资本额就是面值。

◆ 市值：股票上市后在市场上的价格，有发行价格和交易买卖价格之分。

◆ 股权：股票拥有者按股额比例行使的权利和义务。

◆ 股息：股份公司按股额的比例支付给股东的收入。

◆ 红利：股份公司经营获利后，每年按股额分给股东的经济利益。

此外，投资者还要认识所交易股票的种类。在可流通的股票中，按市场属性的不同可分为 A 股、B 股、法人股和境外上市股票。

◆ A 股股票是指已在或获准在上海证券交易所、深圳证券交易所流通的且以人民币为计价币种的股票，这种股票按规定只能由我国居民或法人购买，所以我国股民通常所言的股票一般都是指 A 股股票。

◆ B 股股票是以人民币为股票面值、以外币为认购和交易币种的股票，它是境外投资者向我国的股份有限公司投资而形成的股份，在上海和深圳两个证券交易所上市流通。

◆ 法人股股票是指在北京的 STAQ（全国证券交易自动报价系统）和 NET（全国电子交易系统）两个证券交易系统内上市挂牌的股票。之所以称为法人股，是因为在这两个系统内流通的股票只能由法人参与认购及交易，而自然人是不能在这两个系统内买卖股票的。

◆ 境外上市股票是指我国的股份有限公司在境外发行并上市的股票，目前主要有在香港证券交易所流通的 H 股，还有在美国证券交易系统流通的 N 股。

股票入门知识点 3

三分钟了解股票术语

股票术语广泛流通于股票交易、市场分析中。下面这些股票术语交易者会经常接触到。

◆ 牛市、熊市：股票市场上买入者多于卖出者，股市行情看涨称为牛市。

熊市与牛市相反。股票市场上卖出者多于买入者，股市行情看跌称为熊市。

◆ 开盘价、收盘价：开盘价是指当日开盘后该股票的第一笔交易成交的价格。如果开市后 30 分钟内无成交价，则以前日的收盘价作为开盘价。

收盘价指每天成交中最后一笔股票的价格，也就是收盘价格。

◆ 最高价、最低价：最高价是指当日所成交的价格中的最高价位。有时最高价只有一笔，有时也不止一笔。

最低价是指当日所成交的价格中的最低价位。有时最低价只有一笔，有时也不止一笔。

◆ 热门股、成长股：热门股是指交易量大、流通性强、股价变动幅度较大的股票。

成长股是指这样一些公司所发行的股票，它们的销售额和利润额持续增长，而且其速度快于整个国家和本行业的增长。这些公司通常有宏图伟略，注重科研，留有大量利润作为再投资以促进其扩张。

◆ 手、成交量：手是国际上通用的计算成交股数的单位，必须是手的整数倍才能办理交易。目前一般以 100 股为一手进行交易，即购买股票至少必须购买 100 股。

成交量是反映成交的数量多少。一般可用成交股数和成交金额两项指标来衡量。目前深沪股市两项指标均能显示出来。

◆ 价位：指喊价的升降单位。价位的高低随股票的每股市价的不同而异。以上海证券交易所为例：每股市价未满 100 元，价位是 0.10 元；每股市价 100～200 元，价位是 0.20 元；每股市价 200～300 元，价位是 0.30 元；每股市价 300～400 元，价位是 0.50 元；每股市价 400 元以上，价位是 1.00 元。

◆ 涨跌、涨（跌）停板：涨跌是以每天的收盘价与前一天的收盘价相比较，来决定股价是涨还是跌。一般在交易台上方的公告牌上用“+”“–”号表示。

涨（跌）停板是交易所规定的股价一天中涨（跌）最大幅度为前一日收

盘价的百分数，不能超过此限，否则自动停止交易。

◆ 整理、跳空、回档、反弹：整理指股价经过一段急剧上涨或下跌后，开始小幅度波动，进入稳定变动阶段，这种现象称为整理，整理是下一次大变动的准备阶段。

跳空指受强烈利多或利空消息刺激，股价开始大幅度跳动。跳空通常在股价大变动的开始或结束前出现。

回档是指股价上升过程中，因上涨过速而暂时回跌的现象。

反弹是指在下跌的行情中，股价有时由于下跌速度太快，受到买方支撑暂时回升的现象。反弹幅度较下跌幅度小，反弹后恢复下跌趋势。

◆ 多头、空头：多头是指对股票后市看好，先行买进股票，等股价涨至某个价位，卖出股票赚取差价的人。

空头是指认为股价已上涨到了最高点，很快便会下跌，或当股票已开始下跌时，认为还会继续下跌，趁高价时卖出的投资者。

◆ 买空、卖空、套牢：买空是预计股价将上涨，因而买入股票，在实际交割前，再将买入的股票卖掉，实际交割时收取差价或补足差价的一种投机行为。

卖空是预计股价将下跌，因而卖出股票，在发生实际交割前，将卖出股票如数补进，交割时，只结清差价的投机行为。

套牢是指预期股价上涨，不料买进后，股价一路下跌；或是预期股价下跌，卖出股票后，股价却一路上涨，前者称多头套牢，后者是空头套牢。

※ 股票投资心理小建设之一：不坐等免费的午餐 ※

股市投资究竟是一项事业，还是一种赌博？有很多人把它看成一种赌博，尽管绝不会承认这一点。几乎人人心里都明白，天下没有免费的午餐，但多数人还是希望获得免费的午餐。如果真的将股市投资看成是一项事业，那么你愿意投入多少时间和精力来做投资前的准备工作呢？正如一个人想当数学家、物理学家、电机工程师或者医生、律师等，第一要做的事一定是去上学，以获取最必要的基础知识。

股票入门知识点 4

三分钟了解看盘分析术语

◆ 市盈率、周转率：市盈率是某种股票每股市价与每股盈利的比率。市盈率 = 普通股每股市场价格 ÷ 普通股每年每股盈利。上式中的分子是当前的每股市价，分母可用最近一年盈利，也可用未来一年或几年的预测盈利。市盈率是估计普通股价值的最基本、最重要的指标之一。一般认为该比率保持在 20 ～ 30 之间是正常的，过小说明股价低，风险小，值得购买；过大则说明股价高，风险大，购买时应谨慎。但高市盈率股票多为热门股，低市盈率股票可能为冷门股。

周转率是指股票交易的股数占交易所上市流通的股票股数的百分比。

◆ 认股权证、除权：认股权证是股票发行公司增发新股票时，发给公司原股东的以优惠价格购买一定数量股票的证书。认股权证通常都有时间限制，过时无效。在有效期内持有人可以将其卖出或转让。

股票除权前一日收盘价减去所含权的差价，即为除权。

◆ 增资含权、填权：凡是有股票有权未送配的均称含权。

除权后股价上升，将除权差价补回，称为填权。

◆ 增资、配股、派息：增资是上市公司为业务需求经常会办理增资（有偿配股）或资本公积新增资（无偿配股）。

配股是公司增发新股时，按股东所有人份数，以特价（低于市价）分配给股东认购。

股票前一日收盘价减去上市公司发放的股息称为派息。

◆ 阻力线、支撑线：阻力线是指股价上升至某一高度时，有大量的卖盘供应或是买盘接手薄弱，从而使股价的继续上涨受阻。

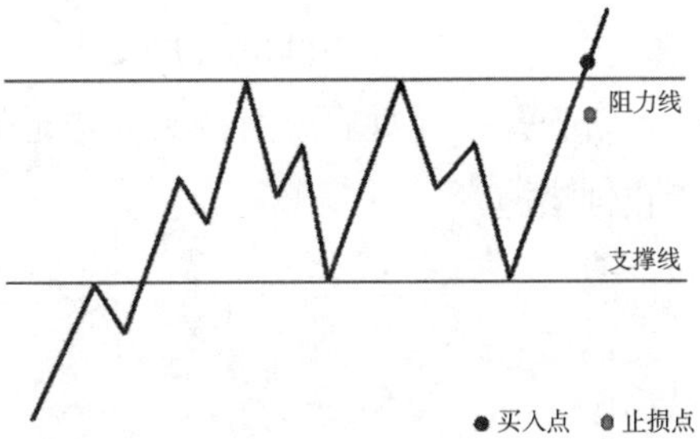

支撑线则是指股价下跌到某一高度时，买气转旺而卖气

渐弱，从而使股价停止继续下跌。

◆ 跳空、填空：股市受到强烈利多或利空消息的刺激，股价开始大幅跳动，在上涨时，当天的开盘或最低价，高于前一天的收盘价两个申报单位以上，称“跳空而上”；下跌时，当天的开盘或最高价低于前一天的收盘价两个申报单位，而于一天的交易中，上涨或下跌超过一个申报单位，称“跳空而下”。

填空指跳空出现时将没有交易的空价位补回来，也就是股价跳空后，过一段时间将回到跳空前价位，以填补跳空价位。

◆ 回档、天价、突破、探底：回档是上升趋势中，因股价上涨过速而回跌，以调整价位的现象。

天价是个别股票由多头市场转为空头市场时的最高价。

突破是指股价经过一段盘档时间后，产生的一种价格波动。

探底是股价持续跌挫至某价位时便止跌回升，如此一次或数次。

◆ 洗盘：做手为达到炒作目的，必须于途中让低价买进，且意志不坚的轿客下轿，以减轻上档压力，同时让持股者的平均价位升高，以利于施行养、套、杀的手段。

◆ 补仓、斩仓：所购买的股票或基金，在跌破买入价之后再次购买该股票或基金的行为，叫做补仓。举例说明：1 月 15 日，以 10 元买入“深发展 A”10000 股。10 月 15 日，“深发展 A”已跌至 5 元。这时你预期该股将会上升或反弹，再买入 10000 股。此时的买入行为就叫做“补仓”。两笔买入的平均价为 $[(10 \times 10000)+(5 \times 10000)]/(10000+10000)=7.5$ 元，如果“深发展 A”反弹到 7.5 元或以上，通过这次的补仓，就可以全部卖出，实行平本或盈利。如果没有后期的补仓，必须到 10 元才能回本。相反，如果 5 元继续下跌，下降到 3 元，那么，补仓的股票一样亏本，将扩大损失 $(5-3) \times 10000=20000$ 元。

斩仓是在开盘后或所持头寸与走势相反时，为防亏损过多而采取的平盘止蚀措施。

股票入门知识点 5

六步完成股票开户流程

股票新开户的流程及携带资料如下。

第一步：在确认本人从未开立上海 A 股账户以及深证 A 股账户的前提下，只需带好本人第二代身份证原件前往证券公司营业部柜台开立证券账户。

第二步：选择第三方存管银行，如工商银行、农业银行、招商银行、建设银行、交通银行、中国银行、上海银行、浦发银行、兴业银行、民生银行、深发展银行、光大银行、华夏银行、中信银行、南京银行等。

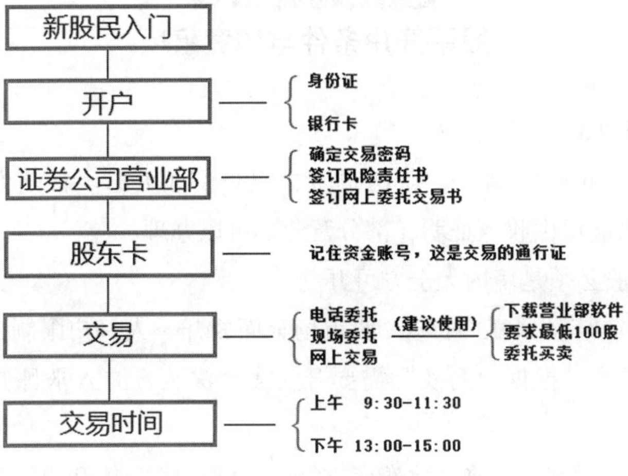

股票开户流程图

第三步：携带证券公司出具的三方存管协议和身份证原件，前去所选择的银行任意一家网点的柜台办理三方绑定手续。

注：如果你已经拥有工商银行或建设银行的储蓄卡（非存折或信用卡），在去证券公司柜台开户时一并带上，工行和建行可以在证券公司柜台刷卡完成三方协议的绑定，免去你跑银行的时间。

第四步：下载交易软件。

第五步：银证转账，将所绑定银行卡内的资金转入证券账户。

第六步：开始买卖股票。

B 股开户与 A 股的不同点：

（1）B 股开户不仅境内投资者可以办理，境外投资者也可办理。

（2）境内投资者凭身份证，境外投资者凭护照等身份证件。

（3）B 股涉及的开户费用是外币，沪 B19 美元，深 B120 港币，所以需要先向营业部索要外币账号存入相应开户费，待开户费到账后本人前往营业部办理。

（4）境内人士可以办理银证转账，但银证转账的银行远没有 A 股三方银行多，而且需要带好银行卡到证券公司办理。（可使用银行需咨询具体营业部）

股票入门知识点 6

股票开户条件与注意事项

股票开户条件如下。

（1）开户年龄限制：年满 18 周岁，以身份证上出生日期为准，16 至 18 周岁如果能提供收入证明，部分营业部可以办理。

（2）A 股必须是境内人士方可开立。

（3）2015 年 4 月 13 日起 A 股市场全面放开一人一户限制，自然人与机构投资者均可根据自身实际需要开立多个深 A、沪 A 股账户和封闭式基金账户。

（4）开户时间：目前多数券商支持 7×24 小时全年开户，具体时间可咨询各券商。

（5）携带材料：身份证、银行卡（银行卡去银行连三方用，没有银行卡可在证券开户后去银行办三方时新开）。

（6）开户费：目前各券商均免开户费。

股票开户注意事项：

（1）股票开户必须是本人亲自办理，不能代办。

（2）第三方银行卡建议是当地的银行卡，用外地的银行卡可能会产生转账费用；并且，只能在银行卡开户所在地柜台进行三方关联。大部分券商可以多银行存管；在银行规定时间内（周一至周五：9:00—16:00）办理股票证券账户第三方银行存管指定签约。

※ 股票投资心理小建设之二：跳出贪念怪圈 ※

如果总想追求利润最大化，不能克服人性本身的弱点，就会陷入下面四种怪圈：

◆ 很多人都认识到高抛低吸、滚动操作可获得较大的利润，也决心这么做。可一年下来，却没滚动起来，原因就是抛出后，没有耐心等其回落，经不住诱惑，又想先去抓一下别的热点做短差，结果适得其反。

◆ 看好基本面、技术面后选了一只好股票，走势也可以，只是涨得慢些便耐不住性子，通过打听消息想抓只热门股先做一下短差，再拣回原来的股票，结果往往是左右挨耳光，这边套牢，那边踏空。

◆ 赚小钱赔大钱。大多数投资人由于贪欲遣使，当赚了钱时急于获利了结，而当赔了钱时企图扳回平手，而导致越输越大。

◆ 总是满仓。有飘红的股票就想买，总抱着侥幸心理，以为自己也可以买到逆势走强的股票，天天满仓。本想提高资金利用率，可往往一买就套。绝大多数投资人在股票市场上失败的原因，往往是下手过重，或曰"交易过量"。他们往往期盼一夜暴富。在这种巨大利润的遣使下往往铤而走险，他们会忽略相对应的巨大风险。

第二章

基本面分析——扫清选股盲点

基本面分析作为投资分析的一种方法，在股票实战中发挥着重要作用。通过对基本面进行分析，可以使投资者更清楚地认识和了解国家的经济形势、行业的发展状况以及企业的内在价值，进而能够合理判断股票市场的价值中枢以及股票的价值与价格是否背离等。这一章为投资者提供一些有价值的参考建议，引导投资者做出正确的投资决策。

股票入门知识点 7

基本面分析会告诉你什么？

股票基本面分析是我们在对股票投资价值进行评估时，时常要用到的技巧。要想了解什么是股票基本面分析，先看下面这则针对某煤电企业的分析实例。

【公司分析】 1. 公司上市时间 2002 年 8 月 10 日，总股本 6.29 亿，流通股 6.29 亿股，每股收益 0.15 元，每股净资产 2.876 元，净资产收益率 5.52%，主营收入 59.31 亿，主营收入增长 49.01%，每股未分配利润 1.27 元，净利润 9425.42 万元，净利润增长 20.50%，销售毛利率 8.91%（截止 2010 年 10 月 30 日）。

2. 公司的经营业务：煤炭生产及销售（限分支机构凭证经营），发电及输变电（自用电）；机械制造，设备安装（国家有专项规定的除外）；国内贸易（国家有专项专营规定的除外）；咨询服务，信息服务，技术服务；房屋租赁；企业专用通信网建设与服务。

3. 公司地处国家重点煤炭工业基地，区域优势十分明显。公司拥有强大的科技研发力量，由公司科技人员独立研发的豫西“三软”不稳定煤层一次采全高技术和“三软”不稳定煤层高产、高效矿井的研究成果，其技术特点在全国处于领先水平。

【宏观经济分析】 煤炭行业是我国的一个重要的能源行业。虽然从宏观来看，从长远来看，能源行业必将是新能源的天下：如核能、太阳能等将会有更好的发展，但是就目前的形式来看，煤炭行业还将是我国长期依赖的能源。国务院常务会议已经研究部署推进煤矿企业兼并重组和长江等内河水运发展工作。受到该消息刺激，该煤电企业开盘急冲涨停板，带动煤炭板块全线强劲上扬。

【行业分析】 1. 自 2010 年后至今，煤炭指数累计涨幅 41.78%，这是一个重新修复的过程，变化的主要原因是由美元贬值引发的通胀预期导致的。

2. 受美国量化宽松政策影响，全球流动性泛滥，推动大宗商品价格高涨，石油价格更是在美元贬值后飞快上涨，推动了煤炭价格的大幅上升。国内煤炭价格旺季也提前启动，且上涨势头迅猛，煤炭中转地库存虽然持续高位运行，却没有降低购煤热情，电煤、喷吹煤、无烟煤价格上涨势头持续，炼焦煤、焦炭价格稳步向前。

3. 冬季是煤炭需求最旺、行情最好的日子，而今年冬天煤炭的涨价比往年来得更早、步伐更快。

【投资建议】 在 2010 年即年末之际，大盘变动很大。不同板块、不同行业变动都会表现得很大，如服装迎来上升。受二次煤电联动拉动，以及煤炭价格保持稳定影响，行业逐步复苏为煤电能源股大幅走强奠定坚实基础，特别发电和煤炭一体化公司，具有较低发电成本优势的企业。该煤电企业就是这样一个集煤炭开采和发电于一体的公司，较其他单一的公司有成本上的优势。从 2008 年以来，公司股价上升很大。此次国家出台的一系列政策都有利于这样一个大公司发展，相信在完成公司重组、产业升级后会迎来一轮发展。但是同时也应该看到近两年来全球在能源、发电产业的不断创新，对煤炭发电行业来讲是一个挑战，需要谨慎对待。总之，该煤电企业总体看好。

从以上这则某煤电企业的分析实例可以看出，基本面分析主要会告诉我们三方面的内容。

宏观经济	宏观经济基本面简而言之就是我们要考察全国的经济环境是繁荣还是萧条。从长期和根本上看，股票市场的走势和变化是由一国经济发展水平和经济景气状况所决定的，股票市场价格波动也在很大程度上反映了宏观经济状况的变化。从国外证券市场历史走势不难发现，股票市场的变动趋势大体上与经济周期相吻合。在经济繁荣时期，企业经营状况好，盈利多，其股票价格也在上涨。经济不景气时，企业收入减少，利润下降，也将导致其股票价格不断下跌。
行业发展情况	各经济部门如农业、工业、商业、运输业、公用事业、金融业等各行各业的状况如何也是影响股票行情的重要因素。行业在国民经济中地位的变更，行业的发展前景和发展潜力，新兴行业引来的冲击等，以及上市公司在行业中所处的位置、经营业绩、经营状况、资金组合的改变及领导层人事变动等都会影响相关股票的价格。
公司经营状况	发行该股票的企业的经营状况如何，如果经营得当，盈利丰厚，则它的股票价值就高，股价相应地也高；反之，其价值就低，股价就低。基本分析法就是利用丰富的统计资料，运用多种多样的经济指标，采用比例、动态的分析方法，从研究宏观的经济大气候开始，逐步开始中观的行业兴衰分析，进而根据微观的企业经营、盈利的现状和前景，从中对企业所发行的股票做出接近现实的客观的评价，并尽可能预测其未来的变化，作为投资者选购的依据。由于它具有比较系统的理论，成为股价分析的主流。

股票入门知识点 8

怎样获取基本面信息?

股票市场中，我们做分析行情走势基本面资讯是从哪里来的呢？总的来说，这些资讯来源无外乎资讯提供商、专业机构、银行等几方面。

◆ 资讯提供商

资讯提供商为投资者提供外汇行情报价、实时财经信息和市场评论。作为资讯提供商，他们应当站在客观、公正的角度为投资者提供即时、准确、全面的财经信息。资讯提供商只负责信息来源是否真实可靠而不负责评论内容是否准确，因此建议投资者在交易过程中要客观、正确地看待市场评论。

◆ 专业机构

专业机构站在客观、公正、独立的立场上为投资者提供专业、准确的市场分析。客户是机构的“衣食父母”，专业机构的利益与投资者的利益高度一致。

◆ 银行

银行在为客户提供服务中不会产生任何风险。但如果银行在为客户提供的服务中增加了操作建议、交易指导等服务，银行将有可能会面临非常大的金融风险。

此外，伴随股票市场的普及升温，信息的重要性日益明显，市场需要更及时准确的信息和分析，因此国内开始兴起股票方面网站，这些网站的出现使信息更即时、方便投资者获得资讯。以下介绍的是一些知名的网站。

◆ 和讯网

和讯网创立于 1996 年，从中国早期金融证券资讯服务脱颖而出，建立了第一个财经资讯垂直网站。经过 15 年的专注耕耘，和讯网逐步确立了自己在业内的优势地位和品牌影响力，成为财经互联网专业、高端及品质的代表。中国互联网信息中心数据显示，和讯网用户中高收入人群高达 72%，是互联网平均水平的 4 倍。

和讯网是目前国内同时拥有互联网新闻信息服务许可证、信息网络传播视听节目许可证及证券投资咨询资质的少数网站之一，月均覆盖用户超过 5000 万，全年覆盖用户过亿。和讯网精准聚焦正在崛起的新兴中产阶层，在不断丰富完善股票、基金、银行、外汇、期货、保险、黄金等财经

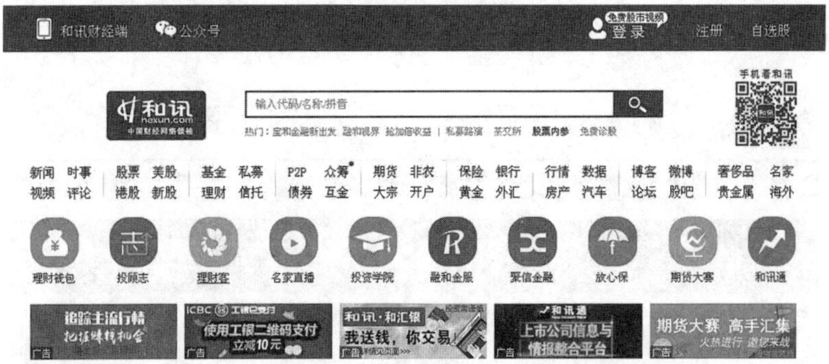

和讯网

资讯和理财服务的同时，顺应中高端用户日益增长的多层次财富生活的需求，打造出中国第一个兼具财经资讯信息、投资理财工具及金融数据产品的价值互动平台。

◆ 全景网

作为中国大陆证券财经类独立 Web 站点之一，全景网 10 余年来数据信息储备已经累计超过 900000 页。全景网第一时间向用户提供来自国家部委、沪深证券交易所和上市公司等单位的公开信息，为专业客户提供权威、及时、深度、专业的财经资讯。全景网首页汇聚各个频道精华，面向中高端投资理财人群。

全景网

◆ 金融界

金融界创建于 1999 年 8 月，是中国领先的金融和财经信息提供商，以及全球最大的中文财经网站之一。2004 年 10 月 15 日，金融界在美国 NASDAQ 挂牌上市，是目前中国唯一一家在美国上市的中国财经类互联网公司。2013 年 8 月 7 日，中国互联网协会发布的 2013 年度“中国互联网 100 强”中，金融界网站位居财经类垂直网站首位。

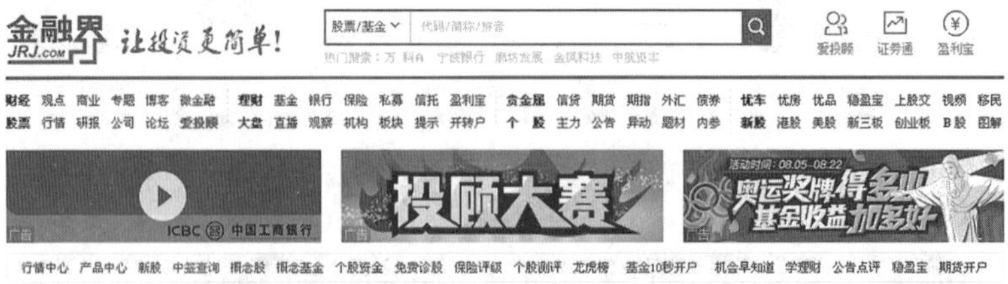

金融界网

【案例分析】 由于证监会开始着手改革证券市场各种法律法规，包括新股发行制度，很多尚未上市的资本大鳄在正面入市遥遥无期的背景下选择了暗度陈仓借壳上市，不过业绩惨淡，仅11.71亿市值的中创信测竟然引来了价值是自己30倍的三网融合优质股票北京信威。

通过以小搏大，中创信测复牌后连拉12个涨停板，其中11个一字停板。中创信测暴涨源于下面的消息和题材。2013年9月，公司拟以8.60元/股的价格向北京信威通信技术股份有限公司除新疆光大外的股东发行约31.26亿股股份，购买其持有的信威通信96.53%股权，交易总价约268.88亿元；同时公司拟以7.74元/股的价格向不超过10名符合条件的特定投资者发行约5.17亿股股份，募集配套资金不超过40亿元。截至2013年6月30日，北京信威未经审计总资产合计约79.81亿元，全部股东权益的预估值约为278.55亿元，较其未经审计的合并报表归属于母公司股东权益，账面价值44.27亿元，增值234.28亿元，增值率约529.2%。交易完成后，公司总股本约37.82亿股。北京信威通信基于拥有自主知识产权的McWiLL无线通信技术，研发、生产并销售无线通信网络软硬件设备、整体基站以及终端设备，并提供相关技术服务。2010年信威通信获得了武器装备承制资格、国家二级保密证书、武器装备科研生产许可证，通过了国军标质量体系认证现场审查，具备向特种行业销售产品的资质。同时，信威通信着力发展海外公共通信网络市场，目前主要为柬埔寨、乌克兰等国家大型公共通信网络提供软件及设备供应……

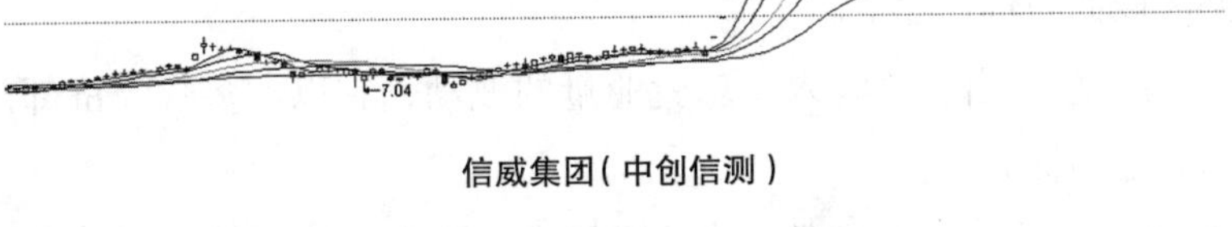

信威集团（中创信测）

股票入门知识点 9

如何从宏观分析基本面？

宏观经济运行态势反映出上市公司整体经营业绩，也为上市公司进一步的发展确定了背景，因此宏观经济与上市公司及相应的股票价格有密切的关系。

宏观经济因素主要是能影响市场中股票价格的因素，包括经济周期、国家汇率的调整、金融环境、国家的财政状况、国际收支状况、行业经济地位的变化等，都将影响股价的沉浮。

1. 经济周期。经济周期是由经济运行内在矛盾引发的经济波动，是一种不以人们意志为转移的客观规律。股市直接受经济状况的影响，必然也会呈现一种周期性的波动。经济衰退时，股市行情必然随之疲软下跌；经济复苏繁荣时，股价也会上升或呈现坚挺的上涨走势。根据以往的经验，股票市场往往也是经济状况的晴雨表。

将经济周期分为四阶段：繁荣、衰退、萧条、复苏。

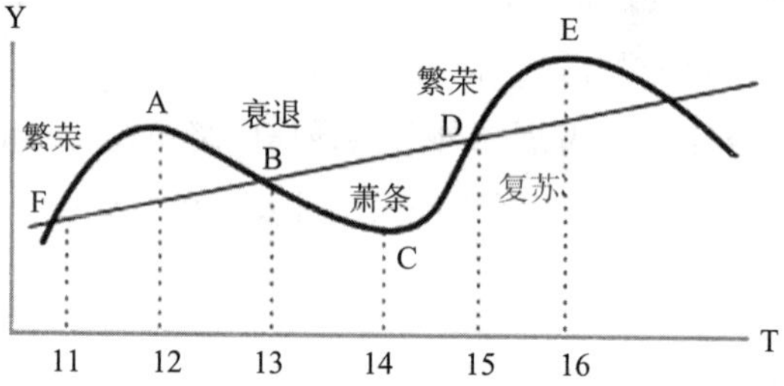

F-A：繁荣　A-B：衰退　B-C：萧条
C-D：复苏　D-E：繁荣

经济周期的含义：A-B 为衰退，B-C 为萧条，C-D 为复苏，D-E 为繁荣。

经济周期的特点如下。

◆ 国民总产出、总收入、总就业量的波动，它以大多数经济部门的扩张与收缩为标志。

◆ 经济衰退的普遍特征：消费者需求、投资急剧下降，对劳动的需求、产出下降，企业利润急剧下滑，股票价格和利率一般也会下降。

◆ 衰退指实际 GDP 至少连续两个季度下降。

◆ 萧条指规模广且持续时间长的衰退。

2. 汇率变动。汇率变动对一国经济的影响是多方面的。总的来说，如果汇率调整对未来经济发展和外贸收支平衡利多弊少，人们对前景乐观，股价就会上升；反之，股价就会下跌。具体看，汇率变动对股价的影响主要是针对那些从事进出口贸易的股份公司，它通过对营利状况的影响，进而反映到股价上。一般说，本国货币升值不利于出口却有利于进口，而贬值却正好相反。

3. 金融环境。金融环境放松，市场资金充足，利率下降，存款准备金率下调，很多游资会从银行转向股市，股价往往会出现升势；国家抽紧银根，市场资金紧缺，利率上调，股价通常会下跌。

4. 国家的财政状况出现较大的通货膨胀，股价就会下挫，而财政支出增加时，股价会上扬。

5. 经济指标。社会主要经济指标的变动与股价的变化也有重要的关系。较重要的经济指标包括国民生产总值、工农业生产指数、经济增长率、货币供应量、对外贸易额等。因为这些指标都是综合指标，指标下降则表明国家经济不景气，大多数企业的经营状况也不会好，其发行的股票的价格也会下降；反之，指标上升，股价则容易上涨。

6. 物价因素。一般而言，商品价格上升时，公司的产品能够以较高的价格水平售出，盈利相应增加，股价亦会上升。但是，这也要根据情况而定。如物价上升时，那些拥有较大库存产品的企业的生产成本是按原来的物价计算的，因而，可导致直接的盈利上升；对于需大量依赖新购原材料的企业而言，则可能产生不利影响。此外，由于物价上涨，股票也有一定的保值作用，也由于物价上涨，货币供应量增加，银根松弛，也会使社会游资进入股票市场，增大需求，导致股价上升。

7. 政治因素。政治因素是国内外的政治形势，如政治活动、政局变化、国家领导人的更迭、国家或地区间的战争、军事行为等。这些因素，特别是其中的政局突变和战争爆发，都会引起股价的巨大波动。

【实例分析】 2012 年 7 月以来，中日钓鱼岛事件不断升级，国内掀起抵制日货的高潮，日系产品在中国严重受挫。运用时间研究法分析钓鱼岛事件对中国股票市场的影响可以看出：军工板块、造船板块以及与日系产品有竞争的国内消费股都有明显的上升趋势；涉日股票价格不同程度的下降。但是影响的延续性较短，波及时间持续不长。

具体来说，能够对股市运行产生影响的政治因素包括：

◆ 重大战略和政策

国家重大社会经济发展战略的选择和重大政策的出台实施会对上证指数产生一定的影响。

◆ 国家或地区之间的政治经济关系

不同国家或地区之间政治经济关系的调整和变动会对与这种变动有关联的跨国公司的上市股票产生重大影响。

◆ 战争

战争是政治的集中体现，因而对股市的影响最大。1990 年伊拉克入侵科威特，美股指数从 3024.3 快速下跌至 2344.3。

◆ 国际重大政治活动

随着世界经济一体化的进程，再加上现代化的通信手段的使用，国际上重大政治事件对一国股市的影响越来越大。2001 年 9 月 11 日，恐怖组织袭击美国世贸大厦事件使英股指数疯狂下跌。

◆ 国家领导人的言论和行动

对国家政治决策有重要影响力的国家领导人的言行，会对股市产生影响，如 1992 年邓小平南巡讲话，使上证指数连续上涨。

8. 市场因素。市场因素也能影响市场中股票价格，主要是指市场的供给和需求，即资金面和筹码面的相对比例。如一定阶段的股市扩容节奏，投资者的动向，大户的意向和操纵，公司间的合作或相互持股，信用交易和期货交易的增减，投机者的套利行为，公司的增资方式和增资额度等，均可能对股价形成较大影响。

股票入门知识点 10

认清公司的风向标——财务分析

股票自身价值是决定股价最基本的因素，而这主要取决于发行公司的财务状况、经营业绩、资信水平以及连带而来的股息红利派发状况、发展前景、股票预期收益水平等。

发行公司的财务状况也是影响股价的重要原因甚至是直接原因。依照各国法规，凡能反映公司财务状况的重要指标都必须公开，上市公司的财务状况还需定期向社会公开。

同花顺是一款功能非常强大的免费网上股票证券交易分析软件，是目前投资者炒股的常备工具。利用同花顺可以分析公司的基本资料、财务图示、持股股东变动、股本权息、财务数据、财务指标等数据。现举例说明。

◆ 查看基本资料：用于了解公司的整体财务状况。

第一步：打开同花顺软件。

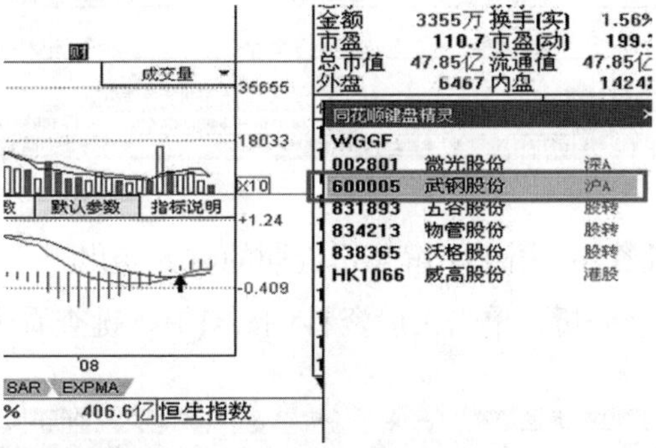

第二步：在同花顺软件窗口直接敲击键盘输入“WGGF”，选择武钢股份，单击 <Enter> 键打开分时（K 线图）图页面。

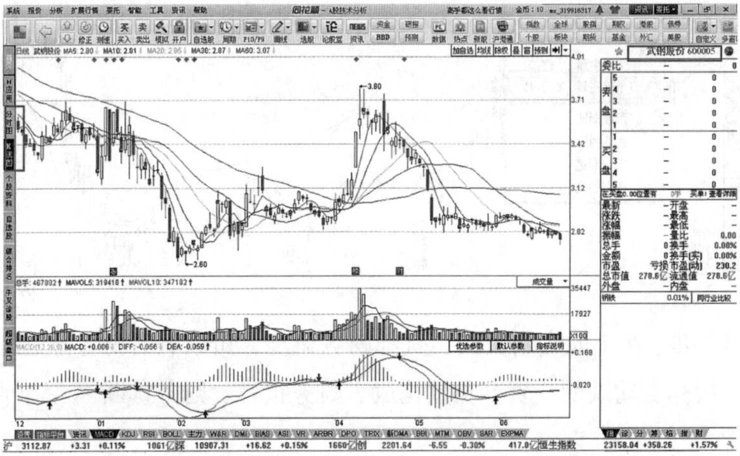

第三步：在同花顺窗口直接按 <F11> 键查看基本资料。

第四步：打开基本资料页面，查看股本结构、权息状况、资产状况、盈利能力、成长能力、偿债能力和现金保障。

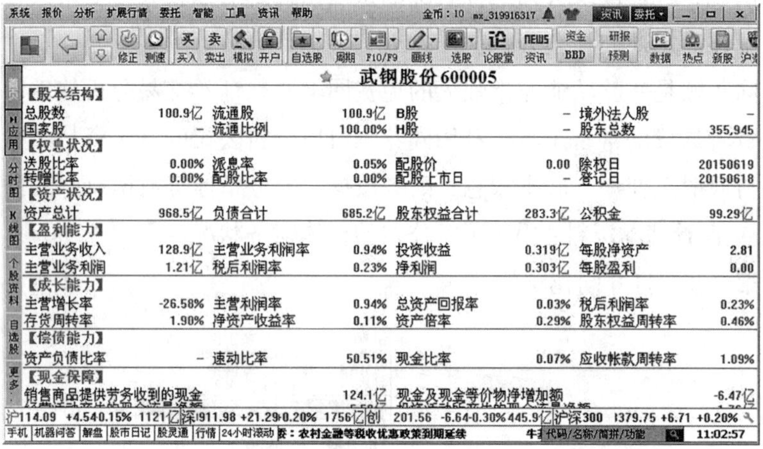

◆ 查看个股资料：用于了解公司近期的财务变化。

第一步：选择分析，单击个股资料（按 <F10> 键查看个股资料）。

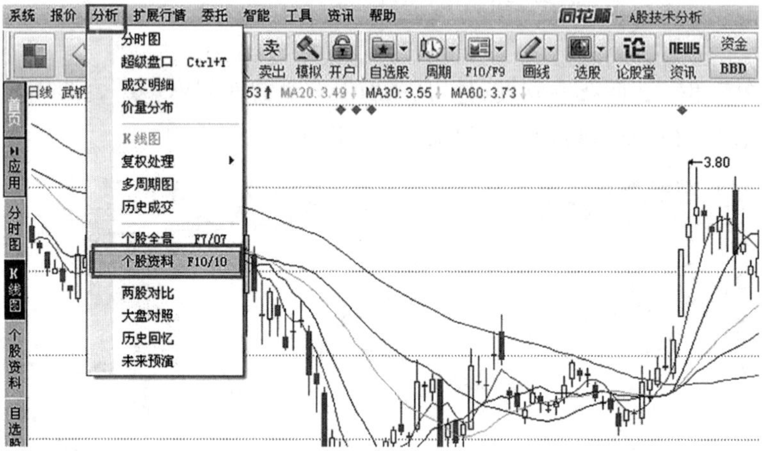

第二步：在个股资料页面，选择财务概况，可以查看财务速递、财务指标、指标变动说明、资产负债构成、财务报告、财务诊断。

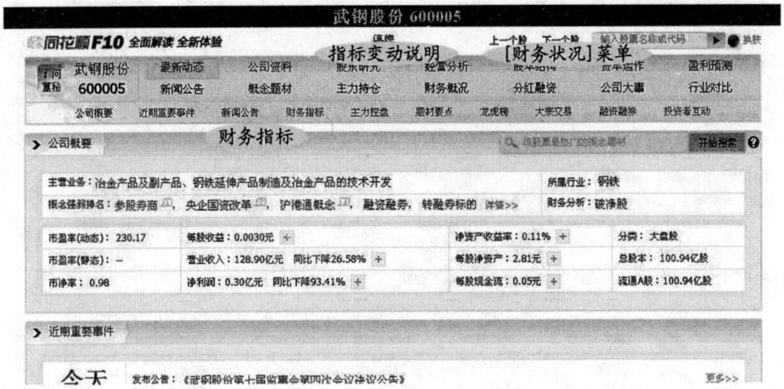

第三步：在个股资料页面，单击股东研究，查看股东人数、十大流通股东、十大股东。

在个股资料页面，单击股本结构，在该页面可以查看解禁时间表、总股本结构、A股结构图、历次股本变动。

财务分析是由不同的使用者进行的，各自有不同的分析重点，也有共同的要求。财务分析的基本内容，主要包括以下几个方面：

评价企业的盈利能力	分析企业利润目标的完成情况和不同年度盈利水平的变动情况，预测企业盈利前景。
分析企业的偿债能力	分析企业资产的结构，估量所有者权益对债务资金的利用程度，制定企业筹资策略。
评价企业资产的营运能力	分析企业资产的分布情况和周转使用情况，测算企业未来的资金需用量。
从总体上评价企业的资金实力	分析各项财务活动的相互联系和协调情况，揭示企业财务活动方面的优势和薄弱环节，找出改进财务管理工作的主要矛盾。

一般来说，财务分析的方法主要有以下四种：

趋势分析	是为了揭示财务状况和经营成果的变化及其原因、性质，帮助预测未来。用于进行趋势分析的数据既可以是绝对值，也可以是比率或百分比数据。
比较分析	是为了说明财务信息之间的数量关系与数量差异，为进一步的分析指明方向。这种比较可以是将实际与计划相比，可以是本期与上期相比，也可以是与同行业的其他企业相比。
因素分析	是为了分析几个相关因素对某一财务指标的影响程度，一般要借助于差异分析的方法。
比率分析	是通过对财务比率的分析，了解企业的财务状况和经营成果，往往要借助于比较分析和趋势分析方法。

股票入门知识点 11

如何选出心仪的行业与板块？

分析国民经济形势也不能知道某个行业的兴衰发展情况，不能反映产业结构的调整。例如，一个世纪前，美国的铁路处于鼎盛时期，铁路股票炙手可热。但是在今天，约有一半以上的美国人没有坐过火车，铁路股票已不能再引起人们的兴趣。相反，过去被人们冷落的高新技术产业如计算机、移动电话等行业的股票现在已是门庭若市。这些说明，只有进行行业分析，我们才能更加明确地知道某个行业的发展状况，以及它所处的行业生命周期的位置，并据此做出正确的投资决策。我们可以从以下三方面分析并选择“朝阳”行业。

从生产形态上，需分析行业是劳动密集型还是资本密集型或是知识技术密集型。	劳动密集型以劳动投入为主，资本密集型以资本投入为主，而以知识技术投入为主则为知识技术密集型。在经济不发达国家或地区，劳动密集型企业比重较高，而在发达国家和地区，资本密集型企业占优势。随着科学技术的发展，知识技术密集型已逐步取代资本密集型。不同类型的公司，劳动生产率和竞争力不同，将影响到企业产品的销售和盈利水平，使投资收益发生差异。
从商品形态上，分析公司产品是生产资料还是消费资料。	前者满足生产需要，后者满足生活需要，二者受经济环境的影响差别较大。一般情况下，生产资料受经济变动的影响较大，当经济好转时，生产资料的生产增长比消费资料快；反之，当经济恶化，生产资料萎缩也快。在消费资料中，是奢侈品还是必需品对经济的敏感又有不同，前者更敏感。
从需求形态上，则要分析产品的销售对象和销售范围。	不同对象对产品的性能、质量、档次有不同要求；不同的销售范围，如国别、地区等受不同范围内的经济形式的影响。特别是我们必须弄清产品是内销还是外销，内销产品受国内政治经济因素影响，外销产品则受国际政治经济形势、贸易气候、国家对外政治经济关系和贸易政策（如关税、汇率等）的影响。具体说来，一个国家越开放，受国际政治经济影响越大。

如果某个行业已处于衰退期，则属于这个行业中的企业，不管其资产多么雄厚，经营管理能力多么强，都不能摆脱其阴暗的前景。现在还有谁愿意去大规模投资于马车生产呢？投资者在考虑新投资时，不能投资到那些快要没落和淘汰的“夕阳”行业。投资者在选择股票时，不能被眼前的景象所迷惑，而要分析和判断企业所属的行业是处于初创期、成长期，还

是稳定期或衰退期，绝对不能购买那些属于衰退期的行业股票。

股票板块是一些股票组成的群体，这些股票因为有某一共同特征而被人为地归类在一起。股票板块的特征有的可能是地理上的，例如“江苏板块”、“浦东板块”；有的可能是业绩上的，如“绩优板块”；有的可能是上市公司经营行为方面的，如“购并板块”；还有的是行业分类方面的，如“钢铁板块”“科技板块”“金融板块”“房地产板块”等，不一而足。总之，几乎什么都可以冠以板块的名称，只要这一名称能成为股市炒作的题材。

下面举例说明如何利用同花顺软件对各板块进行分析。

第一步：单击同花顺右上方“板块”。

第二步：单击“板块”后，主页面左边就会看到当天涨幅或奖金排名靠前的板块。如果单击排名第二的“房地产开发”板块，下方就会显示出该板块的个体情况。

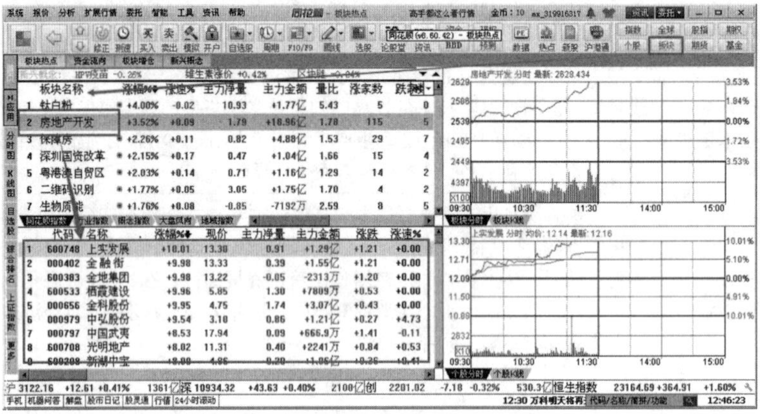

第三步：选择板块后，用鼠标双击板块中的个股（如第一个“上实发展”），就可进入该股票的分时图页面。

一个主题股或一个热点板块形成过程中，盘面上会形成下列特征：

◆ 股价波动连续增大，收盘时经常拉尾市或打尾市；开盘、中盘时也有此现象出现。

◆ 个股或整个板块成交量明显连续增加。

◆ 某一板块的股价走势配合换手率的增加开始由弱转强。大盘下跌时，个股和板块不跌，大盘涨，板块涨势超大盘，该板块可能成为市场热点。

在判断是否为热点板块时，还要注意几点：

◆ 股市不可能同时出现热点过多板块，如果出现市场同时疯狂炒作的情况，注意大盘是否出现一浪见顶信号。当新热点板块形成时，旧板块热点将进行调整。

◆ 热点形成的过程就是主力资金介入的过程，热点形成时间越长，持续时间也较长，或持续时间不长但板块股价上升幅度较大。

◆ 热点板块转移过程中，盘往往有一次较大调整，主力资金机构调整持仓结构，换股和板块操作。

※ 股票投资心理小建设之三：摆脱幻想光环 ※

不少投资人通过学习，掌握了很多分析方法和技巧，具有一定的分析水平。精心研究看中一只股票准备买进时，只要听旁边的股民随便说说“这只股票不好，不如 ××”，立即改买 ×× 股，而当自己选的股涨起来时，却只有后悔的份。或者明知道已经做错了以后，还不愿认错，输了不认赔，甚至还要加码，不及时止损。这些人犯的错误就是不尊重市场。投资决策过程，经常就是一个选择过程。投资人从自己的利害得失出发，只关注对自己有利的消息，往往对市场走势有一种主观上的幻想，致使投资人不能客观地对市场进行观察。

第三章

掌握大盘走势——认清行情趋势

顺势而为，在股市中不可违背大势。这是股市操盘的铁律。所谓识时务者为俊杰。操作股票一定要跟“势”，而不能跟“人”。在大盘大势的配合下，股票投资者所有操盘动作的展开，都极容易达到目的；相反，如果大盘背景不配合，逆大势展开股市交易活动，成功的可能性将大大降低。

股票入门知识点 12

相互依存——个股与大盘的紧密关系

大盘与个股之间有什么关系？大盘与个股是息息相关的，大盘的走势大部分会影响个股的发展走势，我们不能只将眼光单纯地放在个股身上，还要将目光发在整个大盘上面，那么我们怎么看待大盘和个股的关系呢？大盘和个股之间有什么关系呢？

当大盘连阴破位或运行在下降通道中时：

◆ 绝大多数个股会看大盘的脸色行事，跟着大盘一起回调，个股的技术形态与大盘的技术形态相似。

◆ 极少数个股会阶段性反其道而行。大盘下降趋势中，这类个股不温不火地维持着上升通道。

◆ 有少部分个股会跟大盘反向三五个交易日，然后凶猛补跌，短期造成极大的杀伤力。

◆ 还有少部分个股会对大盘同时进行正向与反向利用。例如，先反着大盘上涨，然后再利用大盘下跌末端的恐慌进行快速洗盘，等大盘稍有企稳，立即进行快速大幅拉升。

◆ 还有极少数的情况是，个股在大盘的整个上升段中默默无闻，而是等大盘破位下跌以后开始主升，形成完整的很有气势的上升五浪攻击。

也就是说，大盘不好的时候，就一般意义而言，交易成功率会明显下降。所以，如果你没有特别的手段，大盘破位或下降趋势形成以后，安心持币就是很好的选择，此时，不操作就是最好的操作。

【实例分析】 从下图可以看出，上证和深证趋势相同，都是从2009年8月开始下跌到现在，由于它们代表了权重股和大盘股，所以这些相关板块和个股这几年中一定也处在熊市中，炒作这些板块和个股不会获利。

大盘是以大盘指数来衡量的，指数是按各样本股加权计算的。当大部分样本股下跌时，大盘也就下跌，反之则涨。大盘指数的样本股有强有弱，走势弱于大盘指数的就是弱势股，大盘涨，它们少涨或不涨，甚至下跌，这些个股千万别去买。大盘、板块、个股三者之间骨肉相连，不可分割，通过不同时期不同表现，要抓住强势板块，抓住强势个股来做，当然做起来很难，这是我们奋斗的目标。怎样寻找“强于大盘”的个股呢？

股票入门知识点 13

学习两种走势图，奠定大盘分析基础

大盘指数是运用统计学中的指数方法编制而成的，反映股市总体价格或某类股价变动和走势的指标。大盘分时走势图是指大盘和个股的动态实时（即时）走势图，其在实战研判中的地位极其重要，是即时把握多空力量转化即市场变化直接根本。大盘K线走势图显示的是大盘历史K线的走势图，是大盘历史走势。

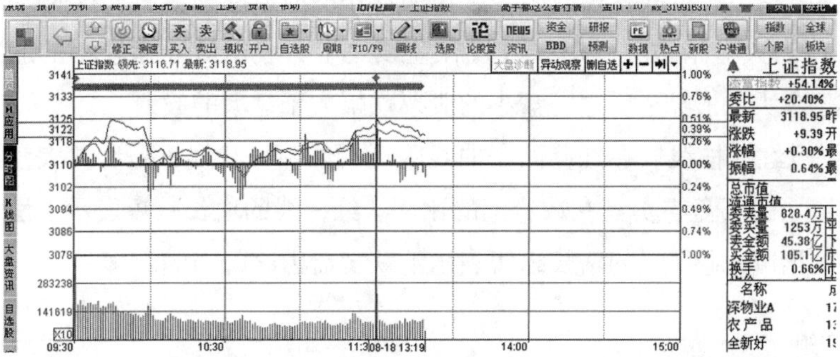

大盘分时走势图

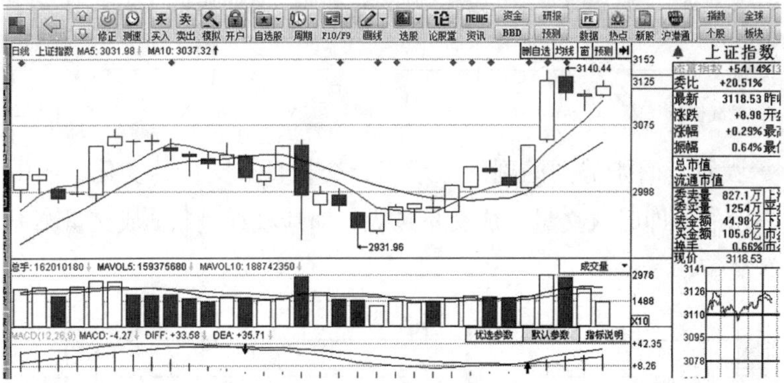

大盘K线走势图

分时走势图也叫即时走势图，它是把股票市场的交易信息实时地用曲线在坐标图上加以显示的技术图形。分时走势图是股市现场交易的即时资料。分时走势图分为指数分时走势图和个股分时走势图。

1. 指数分时走势图（大盘分时走势图）

◆ 大盘分时走势图的主图中，坐标的横轴是开市的时间，纵轴的上半部分是股价或指数，还包括中间横粗线、两色曲线、红绿色柱状线。

（1）蓝色曲线：表示大盘加权指数，即证交所每日公布媒体常说的大盘实际指数。

（2）红色曲线：大盘不含加权的指标，即不考虑股票盘子的大小，而将所有股票对指数影响看作相同而计算出来的大盘指数。

参考红蓝二曲线的相互位置可知：

1）当大盘指数上涨时，红线在蓝线之上，表示流通盘较小的股票涨幅较大；反之，红线在蓝线之下，说明盘小的股票涨幅落后大盘股。

2）当大盘指数下跌时，红线在蓝线之上，表示流通盘较小的股票跌幅小于盘大的股票；反之，盘小的股票跌幅大于盘大的股票。

（3）红绿柱线。在红蓝两条曲线附近有红绿柱状线，是反映大盘即时所有股票的买盘与卖盘在数量上的比率。红柱线的增长减短表示上涨买盘力量的增减；绿柱线的增长缩短表示下跌卖盘力度的强弱。

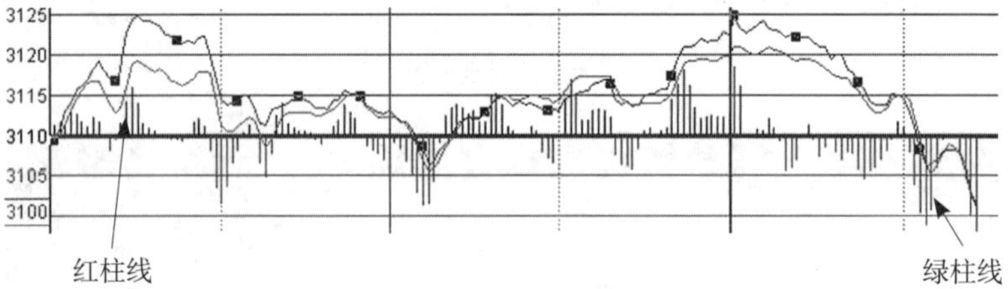

◆ 大盘分时走势图的副图显示当天交易日成交量的变化。图中红绿柱线表示的是即时成交量。成交量越大，对应柱线越长；成交量萎缩，对应柱线减短。

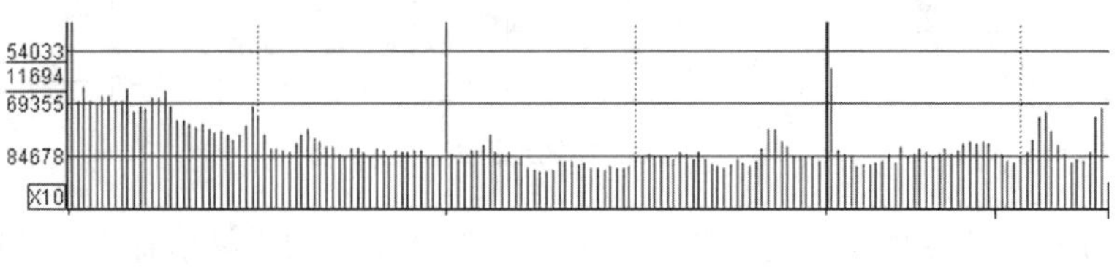

◆ 大盘分时走势图的显示框中包含股指名称和代码、当日指数涨跌点、涨跌幅、总成交额、总成交量、昨日收盘点数、今日开盘点数、当天

最高指数、当天最低指数、委卖手数、委买手数、委比、上涨家数等信息。

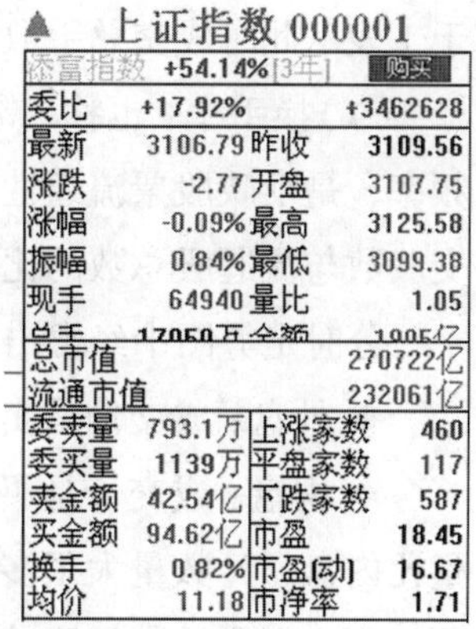

2. 个股分时走势图

（1）蓝色曲线：表示该种股票即时实时成交的价格。

（2）橙色曲线：表示该种股票即时成交的平均价格，即当天成交总金额除以成交总股数。

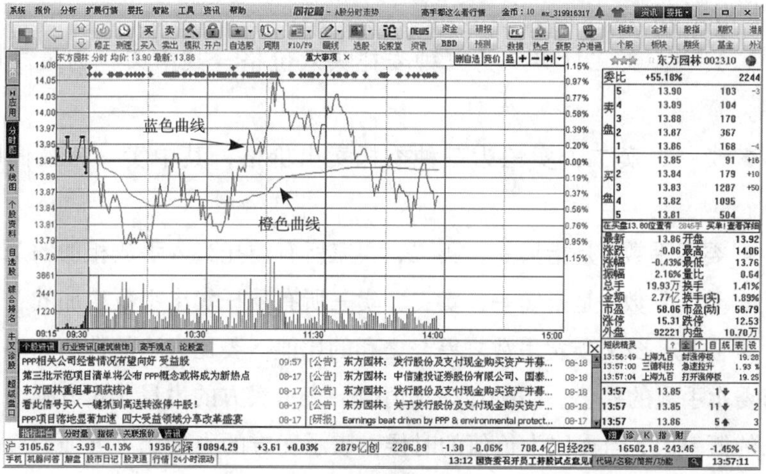

个股分时走势图

（3）红绿色柱线：在蓝橙曲线图下方，用来表示每一分钟的成交量。

（4）成交明细：在盘面的右下方为成交明细，显示动态每笔成交的价格和手数。

（5）外盘、内盘：外盘又称主动性买盘，即成交价在卖出挂单价的累积成交量；内盘主动性卖盘，即成交价在买入挂单价的累积成交量。外盘反映买方的意愿，内盘反映卖方的意愿。

（6）量比：是指当天成交总手数与近期成交手数平均的比值，具体公式为：现在总手 /((5 日平均总手 /240) × 开盘多少分钟)。量比数值的大小表示近期此时成交量的增减，大于 1 表示此时成交总手数已经放大，小于 1 表示此时成交总手数萎缩。

（7）换手率：也称“周转率”，指在一定时间内市场中股票转手买卖的频率，是反映股票流通性强弱的指标之一。换言之，换手率就是当天的成交股数与流通股总数的比值。

分时走势图中经常出现的名词及含义如下。

◆ 外盘：成交价是卖出价时成交的手数总和称为外盘。

◆ 内盘：成交价是买入价时成交的手数总和称为内盘。当外盘累计数量比内盘累计数量大很多，而股价也在上涨时，表明很多人在抢盘买入股票。当内盘累计数量比外盘累计数量大很多，而股价下跌时，表示很多人在抛售股票。

◆ 买一，买二，买三为三种委托买入价格，其中买一为最高申买价格。

◆ 卖一，卖二，卖三为三种委托卖出价格，其中卖一为最低申卖价格。

◆ 委买手数：是指买一，买二，买三所有委托买入手数相加的总和。

◆ 委卖手数：是指卖一，卖二，卖三所有委托卖出手数相加的总和。

◆ 委比：委买委卖手数之差与之和的比值。委比旁边的数值为委买手数与委卖手数的差值。当委比为正值时，表示买方的力量比卖方强，股价上涨的概率大；当委比为负值的时候，表示卖方的力量比买方强，股价下跌的概率大。

◆ 量比：当日总成交手数与近期平均成交手数的比值。如果量比数值大于 1，表示这个时刻的成交总手量已经放大；若量比数值小于 1，表示这个时刻成交总手萎缩。

◆ 现手：已经成交的最新一笔买卖的手数。在盘面的右下方为即时的每笔成交明细，红色向上的箭头表示以卖出价成交的每笔手数，绿色箭头表示以买入价成交的每笔手数。

【案例分析】 分时走势图有一个共同特点：开盘后不久，分时走势走在均价线之上，且与均价线保持一定距离，这种走势又叫“分时走势通气”。这是庄家收集筹码时留下的痕迹。庄家建仓必须要买入大量低价筹码，要“大量买入”就必须加一分钱买入，分时走势就向上涨一分钱，不断地加价，必然引起股价涨得太快，远离均价线；为了“低价买入”，庄家只好等待股价下来点儿再买，股价稍有下跌，庄家又大力买入，于是形成了“通气分时走势”。另外，这种“通气分时走势”线条紧密，分时走势线是由很多小白点紧挨着形成的，小白点紧密，说明交易频繁。

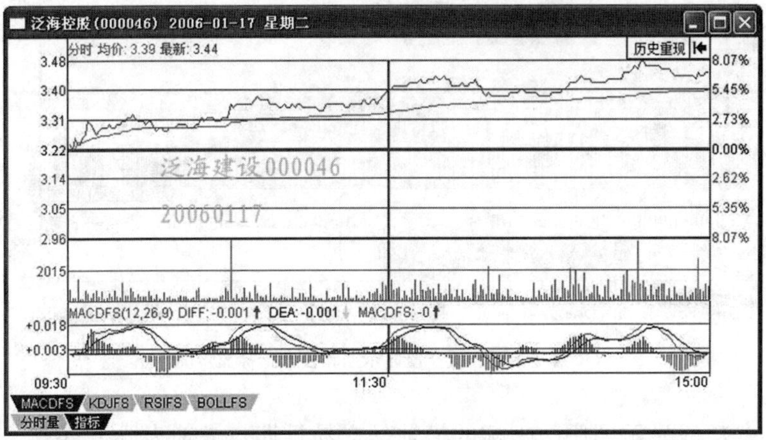

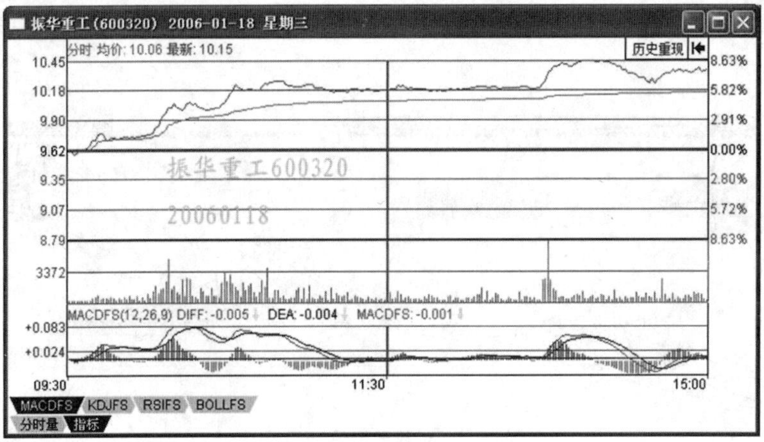

大盘 K 线走势图显示的是大盘历史 K 线的走势图，是大盘历史走势，由 K 线显示图、成交量显示图和技术指标显示图三部分组成。

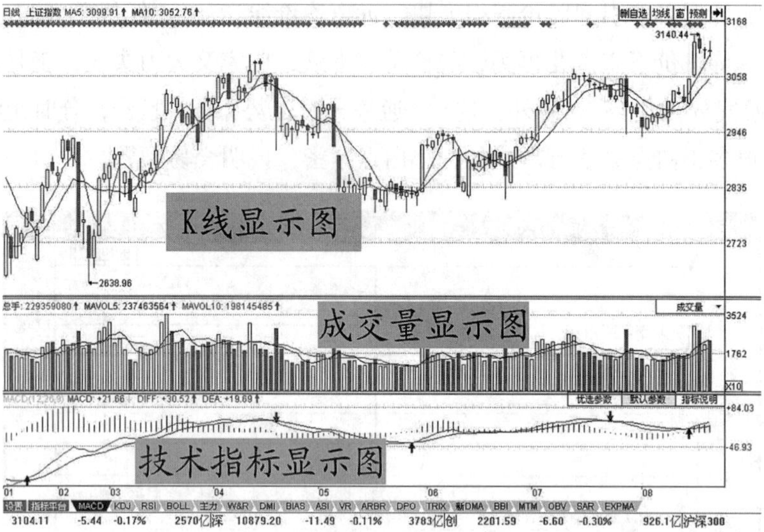

K 线显示图、成交量显示图和技术指标显示图

◆ K 线显示图中，坐标的横轴是交易日期，纵轴为股指点数。K 线显示图主要包括技术指标采样显示栏、均价线采样显示栏、移动平均线走势图。

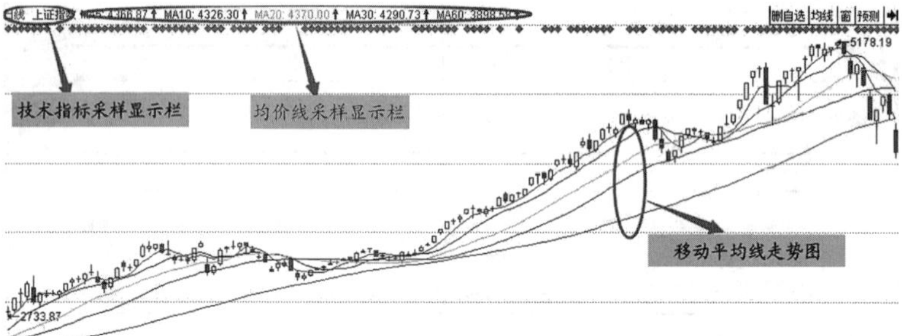

K 线显示图

(1)技术指标采样显示栏

技术指标采样显示栏显示的是 K 线走势的参数选取，技术指标的采样参数通常有日线、周线和月线。

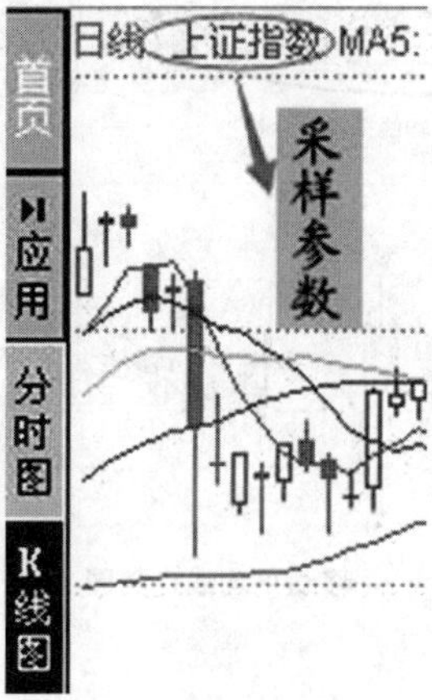

技术指标采样显示栏

（2）均价线采样显示栏

本栏显示多种不同时间周期的移动平均线在某日内的数值。例如“MA5：1821.34、MA10：1887.40、MA20：2013.60、MA30：2035.05”，其中“MA5：1821.34”表示图中最后一个交易日的上证指数 5 日移动平均线在 1821.34 点。

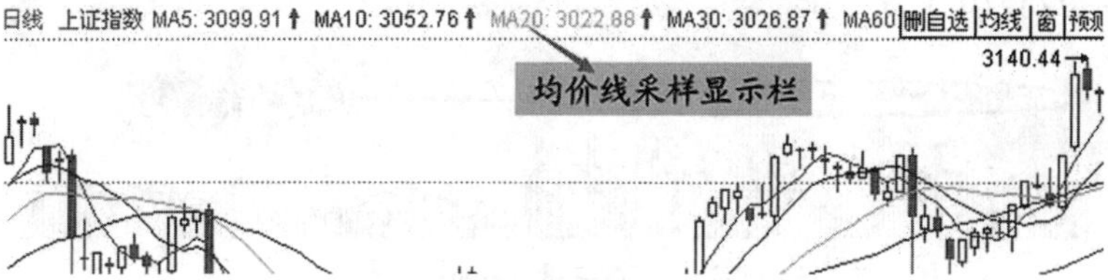

均价线采样显示栏

（3）移动平均线走势图

移动平均线是将一段时期内的股票价格平均值连成曲线，用来显示股份的历史波动情况，进而反映股价指数未来发展趋势的技术分析指标。一般设 3 条移动平均线，分别用不同颜色表示。这 3 条移动平均线究竟是 5 日、10 日、20 日移动平均线，还是别的移动平均线，在“移动平均线采样显示栏”有明确提示。

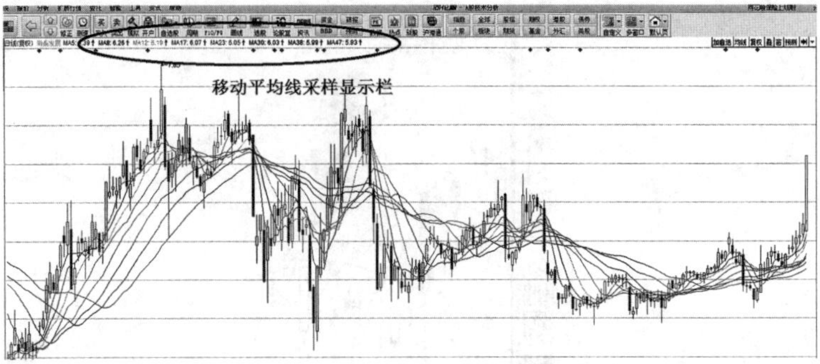

移动平均线走势图

◆ 成交量显示图主要包含均量采样显示栏、均量线和成交量柱状图。

成交量显示图

（1）均量采样显示栏显示三种不同时间周期的均量线在某日内的数值。如该栏中“MA1 115695576”表示图中最后一个交易日的 5 日平均量为 115695576 手。

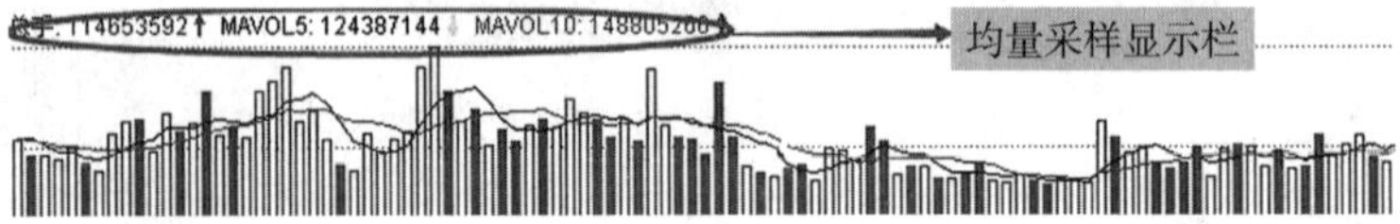

均量采样显示栏

（2）均量线是以一定时期成交量的算术平均值在图形中形成的曲线。它是参照移动平均线的原理以成交量平均数来研判行情趋势的一种技术指标，又称为成交量均线指标。

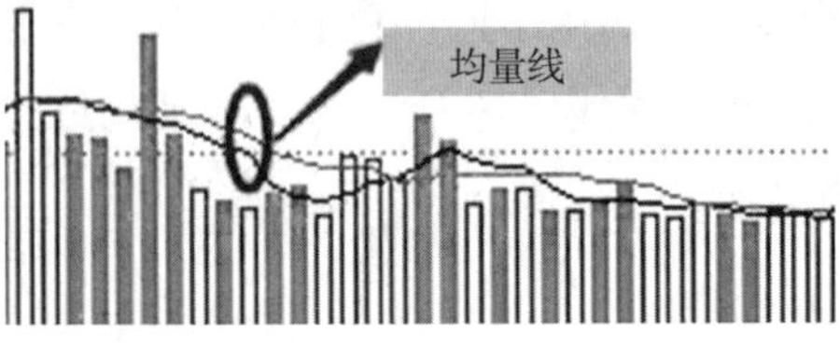

均量线

（3）成交量柱状图分为红色柱状和绿色柱状，红色柱体表示大盘指数收阳时的成交量，绿色柱体表示大盘指数收阴时的成交量。

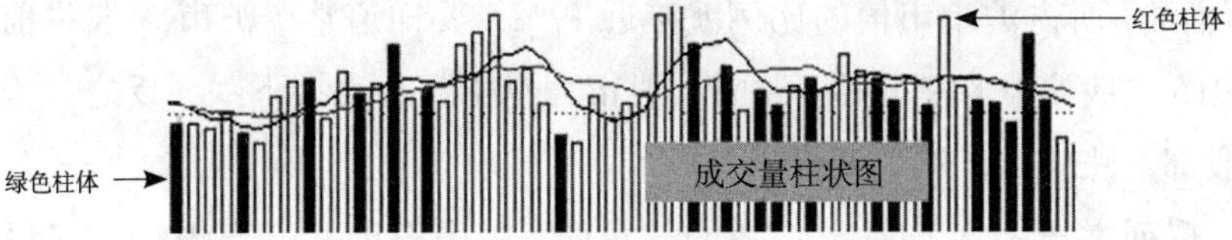

成交量柱状图

◆ 常用技术指标显示栏可以根据采样需要任意选择技术指标，如 MACD、DMI、RSI、KDJ、SAR 等。具体选择方法可以参照不同股票分析软件的说明。

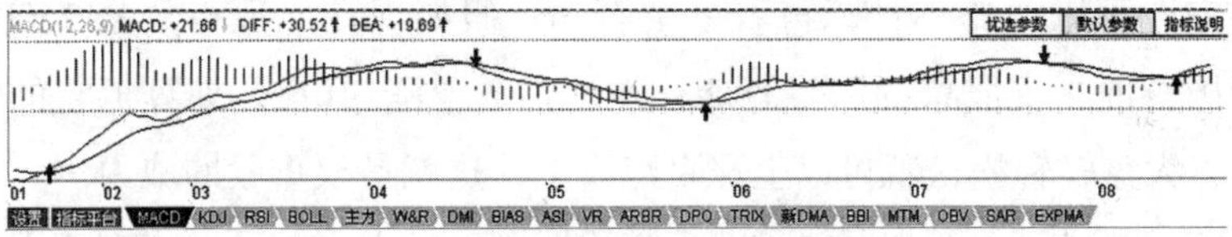

常用技术指标图形显示栏

股票入门知识点 14

从四方面确定大盘的走势

尽管影响股市的因素很多，但大盘还是可以预测的，只是精确较难。下面从四方面判断大盘的走势。

第一个方面就是从权重股走势看大盘走势。权重板块是指该板块股票市值巨大，在股票总市值中的比重很大，即权重很大，其涨跌对股票指数的影响很大的一个板块。大盘的涨跌幅很大程度上受权重板块走势的影响。权重板块是股票大盘一个数理统计概念。权重板块中的股票，往往被称为“权重股”。权重股就是总股本巨大的上市公司股票，它的股票总数占股票市场股票总数的比重很大，权重就很大，权重股的涨跌对股票指数的影响很大。

在 A 股市场，我们常常听说“两桶油”、“几支银行”就能影响大盘，权重股的威力由此可见一斑。举个例子，“两桶油”之一的 A 股市值最大的公司中国石油，目前总市值约 1.88 万亿，而沪市总市值约为 15 万亿，由此可以算出，中石油一支股票占沪市总市值的比例就超过 12%! 那么“两桶油”所占沪市市值的比例就接近 17%，要知道整个沪市 A 股目前已有 916 支股票！当权重股下跌时，股市大盘指数会直接下跌，反之，当权重股都上涨时，自然也就形成了牛市。

现列举出十大具有影响力的权重股：中国石油、工商银行、建设银行、农业银行、中国银行、中国石化、中国人寿、中国神华、中国平安、万科 A。

再以沪市中盘子比较小的浪莎股份为例，目前总市值约为 10 亿，和中石油相比，还不足其市值的千分之一，对大盘指数的影响更是微乎其微，完全可以忽略不计。再看看中石油，假如现在上证指数是 2500 点，光中国石油一支股票的涨停就能让上证指数上涨 30 点，如算上它的带动效应，大盘轻轻松松就可以上涨百点以上，这就是权重股的威力。

【案例分析】 两市弱势震荡，权重股再度护盘。沪深两市双双大幅低开，随后股指一路震荡，盘中指数一度翻红，但午后股指回落后一路下探，但尾盘在银行等大蓝筹权重的拉升下，沪指最终收报 3160 点。根据大盘分析平台显示：①牛线继续下移，熊线走平，目前大盘整体下移，重新构建新的箱体模型。②量能方面：两市的成交量较前一日保持相对稳定，流动资金持续翻绿，场内主力也大幅流出，说明市场明显缺乏人气。综上所述，目前国家主要通过注入大蓝筹的流动性而稳住大盘指数，但目

前市场人气相当低迷，个股分化相当明显，尤其是中小盘股更是出现普跌的现象。

第二个方面就是用板块轮动推大盘走势。板块轮动指的是板块与板块之间出现轮流上涨，从而推动大盘逐步上扬，这就是通常所说的板块轮动。板块的轮动意味着同一时间上不同板块的此涨彼跌。板块的轮动实际上就是大盘的主动性调整，这种调整是以不同板块的消长来体现的。如果投资者掌握了板块轮动选股实战解析的技巧，将非常有利于自己的实战操作。

◆ 板块启动前的迹象

（1）如果在成交量前 20 名中，某一板块的股票个数占据了 1/3 以上，并且连续一段时间都出现这样的情况，证明该板块有主力资金在活动，继续上涨的可能性极大。

（2）如果在涨幅榜前 20 名中，某一板块的个股占据了 1/3 以上时，并且连续一段时期都出现这样的情况，这就可初步断定该板块在启动了。

（3）从高价股、中价股、低价股中各选出 5—8 个有代表性的个股，从中比较它们的走势强弱，如果某一板块走势的个股数量比其他两个板块走势强的个股数量要多，那么这个板块就是我们要找的启动板块。

◆ 板块衰落的标志

（1）如果在成交量前 20 名，某一板块的个股已不足总数的 1/4，并且出现递减的趋势，这可证明该板块即将进入整理状态。

（2）如果在涨幅榜前 20 名中，某一板块的个股已不足总数的 1/4，并且呈现递减的趋势，这时就要警惕该板块上涨空间已经很少，或者已经涨到位了。

（3）一般来说，主力从建仓到派发，至少要有 50%的上升空间，如果在一个级别较大的多头行情中，某一板块启动后，涨幅不足 50%，可视为低风险投资区；涨幅在 50% ～ 80%之间可视为风险投资区；涨幅超过 80%，可视为高风险投资区，当某一板块股价进入风险投资区、高风险投资区时，就要警惕该板块上升动力已经不足，如果出现滞涨就应该意识到该板块已经涨到位了。

◆股市板块轮动规律

股市各板块之间的轮动是有规律的，通常可将行情发展分为五个阶段。

第一阶段：绩优股、白马股、市场形象良好品种。

第二阶段：二线股、上一波主力被套股、小盘次新股。

第三阶段：有未来大题材的科技股、国家政策扶持的创新品种、低价股等等。

第四阶段：开始炒题材，想象力、重组等发力猛涨。

第五阶段：想炒什么概念了，和这个概念有联系的就狂涨。

【案例分析】 2007 年的中国股市牛市于 2005 年缓缓启动，在 2007 年快速飙升并达到顶点，期间沪指从 2005 年 6 月的 998 点上涨至 2007 年 10 月的 6124 点，大盘在两年多的时间里上涨 6 倍。以下为这轮牛市各板块之间的轮动情况。

第一大波段：2005 年 12 月 15 日—2006 年 7 月 5 日。券商有色暴动成为牛市的启动浪，行情从 1000 点左右止步于 1700 点附近，并从 2006 年 5 月 15 日起进入了盘整，整整休整了 3 个月，盘整中枢位于 1630 点附近。市场呈现普涨行情。在此期间逾 270 只股翻倍，板块方面有色券商成为上涨龙头。龙头股驰宏锌锗、中信证券等。

第二大波段：2006 年 8 月 28 日—2007 年 5 月 29 日正式启动。在这一阶段里，牛市一开始出现二八分化的行情。大盘权重股成为带头羊，金融和地产成为急先锋，大涨逾 30%。涨幅超过 100% 的股票仅 16 只，地产占据半壁江山。随后出现普涨行情，权重、蓝筹、题材轮番上阵，海通证券上涨逾 300%。此时大盘已经进入疯狂状态，指数呈 45° 上涨，个股全面暴涨，平均上涨 90%，大盘蓝筹股则相对表现疲弱，纺织服装、房地产、公共事业等涨幅居前，个股方面股改股、重组股首当其冲。仁和药业、浪莎股份等个股股改复牌后大涨逾 500%，S 前锋连续拉出 26 个涨停。

第三大波段：2007 年 7 月 20 日—2007 年 10 月 16 日。主要是蓝筹股的带动，虽然指数继续被拉升至 6124 点。

第三个方面是股民心理和市场环境对大盘的影响力。

◆股民心理对其投资决策具有很大的影响，其中有些心理倾向对大盘有着明显的影响。

（1）偏好心理。偏好心理是指股民在投资的股票种类上，总是倾向于某一类或某几种股票，特别是倾向于自己喜欢或经常做的股票。当机构大户偏好某种股票时，由于其购买力强或抛售的数量多，就会造成股票的价格脱离大势，呈现剧烈震荡现象。

（2）敢输不敢赢心理。进入股市，首先应当自信。许多投资者买股票，买进后上升一段时间，便迫不及待地要卖出去获利。他们相信，只有把钱装进口袋里才算安全。可是他们却忽略了股票的合理价值。一般说来，股票的市场价格不一定能完全反映股票的真实价值。所以有些投资人卖出股票后，股价依然持续不断地上升，而且往往表现为卖出后的价格上升幅度比卖出前的上升幅度还大。尤其是原始股票，按照一般的国际惯例也会上升数倍。因此不能见好就收，见涨就卖，要以市盈率为基准，做出卖的决策。可是，有的股票已经过度上升，一旦买入后，股价肯定要下跌，奇怪的是，大多数投资人在这种形势下又会坚持死守下去。许多人投资股票，往往赚的非常有限，蚀的却非常多。其中的一个重要原因就是不敢赢的心理在作怪。

（3）从众心理。在证券市场上，绝大部分股民都认为多数的决定是合理的，于是就在自己毫不了解市场行情及股票情况的状况下，盲目依从他人跟风操作和追涨杀跌，这就是股市中的从众心理。在牛市阶段，有些股民看见别人购进股票，就轻易地认为股票行情一定看好，唯恐落后，失去获利的机会，在对市场前景毫无把握的情况下就急忙购进，从而导致股价的上涨。而由于买入股票盈利的影响，越来越多的股民受他人的影响，也不管实际的宏观经济形势如何，对上市公司的经营也不作分析研究，就开始买进股票，推动股价的进一步上涨。随着炒股发财效应的逐渐扩大，入市的股民就越来越多，最后连一些平常对股市和金融都漠不关心的市民都入市了，从而将股价推向一个不合理的高度，形成了一个短期牛市。在牛市向熊市转换阶段，一些较为理智的股民会率先将资金从股市上撤出，引起股价的下跌，其他股民看见别人卖出股票，又认为股市行情一定看跌，深怕自己遭受损失，跟着别人立刻做出售出的决定。随着股票下跌幅度的进一步加深，越来越多的股民就跟着卖出股票，最后引起股市的暴跌。

（4）博傻心理。许多股民并不研究上市公司的财务状况和股票的投资价值，只要有人买就跟着买，有人卖就跟着卖，造成股价的大幅震荡，市场风险极大。这种股票交易如同傻子与傻子竞技，不怕自己稀里糊涂以高价买进或低价卖出，只要有人比自己更傻，愿意以更高价买走或更低价抛售，自己就能有所盈利，这种心理就是博傻心理。如我国的沪深股市，由于我国股民尚不成熟，追涨杀跌之风盛行，股价常常出现大幅震荡，这就是股民的博傻心理在作怪，只要我买，就会有人出更高的价格买走我的股票；只要我卖，就会有人在更低的价格出售，使自己能在低价补进。

（5）预期心理。预期心理是指股民对未来股价走势以及各种影响股价因素变化的心理预期。在股市低迷时，股价已跌至相当低的水平，大部分都跌至每股净资产以内，但绝大多数股民都无动于衷，持谨慎观望态度，致使股价进一步下跌。而一旦行情翻转，股民在预期心理的作用下，却愿以较高的价格竞相买入股票，促使股价一路上扬。相反，在股价的顶部区域，股民都不愿出售，等待股价的进一步上涨，而当股价开始下跌时，又认为股价的下跌空间很大，便纷纷加入抛售队伍。由于股民对股价的未来走势过于乐观，就可能将股价抬高到空中楼阁的水平，比如将股价抬高到平均净资产的3倍甚至5倍的水平，使股价明显脱离其内在价值。

◆ 市场环境对大盘的影响力

（1）经济环境对大盘的影响。股票市场作为金融市场的重要组成部分，不仅承担着融资和资源配置的资本媒介的职能，而且作为经济发展的“晴雨表”发挥着经济预测等功能。在实际经济运行中，影响股票价格的因素非常多，其中，宏观经济因素是股价波动的大环境，只有从分析宏观经济发展的大方向着手，才能把握住股票市场的总体变动趋势。

1）汇率水平。汇率是一国货币兑换另一国货币的比例。绝大部分的国际经济环境变化都会通过汇率水平反映出来，在国际贸易中起着重要的杠杆作用。世界经济一体化趋势逐步增强，包括证券市场在内，各国金融市场的影响相互加深，一国汇率的波动也会影响其证券市场价格。

一般来说，如果一国的货币升值，会吸引外资流入，经济形势稳步发展，股价就会上涨，一旦其货币贬值，股价随之下跌。但若汇率盲目上涨也会对股票市场产生不利影响，因为汇率太高会影响贸易出口，出口受阻，不利于经济发展，进而证券市场受影响。

2）利率影响。宏观经济因素中，利率对证券市场的作用最为直接，影响也最大。当利率升高时，使储蓄获利增加，导致股票需求量下降，自然使股票价格下降。其中，金融服务业对利率水平最敏感；对大多数行业来说，较高的利率水平会降低企业的投资欲望，与之相关的钢铁、机械制造、房地产等行业就会变得萧条。

3）通货膨胀的影响。通货膨胀会提高整个市场的名义利率水平，并令未来价格水平和成本状况的不确定性增加，这也就加强了企业的决策难度，特别是一些对下家议价能力不强的企业，行业利润会下降。虽然通货膨胀对大多数行业来说都有消极的影响，但是一些行业却能从中获益，例如煤炭、石化等自然资源开采行业，当这些行业具有较强的垄断性时，通货膨胀将带来很大的收益。

（2）资金流向对大盘的影响。资金流向是影响股票价格最直接的因素，当资金大量流入，股价就上升；当资金大量流出时，需求大幅度减少，股价自然下跌。正因为如此，投资者选股一定要看准整个股市里资金进出的总趋向，一定要看准你所选择的股票是否有机构正在不断购买，即有资金不断有计划、有组织地流入该股。研究分析资金流向对投资者尤其是短线操作的投资者选股有相当的参考价值。

那么，如何判断个股的资金流向呢？总结长期的实践经验，觉得还是应从价格、成交量两方面入手。成交量、价格与资金运作存在着必然的联系。

1）股票价格经过长期的下跌以后，成交量会逐步递减到过去的底部均量附近，此时，股价的波动幅度越来越小，并停止下跌，成交量也萎缩到极限。此后，成交量逐步递增，乃至出现放巨量的现象，说明可能有大资金介入该股，因此，投资者应特别关注成交量。在股价变动过程中的相对低位，形成双底、圆底等技术形态，突然有一天产生跳空缺口，配合成交量的有效放大，说明已经有大资金进入该股。

2）在股价经历一定的跌幅后，某一个股价价格率先开始温和上涨，或大盘指数下跌已有相当幅度，某一个股也在下跌，但某一个股的换手率较高，明显高于大盘的换手率，这类个股有可能有大资金进入，一般来说，在低价区换手率较高，表示有大资金在进仓，在高价区换手率较大，则可能有大资金在流出。

3）由于特定的政策原因或其他原因，股价产生连续暴跌的情况，此时在低档出现大成交量而股价没有出现进一步下跌，此即表示有大资金在进货。

4）股价在连续下跌 20% 至 30% 以后，股票已具有相当的投资价值，股价形成小箱体整理的局面，此时，股价忽然向下跌破箱底，同时出现较大的成交量，此后不跌，股价又回升到原先的箱体之上，要留心是否有大资金在建仓。

第四个方面是政策信息对大盘的影响力。中国股市也被称为“强政策市场”。因此把握政策的脉搏，是判断国内股市走向的一个重要基点。从 1994 年的三大救市政策，1996 年底的股市剧烈回落，1999 年“5.19”行情到 2002 年 6 月 24 日国有股减持政策的停止，无不是在政策的嬗变下导致走势的改变，因而对历史上政策的变化及其对中国股市产生的影响进行分析，对于我们较好地把握市场脉络并在其中寻求一定的政策性套利空间将是大有裨益的。

获取政策性套利的过程其实也是市场与政策博弈的过程，当投资者明确政策有“稳定”的预期时，则会“逢低买进”，这必然使得大盘在早期呈现“底部”抬高的上升整理形态；同时，当出现“扩容、规范”等政策预期时，他们又会“逢高卖出”，其结果是早期“顶部”不断降低，整个政策套利使大盘的波动区间逐步缩小，直至套利空间逐步消失。这在技术形态上使大盘表现为旗形或楔形整理，最终依照基本面和市场自发的力量选择突破方向。如果市场最终选择向下突破，并超出了政府的预期时，则政策干预会再度使市场产生抵抗性反弹，投资者可以进入另一个政策套利过程。

【案例分析】 2000 年 2 月 13 日，中国证监会决定自 2 月 22 日起试行向二级市场投资者配售新股制度，比例暂定为向证券投资基金优先配售后所余发行量的 50%。同日，中国人民银行、中国证监会联合发布了《证券公司股票质押贷款管理办法》，允许符合条件的证券公司以自营股票和证券投资基金券作质押，向商业银行借款。沪深两市当日大涨，有近一半的股票涨停，两市综合指数涨幅均超过 9%，创下设立涨跌停交易制度恢复以来的最大日涨幅。

2002 年 6 月 24 日，国务院决定，除企业海外发行上市外，对国内上市公司停止执行《减持国有股筹集社会保障资金管理暂行办法》中关于利用证券市场减持国有股的规定，并不再出台具体实施办法。当日沪深两市全线飙升，成交量骤然放大数倍，人气也迅速凝聚。上证指数收于 1707.31 点，上涨 144.59 点，升幅达 9.25%；深证成指收于 3478.12 点，上涨 297.18 点，升幅达 9.34%；两市合计成交金额为 898.54 亿元，直逼 2000 年 2 月 17 日 925 亿元的历史高峰，沪市更以 531.98 亿元的成交创出天量。两市有近 900 只股票达到涨幅限制。

股票入门知识点 15

排行榜说明了什么？

在股市中进行交易，第一步就是要选择一只好的股票，尽管是选股的方法有很多，比如说如何根据板块选股就是其中一种，根据板块选股可以从板块的涨跌幅排行榜中进行选择，对于涨跌幅的排名我们如何理解呢？

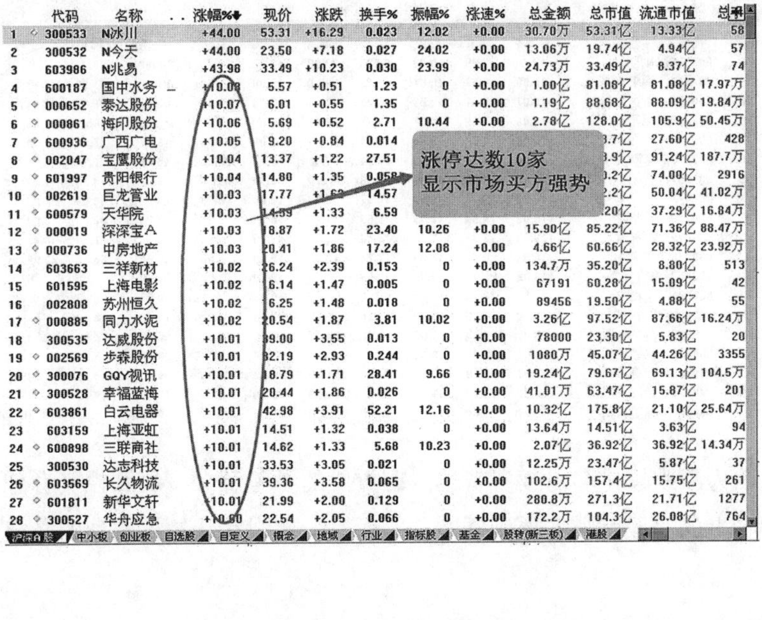

	代码	名称	涨幅%	现价	涨跌	换手%	振幅%	涨速%	总金额	总市值	流通市值	总手
1	300533	N冰川	+44.00	53.31	+16.29	0.023	12.02	+0.00	30.70万	53.31亿	13.33亿	58
2	300532	N今天	+44.00	23.50	+7.18	0.027	24.02	+0.00	13.06万	19.74亿	4.94亿	57
3	603986	N兆易	+43.98	33.49	+10.23	0.030	23.99	+0.00	24.73万	33.49亿	8.37亿	74
4	600187	国中水务	+10.08	5.57	+0.51	1.23	0	+0.00	1.00亿	81.08亿	81.08亿	17.97万
5	000652	泰达股份	+10.07	6.01	+0.55	1.35	0	+0.00	1.19亿	88.68亿	88.09亿	19.84万
6	000861	海印股份	+10.06	5.69	+0.52	2.71	10.44	+0.00	2.78亿	128.0亿	105.9亿	50.45万
7	600936	广西广电	+10.05	9.20	+0.84	0.014	[illegible]	[illegible]	[illegible]	[illegible]	27.60亿	428
8	002047	宝鹰股份	+10.04	13.37	+1.22	27.51	[illegible]	[illegible]	[illegible]	[illegible]	91.24亿	187.7万
9	601997	贵阳银行	+10.04	14.80	+1.35	0.058	[illegible]	[illegible]	[illegible]	[illegible]	74.00亿	2916
10	002619	巨龙管业	+10.03	17.77	[illegible]	14.57	[illegible]	[illegible]	[illegible]	[illegible]	50.04亿	41.02万
11	600579	天华院	+10.03	14.59	+1.33	6.59	[illegible]	[illegible]	[illegible]	[illegible]	37.29亿	16.84万
12	000019	深深宝A	+10.03	18.87	+1.72	23.40	10.26	+0.00	15.90亿	85.22亿	71.36亿	88.47万
13	000736	中房地产	+10.03	20.41	+1.86	17.24	12.08	+0.00	4.66亿	60.66亿	28.32亿	23.92万
14	603663	三祥新材	+10.02	26.24	+2.39	0.153	0	+0.00	134.7万	35.20亿	8.80亿	513
15	601595	上海电影	+10.02	16.14	+1.47	0.005	0	+0.00	67191	60.28亿	15.09亿	42
16	002808	苏州恒久	+10.02	16.25	+1.48	0.018	0	+0.00	89456	19.50亿	4.88亿	55
17	000885	同力水泥	+10.02	20.54	+1.87	3.81	10.02	+0.00	3.26亿	97.52亿	87.66亿	16.24万
18	300535	达威股份	+10.01	39.00	+3.55	0.013	0	+0.00	78000	23.30亿	5.83亿	20
19	002569	步森股份	+10.01	32.19	+2.93	0.244	0	+0.00	1080万	45.07亿	44.26亿	3355
20	300076	GQY视讯	+10.01	18.79	+1.71	28.41	9.66	+0.00	19.24亿	79.67亿	69.13亿	104.5万
21	300528	幸福蓝海	+10.01	20.44	+1.86	0.026	0	+0.00	41.01万	63.47亿	15.87亿	201
22	603861	白云电器	+10.01	42.98	+3.91	52.21	12.16	+0.00	10.32亿	175.8亿	21.10亿	25.64万
23	603159	上海亚虹	+10.01	14.51	+1.32	0.038	0	+0.00	13.64万	14.51亿	3.63亿	94
24	600898	三联商社	+10.01	14.62	+1.33	5.68	10.23	+0.00	2.07亿	36.92亿	36.92亿	14.34万
25	300530	达志科技	+10.01	33.53	+3.05	0.021	0	+0.00	12.25万	23.47亿	5.87亿	37
26	603569	长久物流	+10.01	39.36	+3.58	0.065	0	+0.00	102.6万	157.4亿	15.75亿	261
27	601811	新华文轩	+10.01	21.99	+2.00	0.129	0	+0.00	280.8万	271.3亿	21.71亿	1277
28	300527	华舟应急	+10.00	22.54	+2.05	0.066	0	+0.00	172.2万	104.3亿	26.08亿	764

◆ 早些时间进入涨幅排行榜而且表现稳定的个股有连续潜力，因此开盘 30 分钟后，我们需要看看哪些个股进入了涨幅排行榜。

◆ 当你发现表中排在前列的很多只股票属于一个板块概念，就说明这个板块概念已成为短期市场热点，我们应该注意那些涨幅不大的，它们可能后期就是市场强势品种。

◆ 没有明显基本面原因而经常出现在这个排行榜上的个股属于游资关注个股，可以中长线反复注意跟踪，但是配合其他指标，在把握上相对而言比较有难度。

◆ 因基本面情况出现变化而进入这个排行榜的个股需要分析题材的有效时间。比如当年的甲流概念股在疫情刚刚出现的时候我们就可以看到华兰生物、达安基因出现在涨幅排行榜上，当时甲流在全球蔓延，而且没有有效的针对办法，研制出疫苗需要长期的过程。我们可以判断这个题材是具有一定持续力的，可在当时逐步地买入。

◆ 连续上涨多日并已经走得很高的股票再次进入这个榜的时候，大家就需要小心了，这个时候价格下跌的风险比较大。

◆ 对涨幅前两版和跌幅后两版的个股要看得特别仔细。了解资金在流进哪些行业和板块，看哪些个股资金在流出，是否具有板块和行业的联系，了解市场打压的板块。

涨幅排名 | DDE排名 | 资金流向 | 主力增仓 | 财务数据

	代码	名称	涨幅%	现价	涨跌	换手%	振幅%	涨速%	总金额	总市值	流通市值	总
3	603986	N兆易	+43.98	33.49	+10.23	0.030	23.99	+0.00	24.73万	33.49亿	8.37亿	74
4	600187	国中水务	+10.08	5.57	+0.51	1.23	0	+0.00	1.00亿	81.08亿	81.08亿	17.97万
5	000652	泰达股份	+10.07	6.01	+0.55	1.35	0	+0.00	1.19亿	88.68亿	88.09亿	19.84万
6	000861	海印股份	+10.06	5.69	+0.52	2.71	10.44	+0.00	2.78亿	128.0亿	105.9亿	50.45万
7	600936	广西广电	+10.05	9.20	+0.84	0.014	0	+0.00	39.40万	153.7亿	27.60亿	428
8	002047	宝鹰股份	+10.04	13.37	+1.22	27.51	12.51	+0.08	24.45亿	168.9亿	91.24亿	187.7万
9	601997	贵阳银行	+10.04	14.80	+1.35	0.058	0	+0.00	431.6万	340.2亿	74.00亿	2916
10	002619	巨龙管业	+10.03	17.77	+1.62	14.57	10.03	+0.00	6.99亿	142.2亿	50.04亿	41.02万
11	600579	天华院	+10.03	14.59	+1.33	6.59	11.24	+0.00	2.34亿	57.20亿	37.29亿	16.84万
12	000019	深深宝A	+10.03	18.87	+1.72	23.40	10.26	+0.00	15.90亿	85.22亿	71.36亿	88.47万
13	000736	中房地产	+10.03	20.41	+1.86	17.24	12.08	+0.00	4.66亿	60.66亿	28.32亿	23.92万
14	603663	三祥新材	+10.02	26.24	+2.39	0.153	0	+0.00	134.7万	35.20亿	8.80亿	513
15	601595	上海电影	+10.02	16.14	+1.47	0.005	0	+0.00	67191	60.28亿	15.09亿	42
16	002808	苏州恒久	+10.02	16.25	+1.48	0.018	0	+0.00	89456	19.50亿	4.88亿	55
17	000885	同力水泥	+10.02	20.54	+1.87	3.81	10.02	+0.00	3.26亿	97.52亿	87.66亿	16.24万
18	300535	达威股份	+10.01	39.00	+3.55	0.013	0	+0.00	78000	23.30亿	5.83亿	20
19	002569	步森股份	+10.01	32.19	+2.93	0.244	0	+0.00	1080万	45.07亿	44.26亿	3355
20	300076	GQY视讯	+10.01	18.79	+1.71	28.41	9.66	+0.00	19.24亿	79.67亿	69.13亿	104.5万
21	300528	幸福蓝海	+10.01	20.44	+1.86	0.026	0	+0.00	41.01万	63.47亿	15.87亿	201

因为涨跌幅排名对投资者选股有重要的参考意义，那么投资者分析涨跌幅榜上的个股有哪些原则呢？一般而言，出现在涨幅榜前列的必定是龙

头个股，只要在龙头股和龙头板块小范围内，投资者就很容易选定有上涨潜力的个股追涨，在对涨幅排名个股进行分析时要注意以下原则。

◆ 首次排列的低活跃个股，可能新庄入驻。

◆ 价量配合排列靠前，有短线套利机会。

◆ K 线连续上涨到高位后进入该榜前列，应小心庄家随时可能出货。

◆ 同一板块多股排在前面，关注量大。在榜中有多只股票同属于一个板块概念，说明该板块概念已经成为短期市场热点，投资者应该注意其中成交量能比较大的个股，涨幅不大的个股以及次新品种。

◆ 无故排名靠前的必是长庄股，可以中长线反复注意跟踪，配合其他指标做好随时套利准备。

◆ 基本面导致靠前，题材时效有待研究，因为基本面情况出现在该排行榜前列的个股需要分析其题材的有效时间。

◆ 在交易日偏早时间进入该榜前列并表现稳定的个股有连续潜力，在交易日偏晚时间进入该榜的个股连续潜力一般。

【案例分析】 跟踪 5 天涨幅前 10 名的个股。5 天内涨幅较大的个股，必须由盘整区刚刚起动，从起涨点开始，涨幅在 20% 以内，也比较容易引起短线资金的追捧。这类个股活跃，上升动能强，投资者可以逢低介入。

例如 2003 年 4 月 2 日，中信证券 5 天内的换手率达 39.32%，换手率排名第三，5 天的涨幅排名第二，收盘价创出新高，短线上攻要求强烈，便果断介入。随后该股由 7.1 元上涨至 9.28 元。同天，上海航空的换手率达 47.24%，除新股外，当天排名第二，收盘价也创出近期新高，上攻潜力很大，介入后，该股从 8.19 元很快涨至 9.46 元，短线获利丰厚。

还有一种是逆势涨幅榜。逆势上涨的股票都是些强势股，若是大盘在利空、技能调整等影响之下呈现疾速跌落行情时，可以逆势上涨的股票，都有其上涨的缘由，投资者需求充沛挖掘出缘由，然后拟定炒股方案。逆势上涨的缘由通常有以下两种。

◆ 庄家逆势建仓。散户一般都有跟风心理，股票呈现跌落，就会跟风卖出股票，而此刻关于庄家建仓来说却是极好的时机，若是投资者能跟上庄家的节奏，后期的盈余将十分无穷，判别庄家是不是逆势建仓，除了当天的股票走势之外，投资者也要重视成交量放量的是不是有继续性，量价合作是不是完满等状况。

◆庄家逆势护盘。这类状况首要呈现在庄家建仓完结，预备拉升的期间，由于大盘呈现意料之外的跌落行情，庄家出于维护股价的意图，就会进行护盘操作，若是大盘止跌回稳，庄家将顺势狂拉，股价也会一飞冲天。

※ 股票投资心理小建设之四：抛却不必要的恐慌心理 ※

在一般的情况下，不少抛售风往往是由一些大户或其他人故意掀起的。他放出不利消息，引起抛售目的是压低股价然后趁机买进，或套现以转移资金。有些股票投资人因受某些环境因素和“马路消息”的影响，对股市或某些股票的前途失去信心，感到恐慌，于是就拼命抛售手中的股票。许多股市上的经验表明，不必要的恐慌往往是虚惊一场。当然发生在非常时期（如战争、经济危机等）似乎是在情理之中。但一般的投资者，若产生不必要的恐慌，大量抛出手中持有的股票，肯定会受到损失。所以，作为投资者，要在不利消息面前保持镇定，仔细分析消息的可靠性。倘若证明确有其事的话。还要看这种消息所产生的影响是长久性的，还是暂时的，若是后者，也没有必要抛出手中的股票。

第四章

巧用同花顺软件——一目了然股市行情

很多投资者认为，在股市上做出的努力无非就是精研技术线形，择强而入。但是事实上，如果投资者可以选择固定的投资组合，根据影响股市行情变动的重要因素进行具体分析，长期记录，也是一个很好的获利途径。本章将带领你去了解如何用同花顺股票软件查看行情显示、行情分析和行情交易等内容。

股票入门知识点 16

怎样查看上市公司实时情况

一、查看公司基本资料

买卖股票的第一步是选股。选股时必不可少的就是对公司基本面的分析，而对基本面的分析里缺少不了的就是公司的资产状况、盈利能力、成长能力等。也就是说，要使投资者确定自己选择哪一类型或哪几类型的股票，应当从分析公司的内部情况中来得出结论。著名的股神巴菲特不会刻意理会大市的升跌，抑或股票的供求关系，只关注公司的营运状况，他的着眼点并不单单只是股票价格的上升，而是上市公司能否持续地创造盈利。下面介绍如何用同花顺软件查看公司的基本资料。

第一步：在同花顺键盘精灵中输入股票代码（或股票名称首字母）。

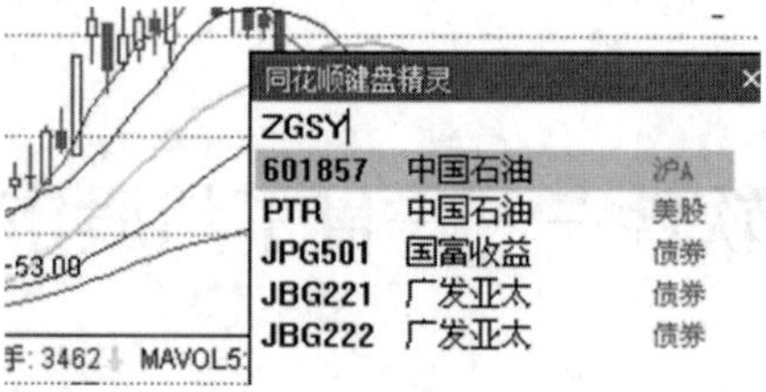

第二步：选中该股票（中国石油）并单击 <Enter> 键进入分时图页面。

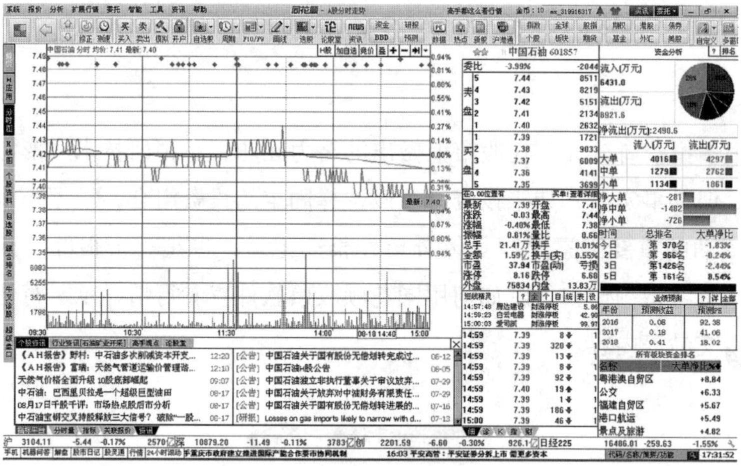

第三步：在分时图页面按 <F11> 键进入基本资料页面。

第四步：在该页面可查看股本结构、权息状况、资产状况、盈利能力、成长能力、偿债能力和现金保障。

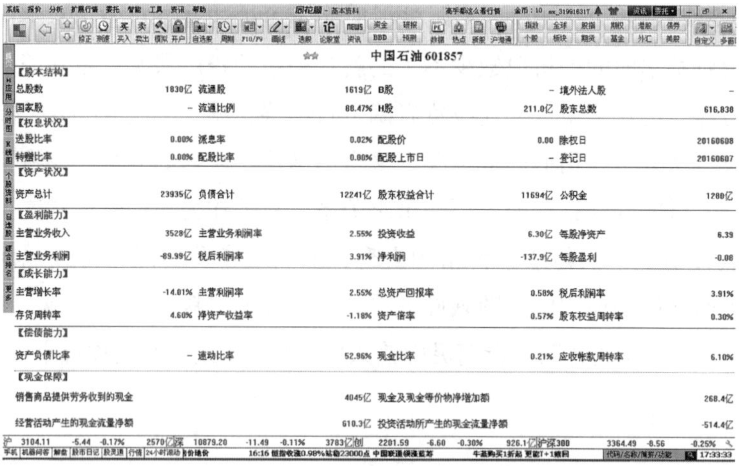

二、查看公司财务图示年报

股价即为发行公司“实质”的反映，而发行公司的实质，就是它的营运情况、财务情况及盈利情况，最直接、最方便的办法，便是从发行公司的财务分析着手。投资者通过对股份公司的财务报表进行分析，来了解该公司的财务情况、经营效果，进而了解财务报告中各项的变动对股票价格的有利和不利影响，最终做出投资某一股票是否有利和安全的准确判断。下面介绍如何用同花顺软件查看公司的财务图示年报。

第一步：选择相关股票以后，单击 <F11> 键进入基本资料页面。

第二步：选择“更多”并单击“财务图示年报”。

第三步：打开“财务图示年报”页面，在该页面可查看总负债比较、

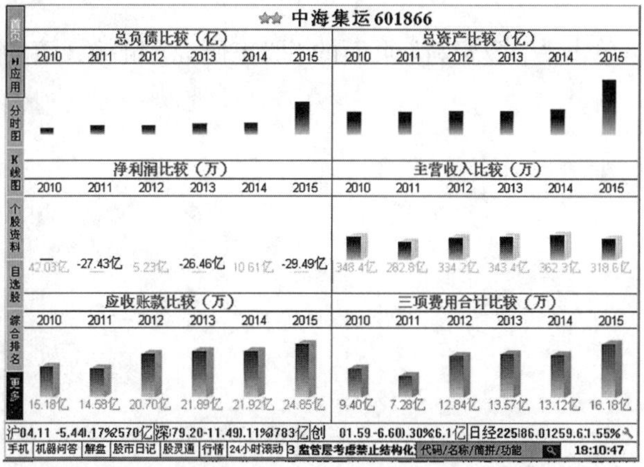

总资产比较、净利润比较、主营收入比较、应收账款比较和三项费用合计比较。

三、查看公司十大持股股东变动情况

公司大股东的更换通常意味着公司经营范围和经营方式的改变，特别是在中国现有的市场条件下，大股东的更换往往成为市场炒作的导火索。尤其是当庄家知道散户投资者会关注股东变化情况来了解市场动向时，更会采用使用多个账户，制造股东人数增加、筹码分散的假象，以此来掩护庄家悄悄建仓。因此，我们必须学会用“道高一尺，魔高一丈”的办法来对付市场庄家，这样选股才可能立于不败之地。这个“道高一尺，魔高一丈”的办法就是悉心观察个股的前 10 名股东持股情况，看看里面有什么变化，有什么文章可做。下面介绍如何用同花顺软件查看公司十大持股股东的变动情况。

第一步：在所查股票的分时图页面，选择分析并单击“个股资料”。

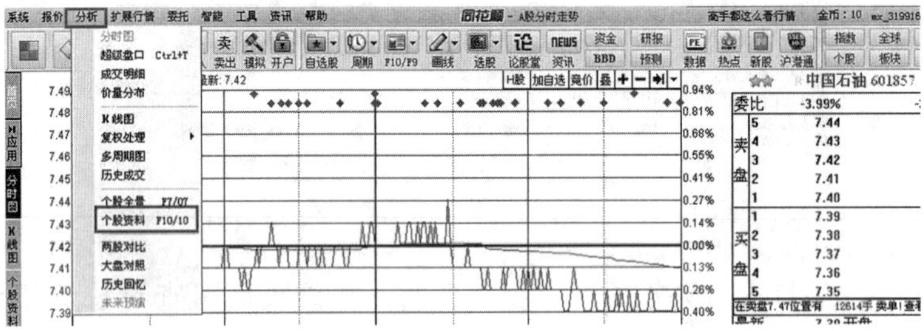

第二步：单击“个股资料”页面的“股东研究”链接，滚动页面至十大股东。

指标\日期	2016-03-31	2016-02-29	2015-12-31	2015-09-30	2015-06-30	2015-03-31
股东总人数(万户)	61.68	62.67	62.7	67.66	76.21	86.17
A股股东数（万户）	60.95	61.94	61.98	未公布	75.49	85.41
A股股东数变化	-1.59%	-0.06%	-	-	-11.62%	-1.86%
H股股东数(户)	7313	7307	7269	-	7274	7598
人均流通A股(股)	265653	261425	261268	-	214506	189576

四、查看分时走势图

分时图是指大盘和个股的动态实时（即时）分时走势图，其在实战研判中的地位极其重要，是即时把握多空力量转化即市场变化直接根本。下面介绍如何用同花顺软件查看公司的分时走势图。

在同花顺键盘精灵中输入需要查看的股票名称，然后按 <Enter> 键。

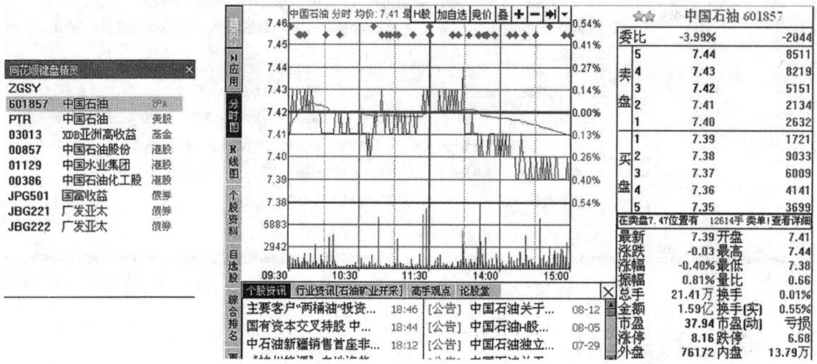

此外，在分时图下方的横向选项卡还包括所查看股票的分时量、量比指标、买卖力道和行业新闻。例如，要查看某股票或行业的资讯信息。

第一步：单击页面左下方的行业资讯（综合）。

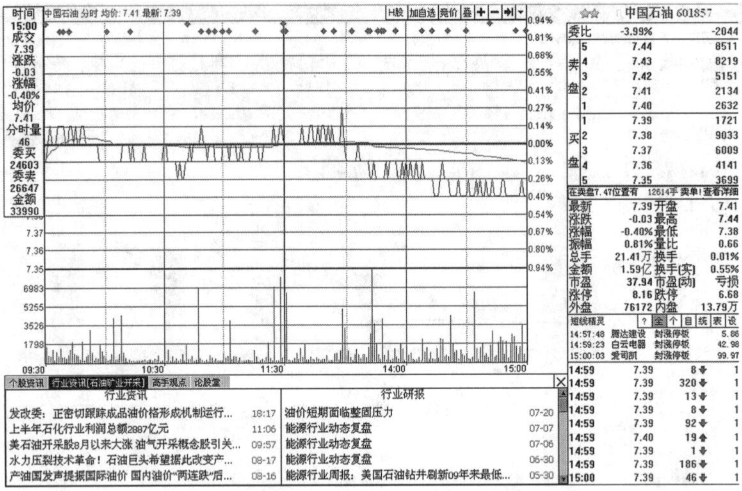

第二步：单击某项资讯信息，便可看到该信息的页面。

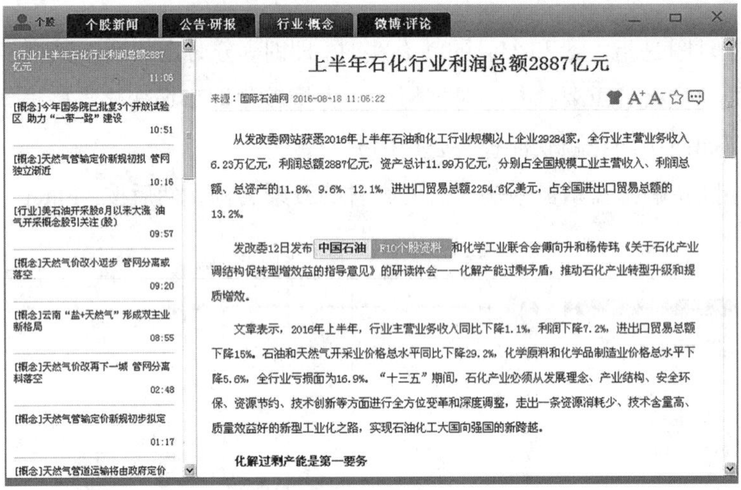

五、查看超级盘口

"盘口"是在股市交易过程中，看盘观察交易动向的俗称。比如，你仔细观察某一只股票在开盘之后的分时走势；买盘、卖盘的每一笔成交；观察大笔成交的动向；观察无论是涨还是跌的主力意图等。看"盘口"需要经验积累，需要熟悉主力做盘的种种手法，不能被主力欺骗。看"盘口"是需要一定的功夫的，看懂了"盘口"也就会有助于你对买卖股票的决策。

由于各种主力的手法不一样，“盘口”表现不是固定的，需要长时间地观察、不断地分析，最重要的是要经过在交易实战中总结经验，不断提高。下面介绍如何用同花顺软件查看公司的超级盘口。

第一步：输入据查股票的代码。

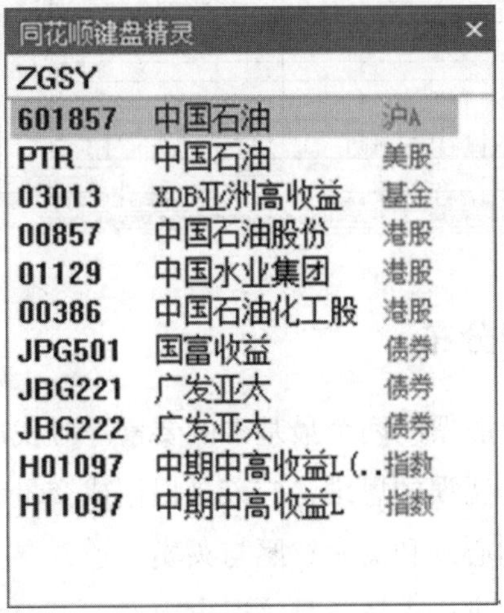

第二步：选择“分析”并单击“超级盘口”。

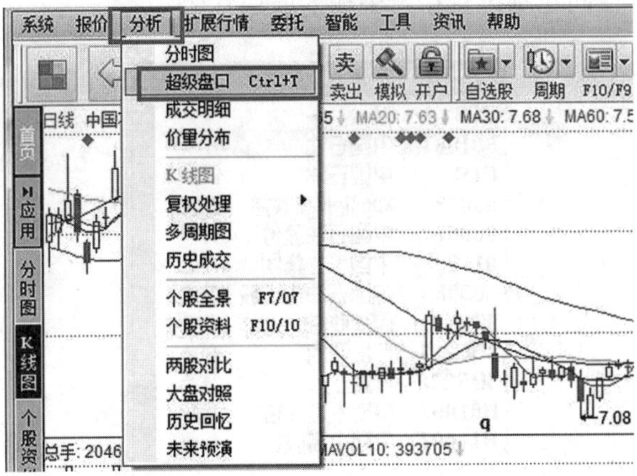

第三步：打开“超级盘口”页面后，移动鼠标就可以查看某个时刻的买卖盘状况。要想退出该页面，只需单击页面右下角的“分时走势”或按<Esc>键。

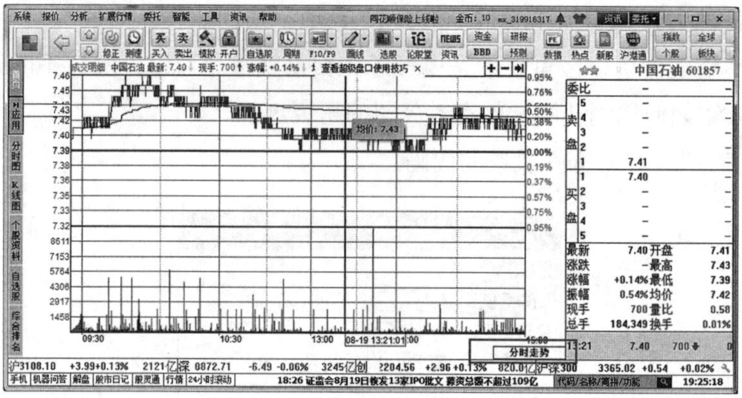

六、查看价量分布

价格和成交量是股票的两个最基本的要素。寻找成交量和价格之间的必然的逻辑关系，是错误的思维，应该是根据成交量和价格的变化，来分析大众对这只股票的心理和买卖意愿与买卖力道，寻找股价阻力最小的方向，从而确定我们该进入市场还是该退出市场。下面介绍如何用同花顺软件查看公司的价量分布。

第一步：在同花顺键盘精灵中输入股票代码。

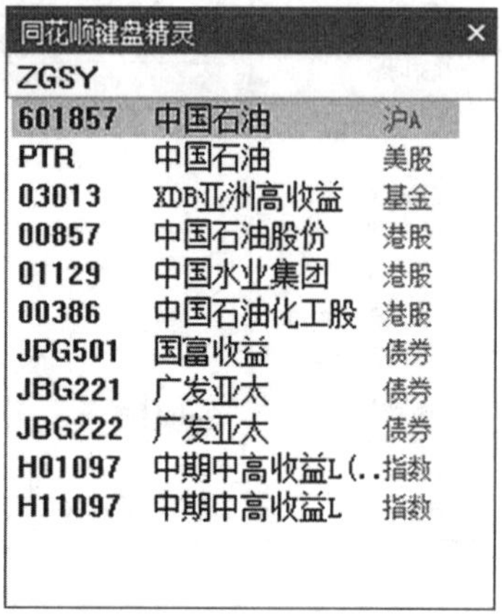

第二步：打开该股票的分时图页面。

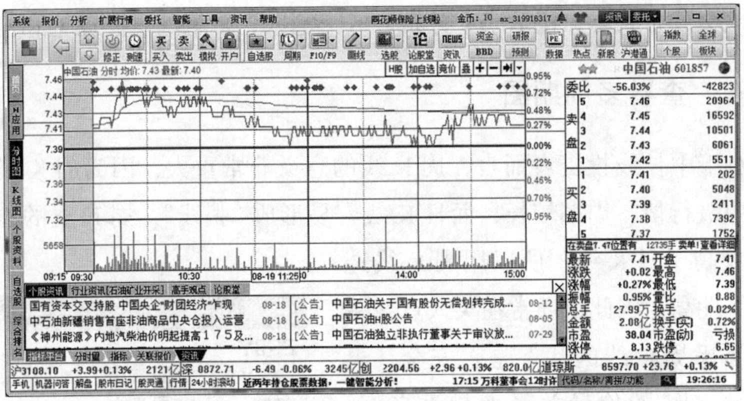

第三步：选择“分析”并单击“价量分布”。

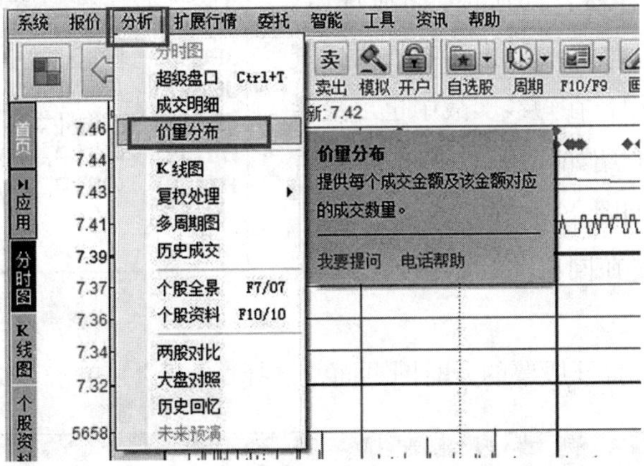

第四步：打开所查股票的“价量分布”页面，在该页面可查看股票的

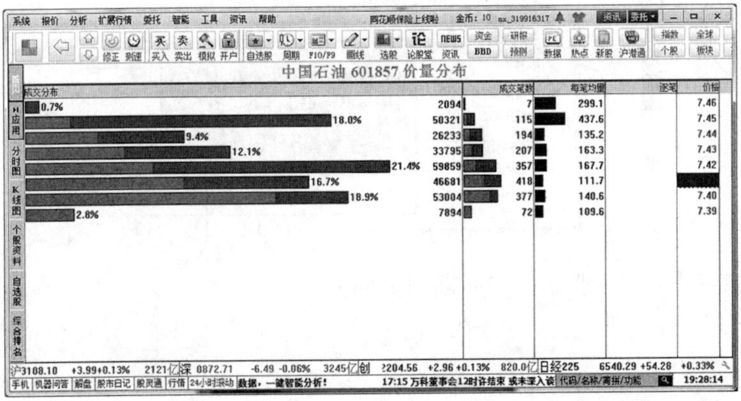

当日成交分布状态，包括成交分布、成交笔数、每笔均量、逐笔和价格。

七、查看多周期图

对于中长线投资者而言，周 K 线的意义非常重大，因为周 K 线反映的是中级行情，周期较长，而日 K 线容易形成“骗线”，周 K 线的准确度要大大高于日 K 线。所以用周 K 线选股可靠性高。因此，通常在买入点，一般先考虑周 K 线的状态是否安全，再考虑日 K 线的价量关系上是否良好、状态是否安全，最后才以盘面变化择低而入。反之亦然，即所谓“周线选股，日线买股”。周 K 线不止在中长线投资者中广泛运用，在短线实战中也可灵活运用。下面介绍如何用同花顺软件查看公司的多周期图。

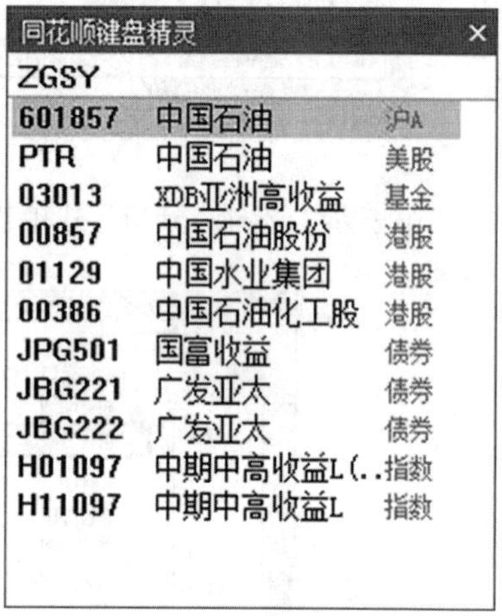

第一步：在同花顺键盘精灵中输入股票代码。

第二步：打开股票的分时图页面，选择“分析”并单击“多周期图”。

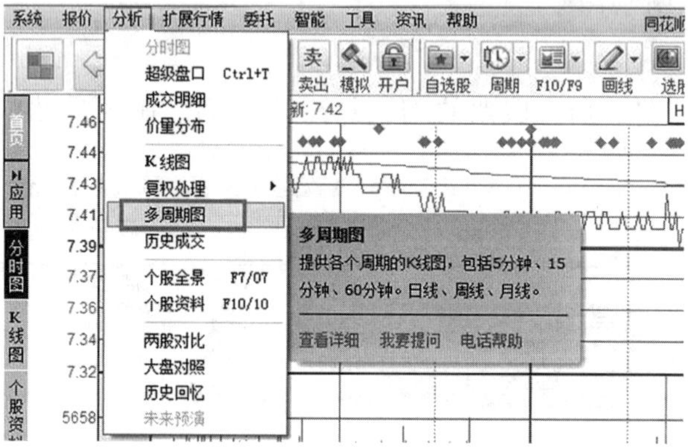

第三步：打开股票的多周期图页面。

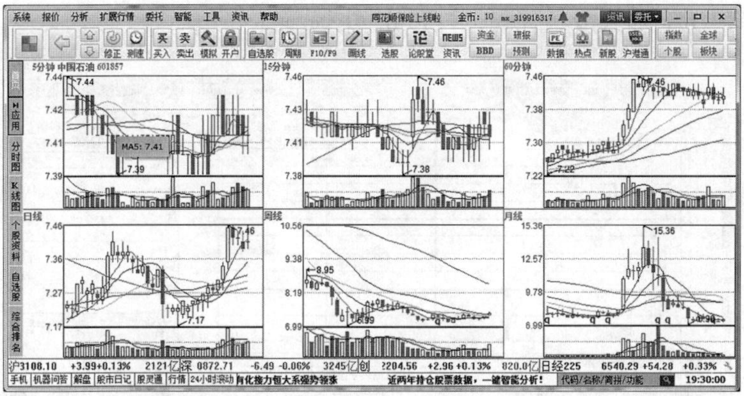

第四步：用鼠标双击某个周期的K线图，就可以打开这个周期的技术分析页面。多周期图的页面有5分钟、15分钟、60分钟以及日线、周线和月线6个周期的K线图。

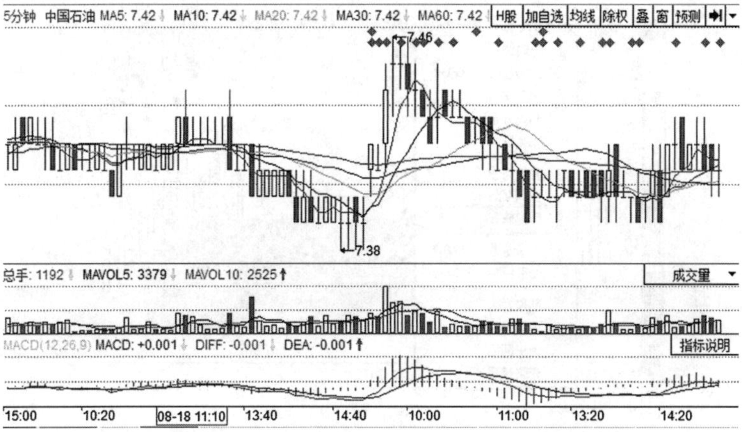

八、查看历史成交

在技术分析时，查看某个周期的历史成交的作用很重要，最明显的情形是，股价高涨，成交量激增，成交总额与股票指数不断创出新高；但假若只是成交量增加，而股价与股价指数没有明显的涨升，这表示股价已达高峰，回档的可能性极大，也是投资者应该有所警惕的时候了。连日上涨的股票，突然高开低走而且以低价收盘时，投资者就应特别注意了。下面介绍如何用同花顺软件查看公司的历史成交。

第一步：输入股票代码，打开分时图页面。

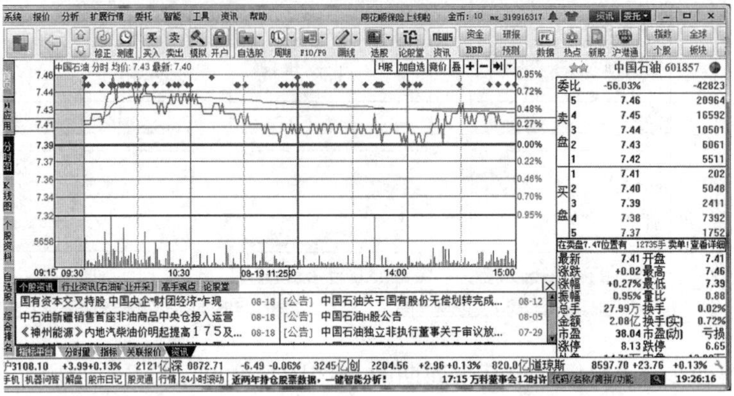

第二步：选择“分析”并单击“历史成交”。

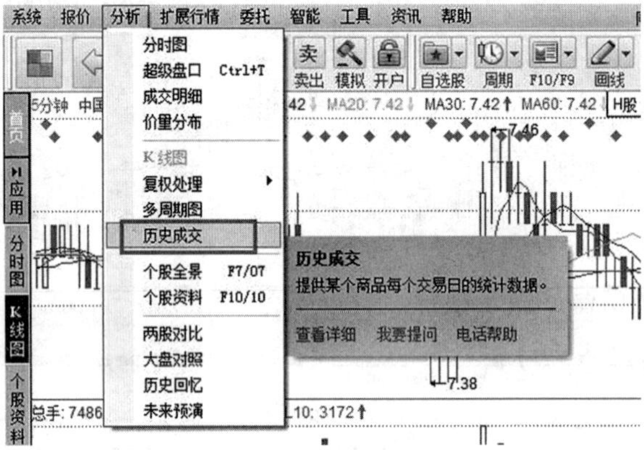

第三步：用鼠标右键单击“历史成交”页面，在弹出的快捷菜单中单击“分析周期”，这时就可以根据需要选择 1 分钟、5 分钟、15 分钟等。

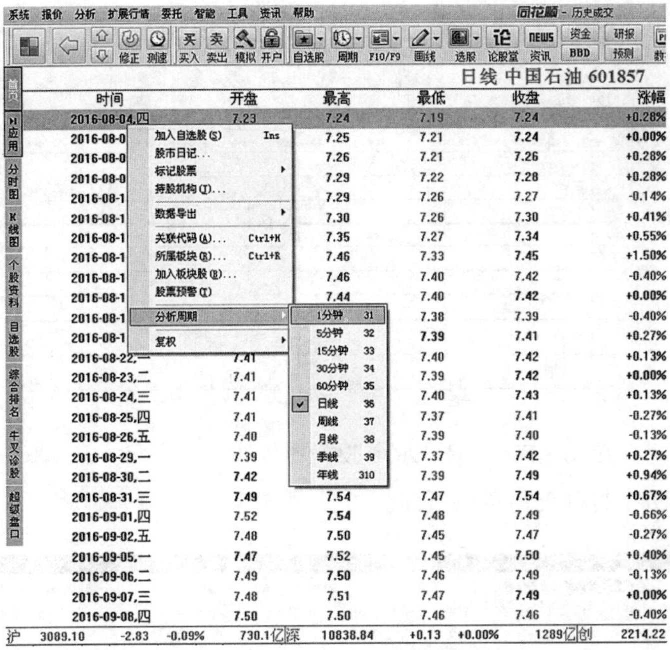

第四步：根据需要打开某个周期的“历史成交”页面。例如，打开“1分钟”周期的“历史成交”页面。在该页面可查看某个股票的当日开盘价、最高价、最低价、收盘价、涨幅、振幅、总手、成交金额、换手率和成交次数。

1分钟 中国石油 601857 历史成交

时间	开盘	最高	最低	收盘	涨幅	振幅	总手
2016-08-19,五	7.41	7.42	7.41	7.41	+0.27%	0.14%	646
2016-08-19,五	7.41	7.41	7.40	7.41	+0.00%	0.13%	1,379
2016-08-19,五	7.41	7.41	7.41	7.41	+0.00%	0.00%	1,018
2016-08-19,五	7.41	7.41	7.41	7.41	+0.00%	0.00%	30

九、查看上市公司的资讯信息

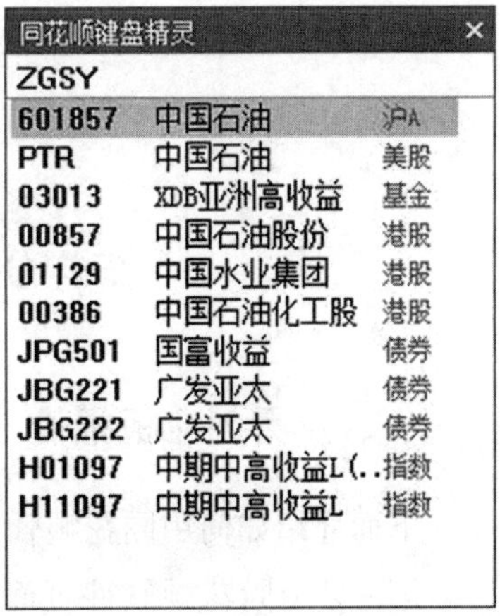

投资者进入股市，虽然买的是股票，但实质上买的是公司价值，了解上市公司的资讯信息有助于投资者做出正确的选择。下面介绍如何用同花顺软件查看公司的资讯信息。

第一步：在同花顺键盘精灵中输入股票代码。

第二步：打开所查股票的分时图页面。

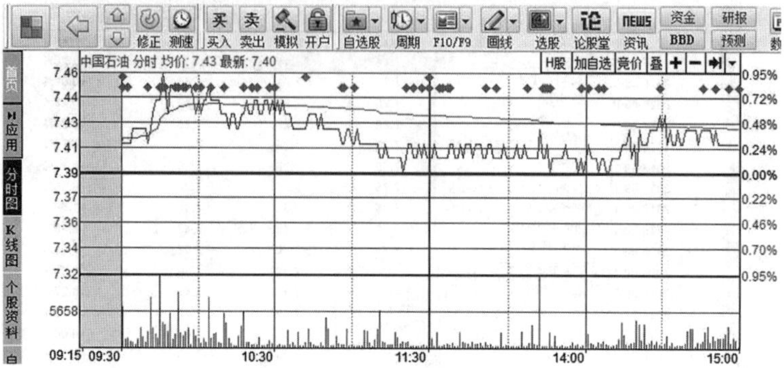

第三步：单击 <F10> 键显示个股资料。

第四步：打开公司资讯页面。

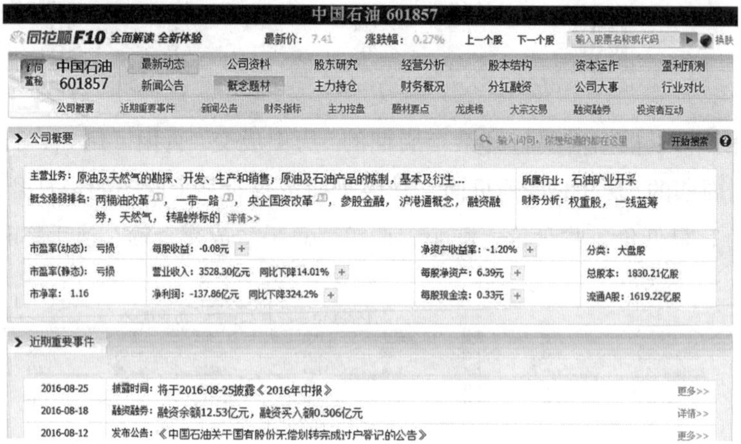

股票入门知识点 17

怎样分析创业板股市行情

一、查看创业板报价

下面介绍如何用同花顺软件查看创业板报价。

第一步：同花顺软件页面输入“300”或“CYB”（创业板首字母），按

<Enter> 键进入就会出现创业板股票的所有市场行情报价数。

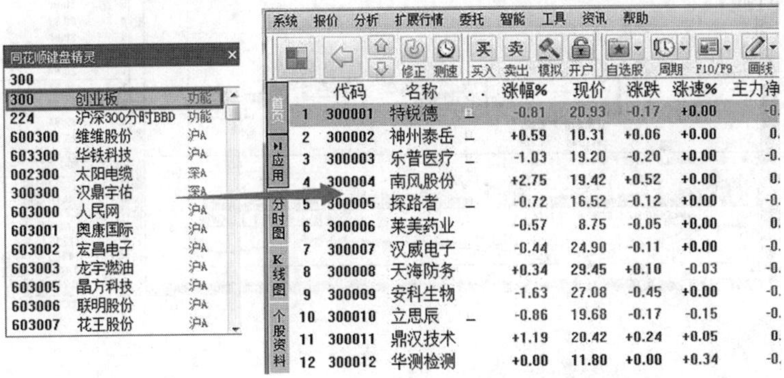

第二步：选择需要查看的股票后，在创业板行情报价窗口按 <Enter> 键，打开股票的分时图页面。

第三步：按 <Enter> 键，打开股票的分时图页面。

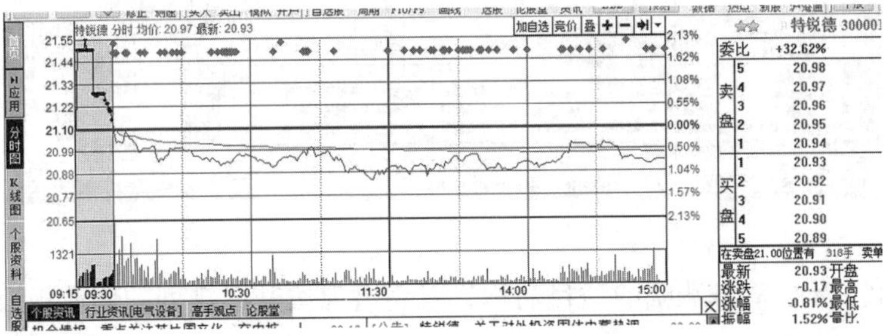

第四步：再按 <Enter> 键，打开股票的 K 线图页面。

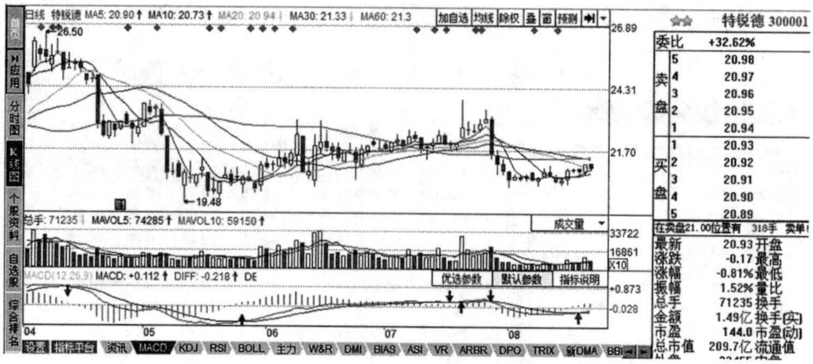

二、查看创业板涨幅排名

查看涨幅排名可以让投资者了解哪只股票涨得多，哪只股票涨得快。利用涨幅涨速以及板块选股，以节约时间。下面介绍如何用同花顺软件查看创业板涨幅排名。

第一步：选择“涨幅排名”，单击“创业板涨幅排名”，打开按涨幅数据降序排列的创业板股票行情报价页面。

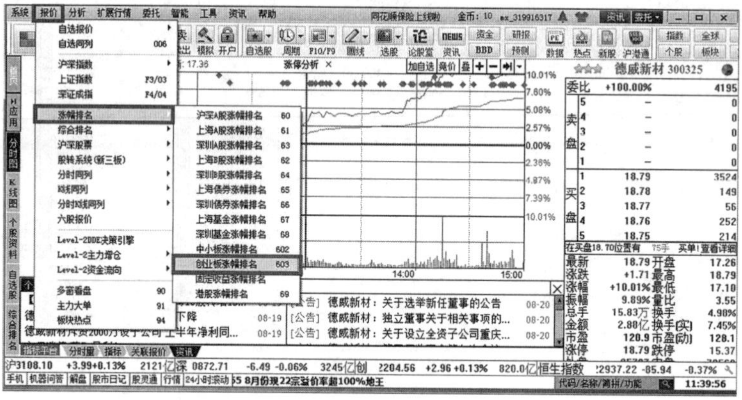

第二步：单击涨幅的项目名称，就会出现按升序排列的创业板股票行情报价页面。

	代码	名称	涨幅%↓	现价	涨跌	涨速%	主力净量	总手
1	300325	德威新材	+10.01	18.79	+1.71	+0.00	0.53	15.83万
2	300336	新文化	+10.01	24.51	+2.23	+0.00	0.76	42.65万
3	300242	明家联合	+10.01	35.73	+3.25	+0.00	0.48	10.91万
4	300381	溢多利	+10.00	76.32	+6.94	+0.00	0.08	52943
5	300523	辰安科技	+10.00	175.52	+15.96	+0.00	1.39	3535
6	300428	四通新材	+10.00	106.14	+9.65	+0.00	3.08	50073
7	300535	达威股份	+10.00	42.90	+3.90	+0.00	0.00	41
8	300532	今天国际	+10.00	25.85	+2.35	+0.00	0.00	21
9	300531	优博讯	+10.00	41.25	+3.75	+0.00	0.00	83
10	300533	冰川网络	+10.00	58.64	+5.33	+0.00	0.00	30
11	300525	博思软件	+10.00	93.54	+8.50	+0.00	0.20	778
12	300526	中潜股份	+9.99	52.17	+4.74	+0.00	0.00	338

三、查看创业板综合排名

用同花顺软件查看创业板综合排名时，选择"综合排名"，单击"创业板综合排名"，就会出现创业板股票综合排名情况的页面。

在上面的页面中，可以查看今日涨幅排名、快速涨幅排名、即时委比前几名、今日跌幅排名、快速跌幅排名、即时委比后几名、今日振幅排名、今日量比排名、今日成交额排名等。

四、查看创投概念股

在同花顺软件中输入"CT"（创投首字母）见下图左，按 <Enter> 键进入创投概念股的市场行情报价页面，见下图右。

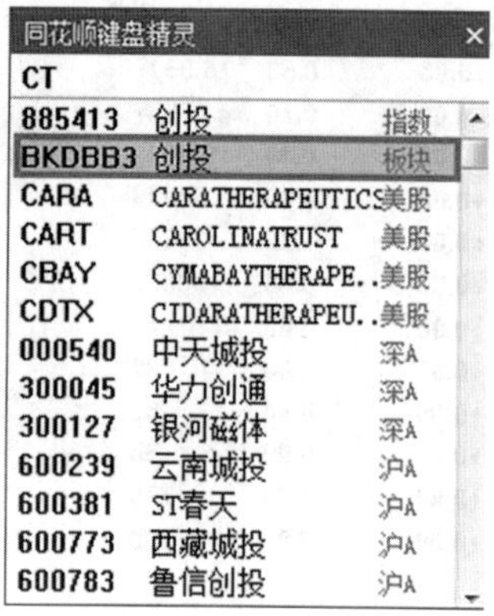

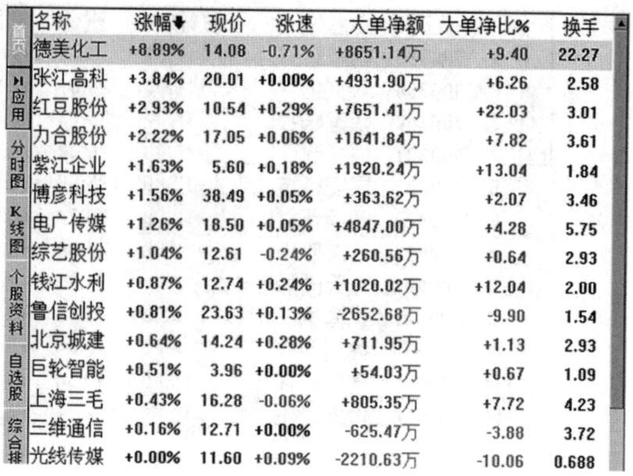

股票入门知识点 18

如何查看大盘指数和个股的实时行情

一、查看沪深指数报价中的报价数据

第一步：选择“报价”，单击“沪深指数”。

第二步：打开沪深指数报价中的分析页面。

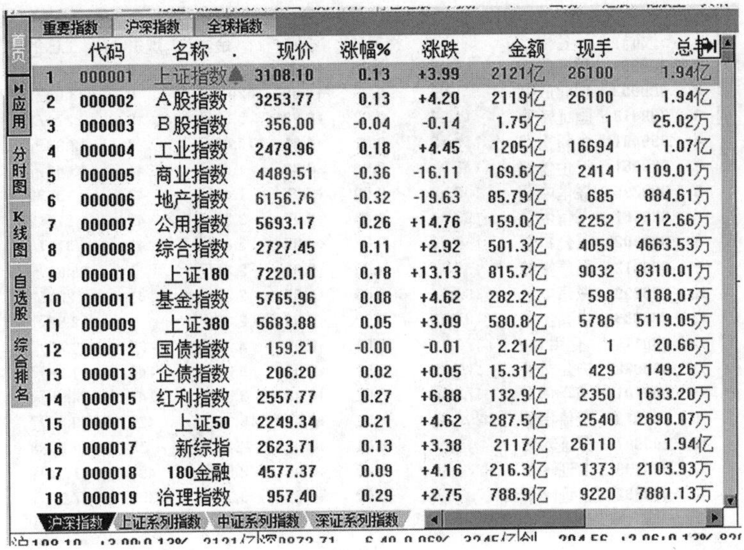

	代码	名称	现价	涨幅%	涨跌	金额	现手	总手
1	000001	上证指数	3108.10	0.13	+3.99	2121亿	26100	1.94亿
2	000002	A股指数	3253.77	0.13	+4.20	2119亿	26100	1.94亿
3	000003	B股指数	356.00	-0.04	-0.14	1.75亿	1	25.02万
4	000004	工业指数	2479.96	0.18	+4.45	1205亿	16694	1.07亿
5	000005	商业指数	4489.51	-0.36	-16.11	169.6亿	2414	1109.01万
6	000006	地产指数	6156.76	-0.32	-19.63	85.79亿	685	884.61万
7	000007	公用指数	5693.17	0.26	+14.76	159.0亿	2252	2112.66万
8	000008	综合指数	2727.45	0.11	+2.92	501.3亿	4059	4663.53万
9	000010	上证180	7220.10	0.18	+13.13	815.7亿	9032	8310.01万
10	000011	基金指数	5765.96	0.08	+4.62	282.2亿	598	1188.07万
11	000009	上证380	5683.88	0.05	+3.09	580.8亿	5786	5119.05万
12	000012	国债指数	159.21	-0.00	-0.01	2.21亿	1	20.66万
13	000013	企债指数	206.20	0.02	+0.05	15.31亿	429	149.26万
14	000015	红利指数	2557.77	0.27	+6.88	132.9亿	2350	1633.20万
15	000016	上证50	2249.34	0.21	+4.62	287.5亿	2540	2890.07万
16	000017	新综指	2623.71	0.13	+3.38	2117亿	26110	1.94亿
17	000018	180金融	4577.37	0.09	+4.16	216.3亿	1373	2103.93万
18	000019	治理指数	957.40	0.29	+2.75	788.9亿	9220	7881.13万

第三步：单击项目名称中的“现价”，系统会按股票现价降序排列。

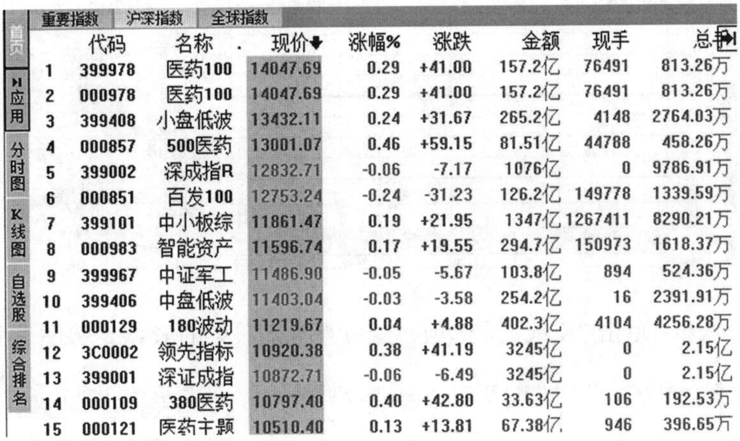

	代码	名称	现价	涨幅%	涨跌	金额	现手	总手
1	399978	医药100	14047.69	0.29	+41.00	157.2亿	76491	813.26万
2	000978	医药100	14047.69	0.29	+41.00	157.2亿	76491	813.26万
3	399408	小盘低波	13432.11	0.24	+31.67	265.2亿	4148	2764.03万
4	000857	500医药	13001.07	0.46	+59.15	81.51亿	44788	458.26万
5	399002	深成指R	12832.71	-0.06	-7.17	1076亿	0	9786.91万
6	000851	百发100	12753.24	-0.24	-31.23	126.2亿	149778	1339.59万
7	399101	中小板综	11861.47	0.19	+21.95	1347亿	1267411	8290.21万
8	000983	智能资产	11596.74	0.17	+19.55	294.7亿	150973	1618.37万
9	399967	中证军工	11486.90	-0.05	-5.67	103.8亿	894	524.36万
10	399406	中盘低波	11403.04	-0.03	-3.58	254.2亿	16	2391.91万
11	000129	180波动	11219.67	0.04	+4.88	402.3亿	4104	4256.28万
12	3C0002	领先指标	10920.38	0.38	+41.19	3245亿	0	2.15亿
13	399001	深证成指	10872.71	-0.06	-6.49	3245亿	0	2.15亿
14	000109	380医药	10797.40	0.40	+42.80	33.63亿	106	192.53万
15	000121	医药主题	10510.40	0.13	+13.81	67.38亿	946	396.65万

第四步：再单击项目名称中的“现价”，系统会按股票现价升序排列。

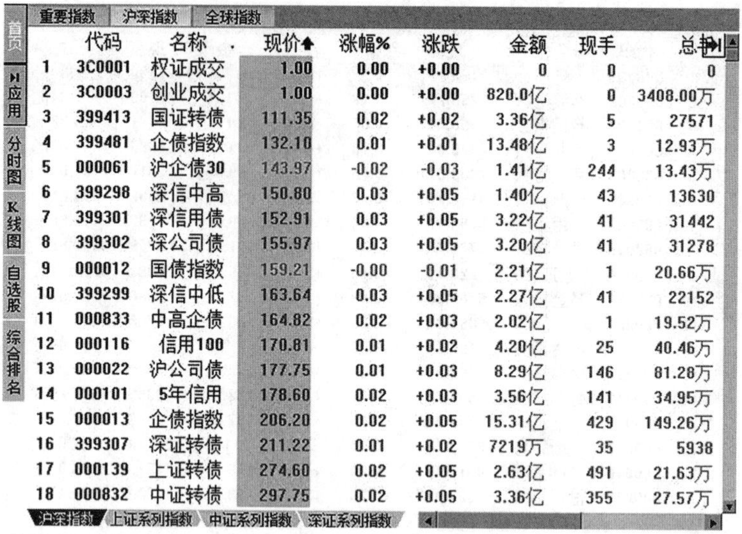

	代码	名称	现价	涨幅%	涨跌	金额	现手	总手
1	3C0001	权证成交	1.00	0.00	+0.00	0	0	0
2	3C0003	创业成交	1.00	0.00	+0.00	820.0亿	0	3408.00万
3	399413	国证转债	111.35	0.02	+0.02	3.36亿	5	27571
4	399481	企债指数	132.10	0.01	+0.01	13.48亿	3	12.93万
5	000061	沪企债30	143.97	-0.02	-0.03	1.41亿	244	13.43万
6	399298	深信中高	150.80	0.03	+0.05	1.40亿	43	13630
7	399301	深信用债	152.91	0.03	+0.05	3.22亿	41	31442
8	399302	深公司债	155.97	0.03	+0.05	3.20亿	41	31278
9	000012	国债指数	159.21	-0.00	-0.01	2.21亿	1	20.66万
10	399299	深信中低	163.64	0.03	+0.05	2.27亿	41	22152
11	000833	中高企债	164.82	0.02	+0.03	2.02亿	1	19.52万
12	000116	信用100	170.81	0.01	+0.02	4.20亿	25	40.46万
13	000022	沪公司债	177.75	0.01	+0.03	8.29亿	146	81.28万
14	000101	5年信用	178.60	0.02	+0.03	3.56亿	141	34.95万
15	000013	企债指数	206.20	0.02	+0.05	15.31亿	429	149.26万
16	399307	深证转债	211.22	0.01	+0.02	7219万	35	5938
17	000139	上证转债	274.60	0.02	+0.05	2.63亿	491	21.63万
18	000832	中证转债	297.75	0.02	+0.05	3.36亿	355	27.57万

第五步：用鼠标双击沪深指数页面中的股票名称，就会出现该股票的分时走势图页面。

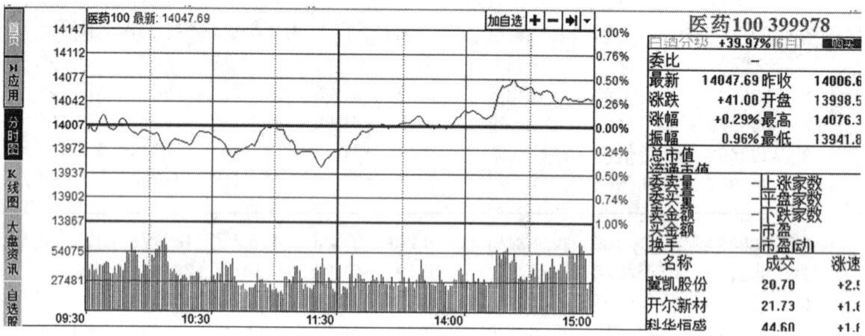

第六步：单击“K 线图”选项，就可查看该股票的 K 线走势图页面。

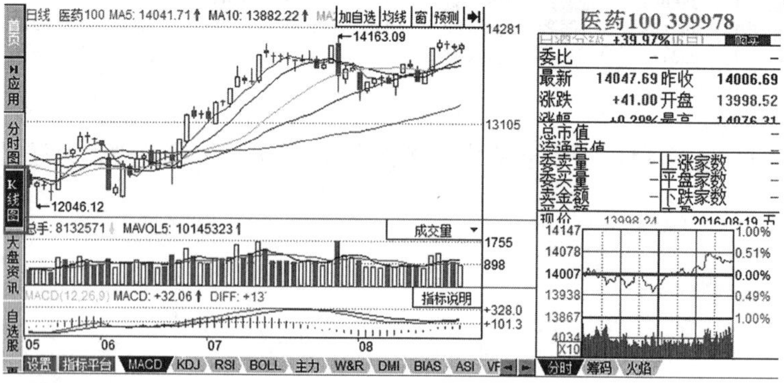

二、查看沪深指数报价数据

第一步：选择“报价”，单击“沪深指数”→“沪深指数对比”。

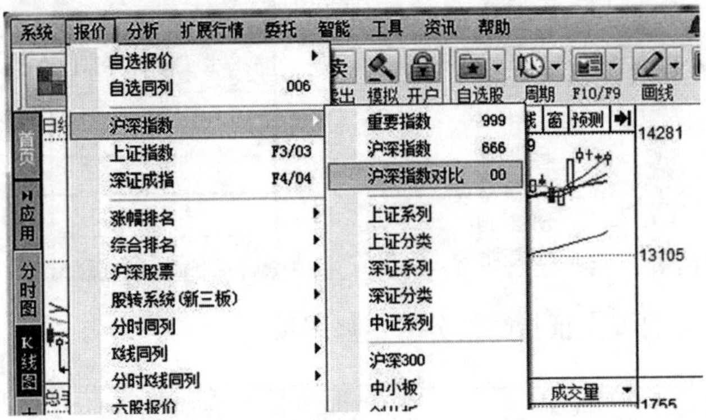

第二步：打开沪深指数对比的分时走势图页面。

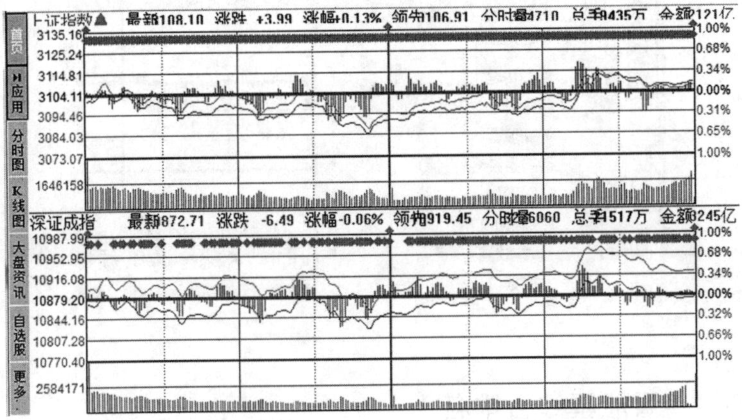

三、查看上证指数报价数据

第一步：选择“报价”，单击“上证指数”。

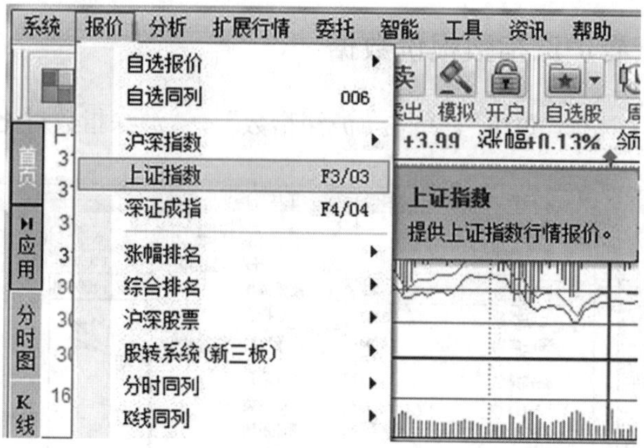

第二步：打开上证指数的分时走势图页面。

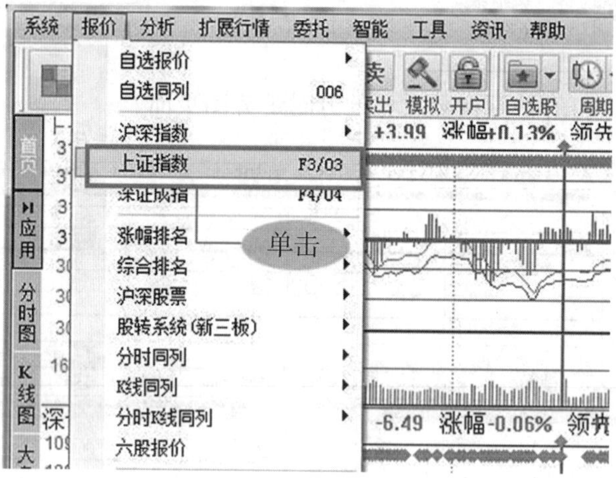

四、查看股票综合排名

选择“报价”，单击“综合排名”，打开综合排名页面；或者单击左侧纵向选项卡中的“综合排名”，打开综合排名页面。

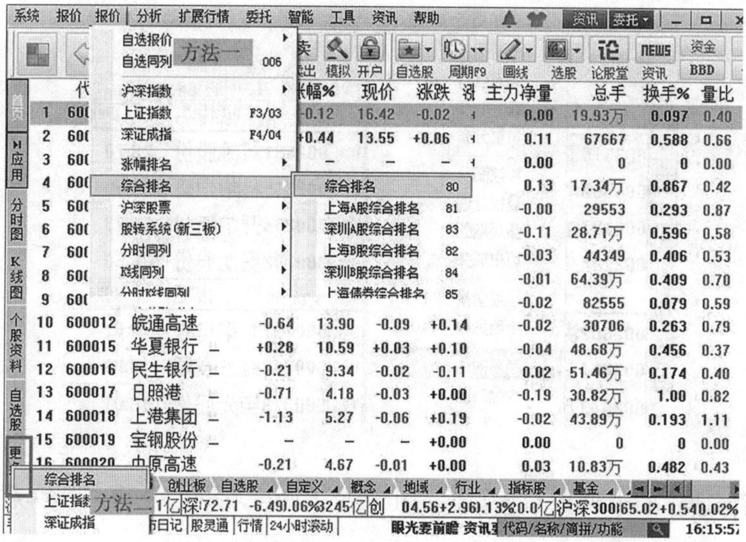

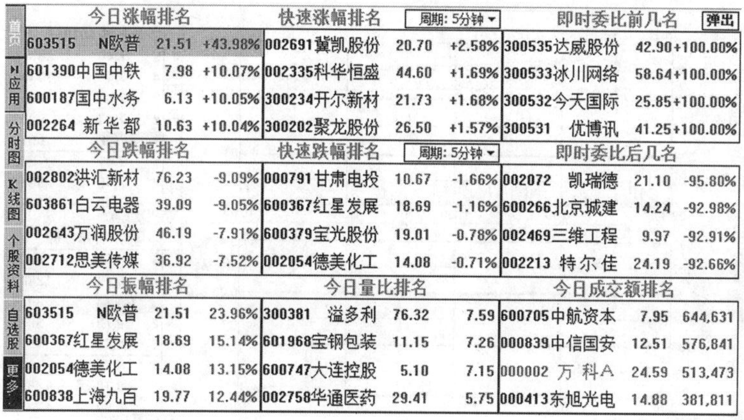

五、查看比较两只股票的涨跌状态

第一步：选择“分析”，单击“两股对比”。

第二步：打开两股对比页面，出现上下两个不同的窗格，分别是两个股票的分时走势图。

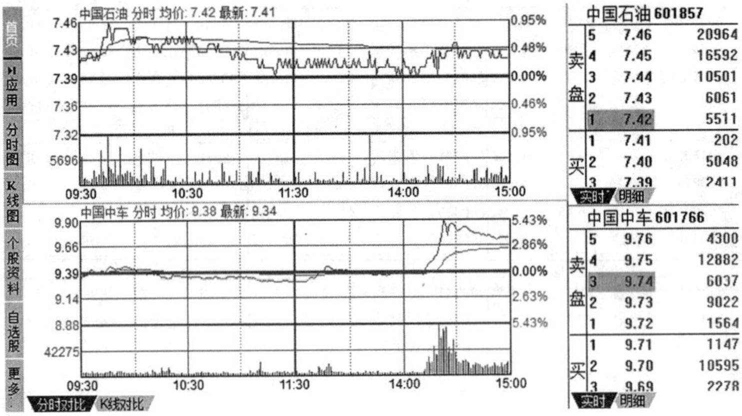

第三步：单击上面的窗格，输入所查看的股票代码，出现该股票的分时走势图。

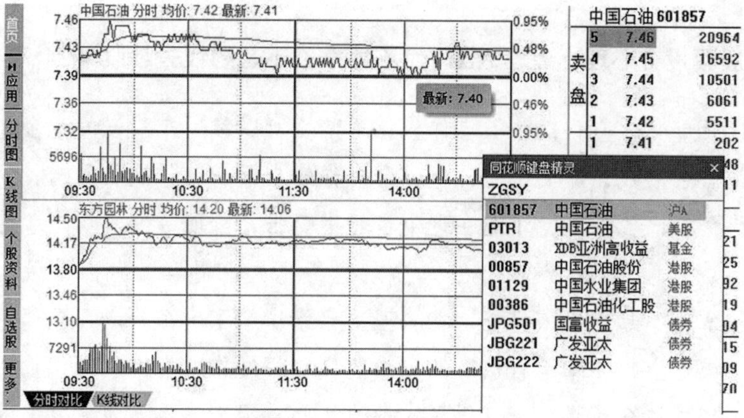

第四步：单击下面的窗格，输入所查看的股票代码，出现该股票的分时走势图。

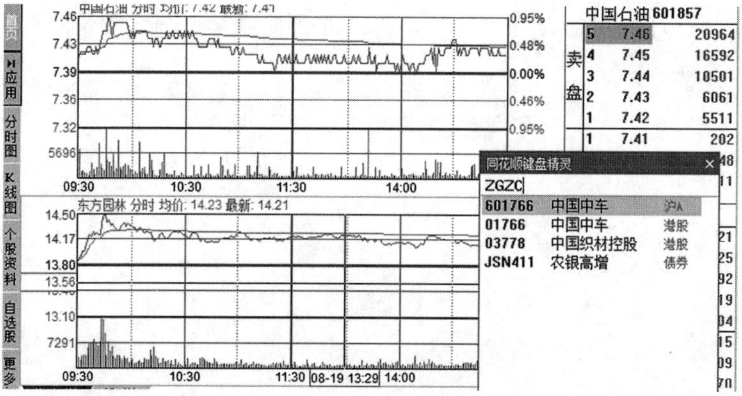

第五步：单击页面下方的“K线对比”，查看两个股票的日线走势图。

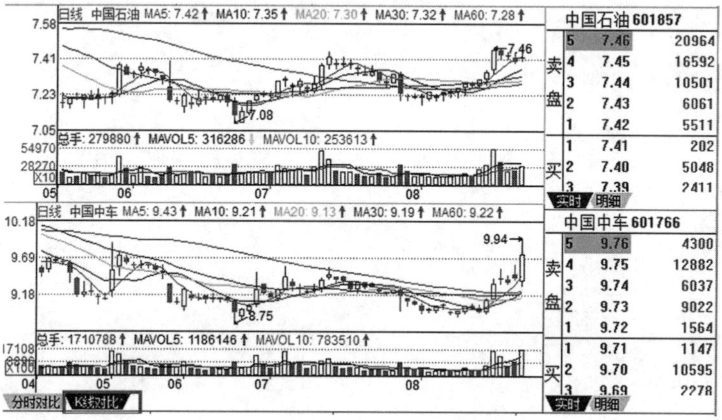

※ 股票投资心理小建设之五：绝不能拿输不起的钱去炒股 ※

股市变幻莫测，并不包你稳赚不赔。所以你用来投资的资金，必须是多余的钱，即使赔光，也不会对你的生活、工作造成影响。没有思想负担，输得起，才能在这个市场中搏击，争取胜利。切忌拿你的生活费来碰运气，这样你一入市就患得患失，很容易做出错误的决策。拿输不起的钱来投资，在心理上已经输给了这个市场，更遑论获胜。操作上，要基于自己所能承受的风险程度作好资金规划，量力而行。切忌持仓过量，一旦错了，被迫斩仓，损失惨重。即使方向没有错，但是短期的价格波动也足以让你招架不住，来不及看到美丽的曙光，就已在黎明前的黑暗中倒下。借钱投资更加要不得，须承受巨大的压力。不要被市场上“卖房炒股、借钱炒股”言论所误导，不要盲目跟风炒作。

第五章

预测股票买卖时机的好助手——技术分析

技术分析则是透过图表或技术指标的记录，研究市场过去及现在的行为反应，以推测未来价格的变动趋势。技术图表可以在第一时间客观展示出个股的实际动向。上市公司的各种重要信息终将全部体现在技术走势中，读懂了技术走势实际上就是了解了最真实的内幕消息。技术分析让我们把握具体购买的时机。

股票入门知识点 19

实用技术分析之一——K 线

一、K 线图

K 线又被称为蜡烛图，据说起源于 18 世纪日本的米市，当时日本的米商用来表示米价的变动，后因其标画方法具有独到之处，因而在股市及期市中被广泛引用。它是以每个交易日（或每个分析周期）的开盘价、最高价、最低价和收盘价绘制而成。K 线是一条柱状的线条，由影线和实体组成。中间的矩形称为实体，影线在实体上方的细线叫上影线，下方的部分叫下影线。实体分阳线和阴线。

当绘制 K 线图时，首先找到该日或某一周期的最高和最低价，垂直地连成一条直线；然后再找出当日或某一周期的开市和收市价，把这两个价位连接成一条狭长的长方柱体。

◆ 阳线与阴线。假如当日或某一周期的收市价较开市价为高（即低

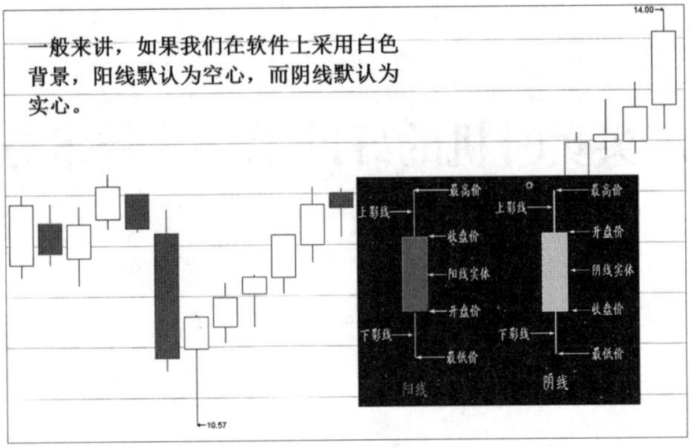

开高收)，我们便以红色来表示，或是在柱体上留白，这种柱体就称之为“阳线”。如果当日或某一周期的收市价较开市价为低(即高开低收)，我们则以绿色表示，又或是在柱体上涂黑色，这柱体就是“阴线”了。

K线是太极的异形图

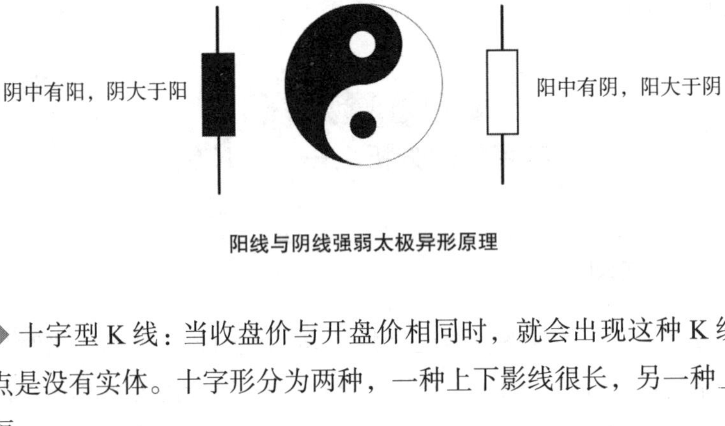

阳线与阴线强弱太极异形原理

◆ 十字型K线：当收盘价与开盘价相同时，就会出现这种K线。它的特点是没有实体。十字形分为两种，一种上下影线很长，另一种上下影线较短。

上下影线较长的称为大十字形，表示多方争夺激烈，最后回到原处，后市往往有变化。多空双方的优势由上下影线的长度决定。上下影线较短的称为小十字形，表明窄幅盘整，交易清淡，买卖不活跃。

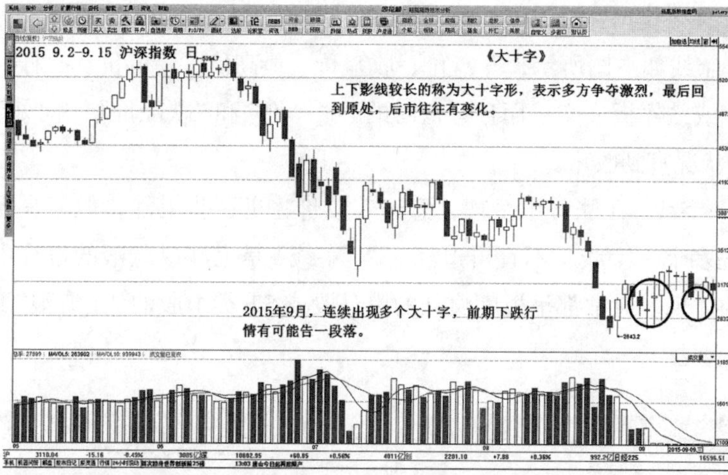
2015 9.2-9.15 沪深指数 日
《大十字》
上下影线较长的称为大十字形，表示多方争夺激烈，最后回到原处，后市往往有变化。
2015年9月，连续出现多个大十字，前期下跌行情有可能告一段落。

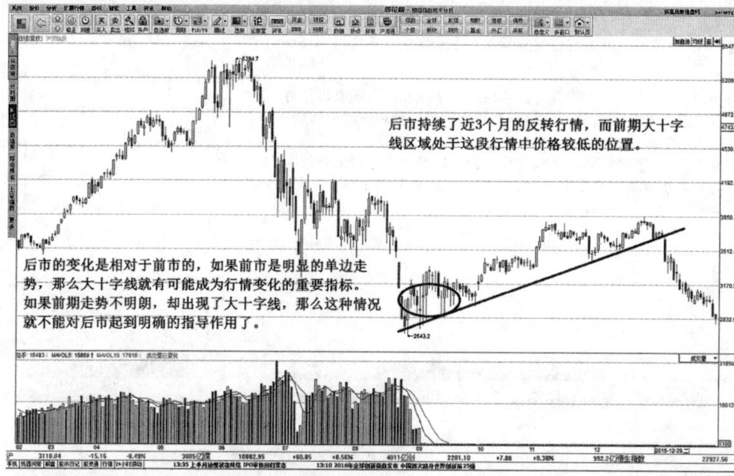
后市持续了近3个月的反转行情，而前期大十字线区域处于这段行情中价格较低的位置。
后市的变化是相对于前市的，如果前市是明显的单边走势，那么大十字线就有可能成为行情变化的重要指标。如果前期走势不明朗，却出现了大十字线，那么这种情况就不能对后市起到明确的指导作用了。

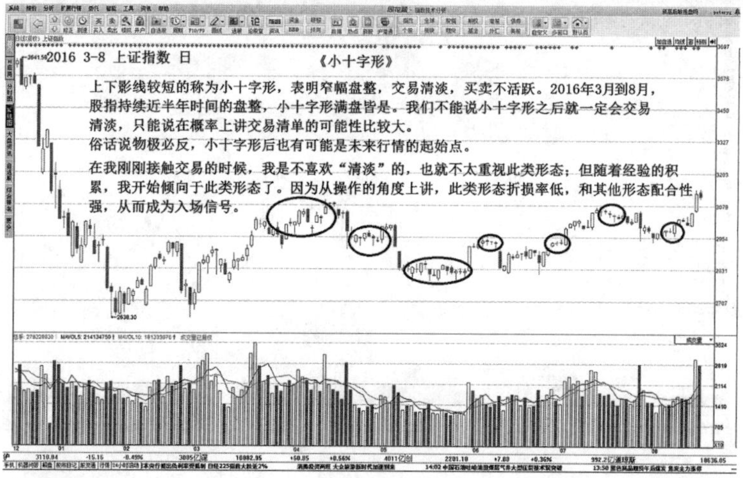
2016 3-8 上证指数 日
《小十字形》
上下影线较短的称为小十字形，表明窄幅盘整，交易清淡，买卖不活跃。2016年3月到8月，股指持续近半年时间的盘整，小十字形满盘皆是。我们不能说小十字形之后就一定会交易清淡，只能说在概率上讲交易清单的可能性比较大。
俗话说物极必反，小十字形后也有可能是未来行情的起始点。
在我刚刚接触交易的时候，我是不喜欢“清淡”的，也就不太重视此类形态；但随着经验的积累，我开始倾向于此类形态了。因为从操作的角度上讲，此类形态折损率低，和其他形态配合性强，从而成为入场信号。

◆一字线

一字线如下图所示，开盘价、收盘价、最高价、最低价都一样，都是以涨停或跌停板成交，而且开盘时的“涨停价”和“跌停价”一向处于“封死”的状况直到收市。

“一字线”在涨势中呈现，意味着股价将进一步上涨，但若是现已接连呈现多个一字线，不宜再追涨。“一字线”是上涨或跌落的过程中一种极点的体现，通常都呈极度疯狂的黑马股或ST类个股的“主升浪”或“主跌浪”旁边。

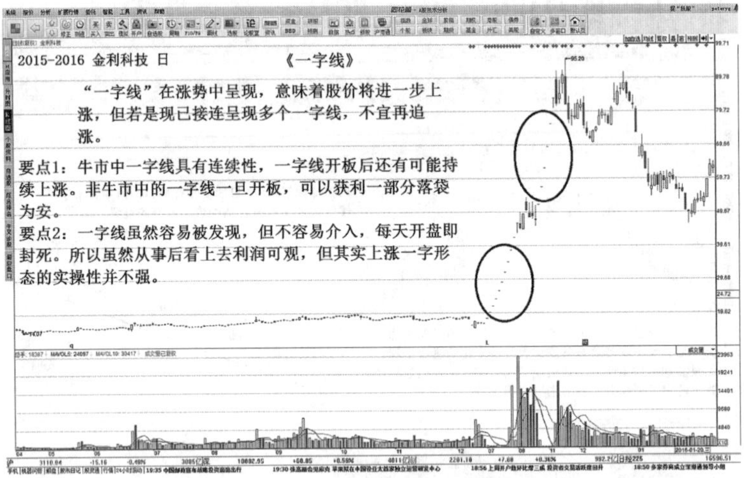

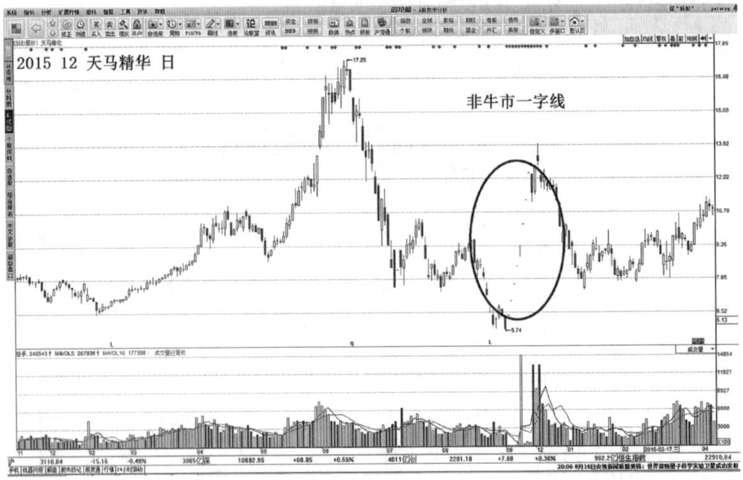

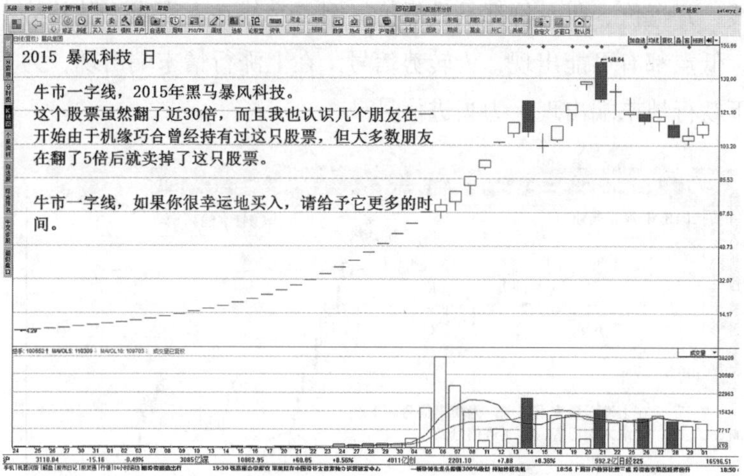

一字线在跌势中出现意味着将进一步下跌，应果断平仓出局，持币观望。如连续出现多个一字线，则不宜再杀跌。

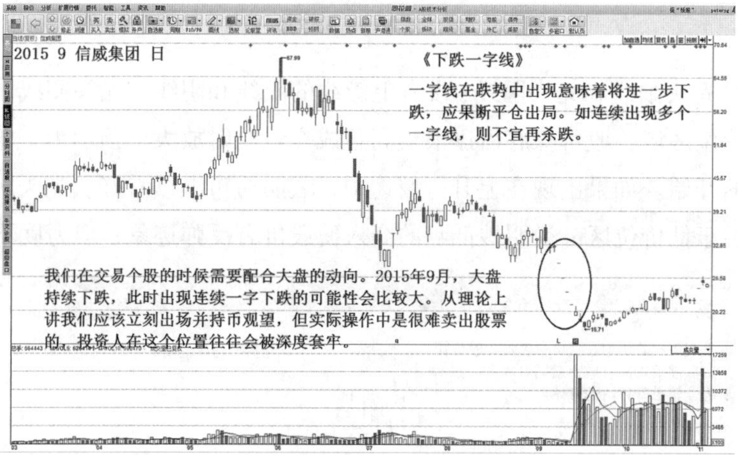

K 线图中的一字线

◆ T 字线和倒 T 字线

（1）T 字线。T 字线是指影线越长，参考价值越可靠。含义暗示在上涨或下跌趋势中循环高、低点都有可能出现，是转市信号。在上升行情末端出现，为卖出信号。在下跌行情末端出现，为买进信号。

（2）倒 T 字线。倒 T 字线看上去就像颠倒的字母“T”，有上影线，无下影线，开盘价、收盘价都是最低价。倒 T 字线在上涨或下跌趋势中的循环高、低点都有可能出现，为转势信号。在上涨行情末端出现，为卖出信号。下跌行情末端出现，为买进信号。

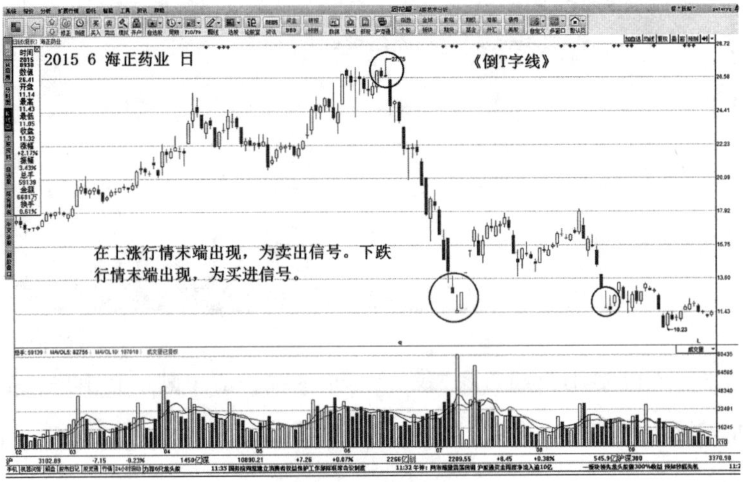

K 线图中的倒 T 字线

◆ 光头阳线和光头阴线：没有上影线的阳线和阴线。光头阳线若出现在低价位区域，股价探底后逐浪走高且成交量同时放大，预示为一轮上升行情的开始。如果出现在上升行情途中，表明后市继续看好。光头阴线如果出现于低价位区，说明抄低盘的介入使股价有反弹迹象，但力度不大。

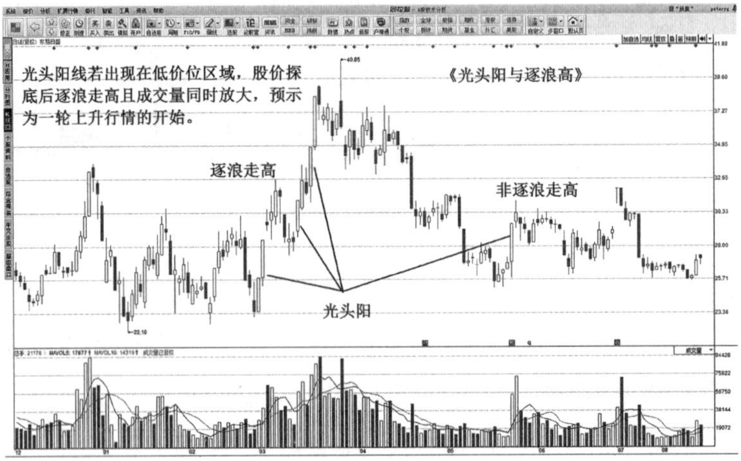

K 线图中的光头阳线

◆ 小阳星和小阴星

小阳星一些明显特征是，它的开盘价与收盘价的距离非常接近，并且它的收盘价是稍微高于开盘价的，以上就是小阳星的几个必要条件。股票价格当天中的波动是非常小的，这是小阳星形成的一个基础和前提。小阳星的形成向我们传达了一个十分重要的信息，这些信息对于我们分析行情，分析股市未来的趋势是有着重大影响和意义的。一般来说，小阳星的出现也衬托了股市行情的一片迷茫和朦胧的气氛，表明行情正处于混乱不明的时期，后市的涨跌尚且是一个谜。那么，面对这样的状况，投资将怎样预测行情的未来趋势，此时投资者就需要结合在不同的阶段中出现的不同的 k 线组合形状以及分析当日形态所出现的区域去综合分析，这样才能够准确地判断股市未来行情。

小阴星的分时走势图与小阳星相似，只是收盘价格略低于开盘价格。表明行情疲软，发展方向不明。

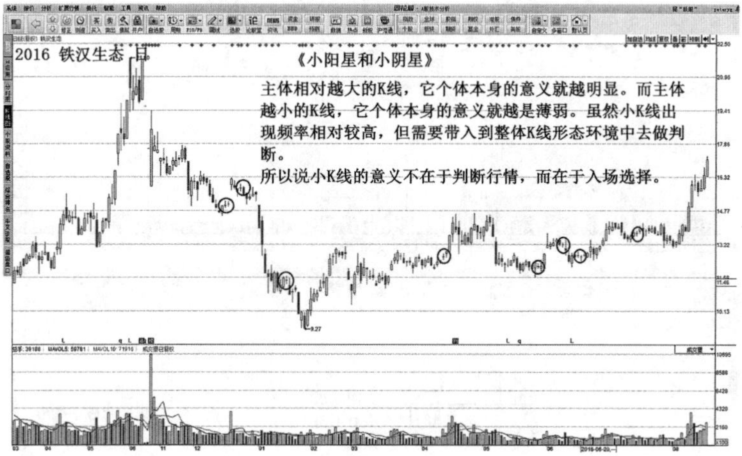

K 线图中的小阳星和小阴星

◆ 大阳线和大阴线

大阳线代表超强势，是重要反转的讯号。长阳压回可能会成为重要支撑，代表持续涨升和向上突破，或者是轧空行情。大阳线一般多出现在脱离底部初期、回调结束后的再次上涨、高位拉升、严重超跌之后的大力度反弹。大阳线的操作策略是，现身在低价区时，可买进；现身在长期横盘之后，闭着眼跟进；出现在高位区时，宜谨慎观望，如果第二天不涨反跌，则是一个卖出讯号。

大阴线属于超弱势，是重要反转讯号。长阴回升产生压力，代表行情结束或产生关键性扭转。大阴线大多出现在头部开始下跌的初期、反弹结束后的打压。大阴线的操作策略是，股价处于高价区时，长阴线确认上档反压，走为上；跌破盘局的下档支撑，代表新一轮跌势的开始，宜卖出；出现在恐慌性下跌的赶底行情中，容易成空头陷阱，导致反弹或恢复性上升；大阴线往往在重要型态完成时的颈线位或顶点附近产生，对行情有着决定性的影响，会扭转整个多空趋势。

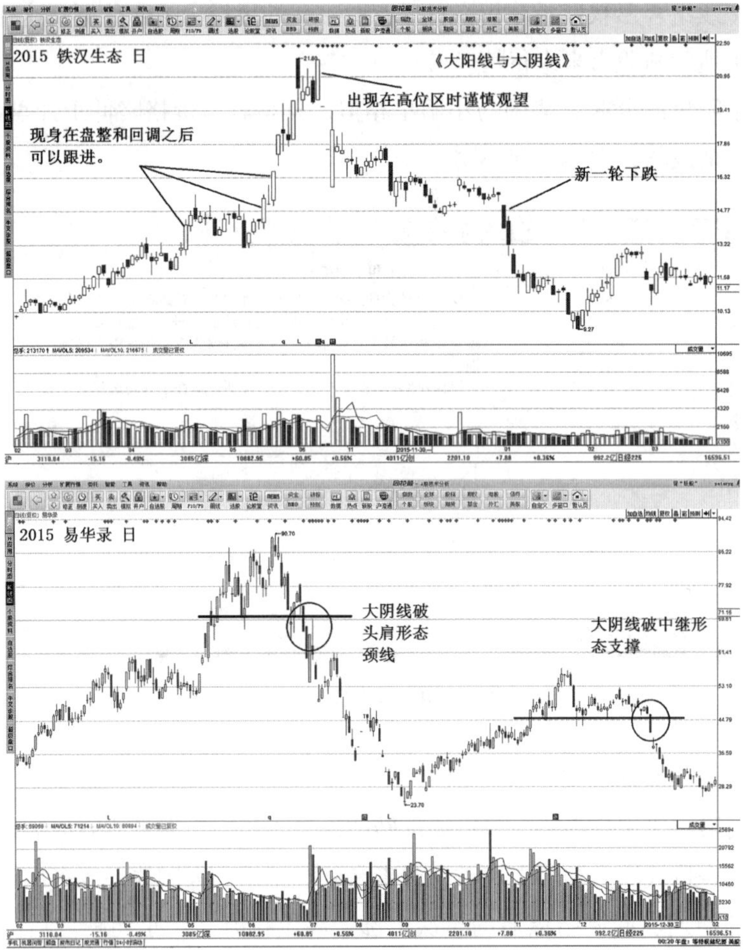

K 线图中的大阳线与大阴线

◆ 上影阳线和上影阴线

上影阳线显示多方攻击时上方抛压沉重。这种图形常见于主力的试盘动作，说明此时浮动筹码较多，涨势不强。

上影阴线大多出现在阶段性头部或震仓洗盘期。这种线型出现在高价位区时，说明上档抛压严重，行情疲软，股价有反转下跌的可能；如果出现在中价位区的上升途中，则表明后市仍有上升空间。

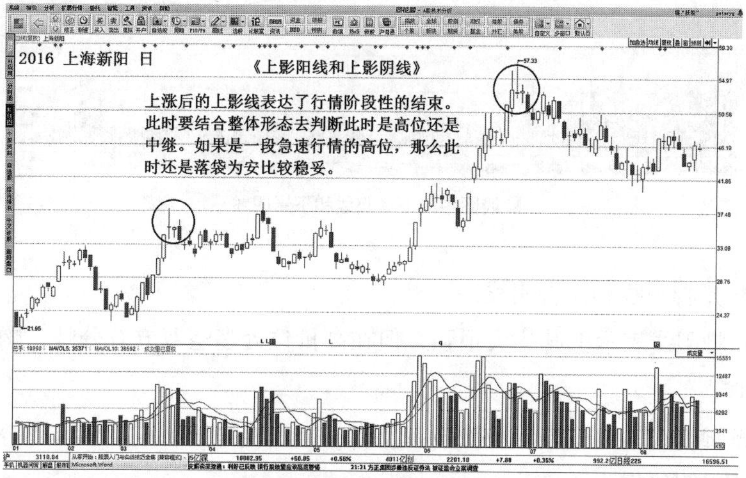

K 线图中的上影阳线和上影阴线

◆ 下影阳线和下影阴线

下影阳线的出现，表明多空交战中多方的攻击沉稳有力，股价先跌后涨，行情有进一步上涨的潜力。如果出现在底部，是调整完毕的信号。

下影阴线大多出现在下跌途中、顶部、震荡行情中。出现在低价位区时，说明下档承接力较强，股价有反弹的可能。

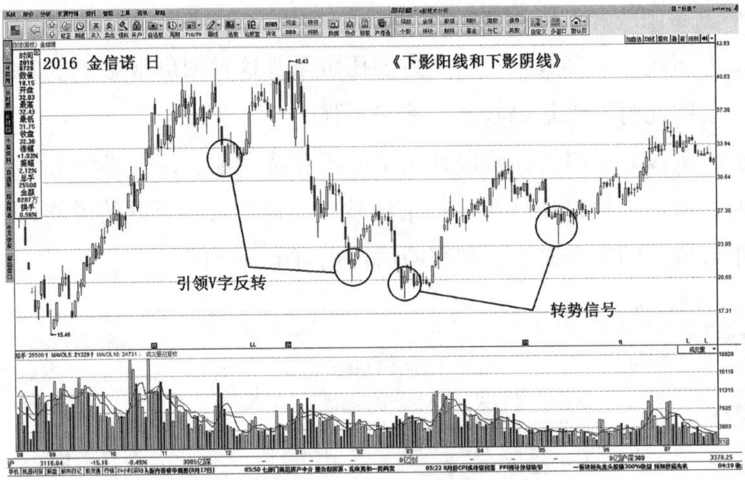

K 线图中的下影阳线和下影阴线

◆ 光脚阳线和光脚阴线

光脚阳线表示上升势头很强，但在高价位处多空双方有分歧，购买时应谨慎。

光脚阴线的出现表示股价虽有反弹，但上档抛压沉重。空方趁势打压使股价以阴线报收。

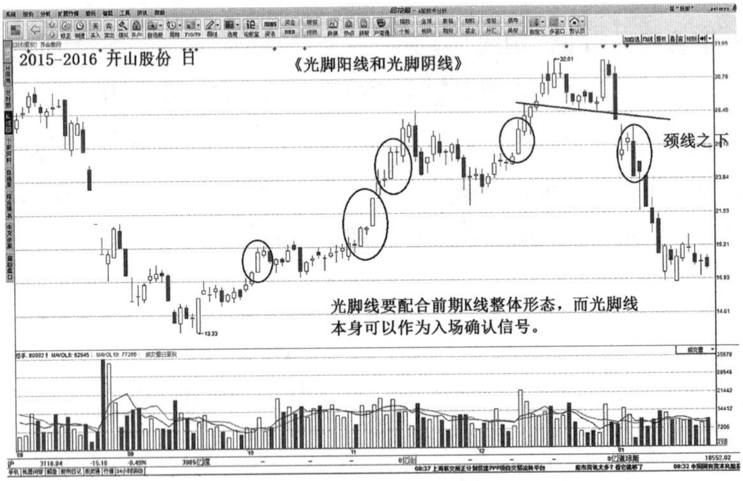

K 线图中的光脚阳线和光脚阴线

◆ 光头光脚阳线和光头光脚阴线

光头光脚阳线指 K 线当天的开盘价即为最低价，收盘价即为最高价，K 线实体较短，没有上影线及下影线的 K 线。

光头光脚阳线意味着多方从一开盘就积极进攻，中通回调没有低于开盘价，股价最终以最高价收盘。表明多方占据绝对优势，空方难以组织有效的抵抗，股价的上涨趋势非常明显。

光头光脚阴线指 K 线开盘价即为全日最高价，而收盘价成为全日最低价，K 线实体较短并且没有上下影线。

光头光脚阴线意味着空方从一开盘就占绝对优势，不限价疯狂地抛出股票，造成恐慌心理。市场呈一面倒，直到收盘，股价最终以全日最低价收盘，股价的下跌趋势非常明显。

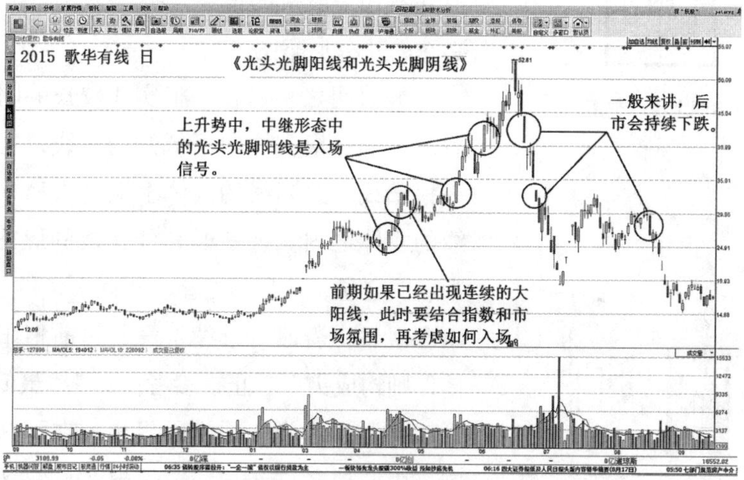

K 线图中的光头光脚阳线和光头光脚阴线

二、常见 K 线图形态（K 线组合）

K 线图和 K 线图形态是不同的概念。前者泛指单根 K 线的形状和意义，而后者则是指由两根及两根以上的 K 线组合所形成的某种形态，而该形态通过 K 线之间的对比，预示着某种价格的运动轨迹，因而上升到了技术分析的层面。以最简单的两根 K 线来说，在分析它们的时候，要考虑两根 K 线的阴阳、高低、上下影线，然后把单根 K 线的意义与前一根 K

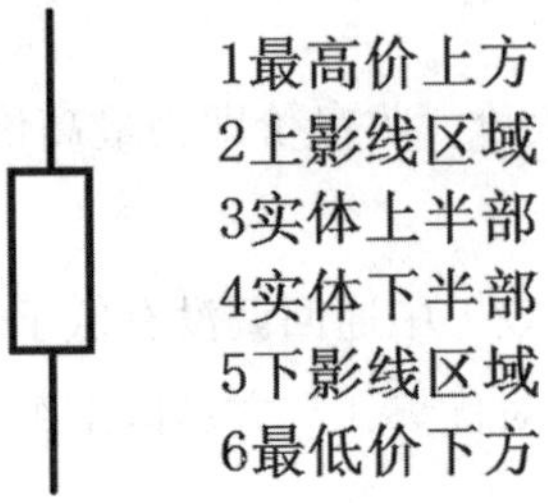

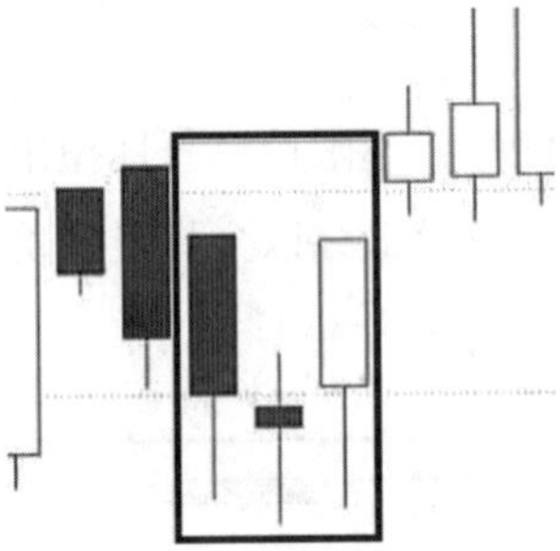

启明之星形态图

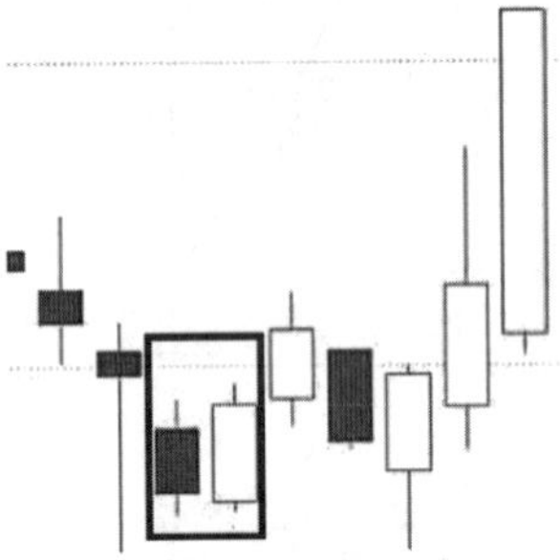

看涨吞没形态图

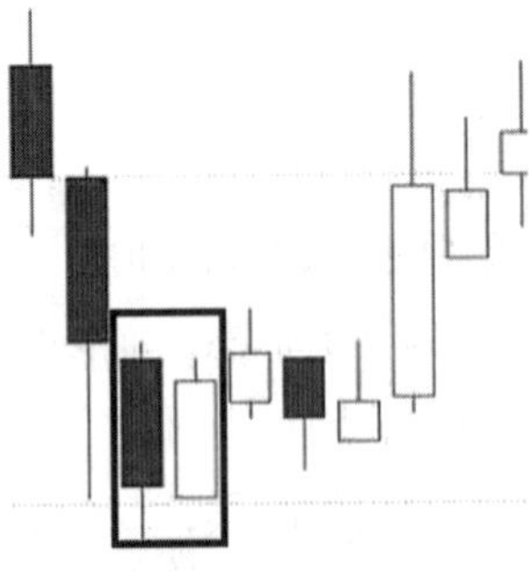

曙光初现形态图

线的意义相比较，基本上就可以知晓过去价格发生的由来，及后一日后价格大致的运动空间。

第二日的K线只会开市或收市在前一日K线的6个区域。第二天多、空双方争斗的区域越高，越有利于上涨；越低，则越有利于下降；也就是从区域1到区域6是多方力量减少、空方力量增加的过程。

K线形态反映的多空双方力量的变化，上涨形态说明多方已经或者即将占据优势，下跌形态说明空方已经或者即将占据优势，但并不代表股价的最终走势。下面介绍K线必涨的几种形态图。

◆ 启明之星。在一根实体较长的阴线之后，出现一根实体向下低开的星线，之后是一根阳线，此阳线的实体上端进入第一根阴线的实体之内。这三根K线构成的形态，称为启明之星，或早晨之星。买入参考位：星线出现次日，若股价继续上涨越过前根阳线实体，则构成买点。止损参考位：星线最低位。

◆ 看涨吞没。看涨吞没出现在下跌趋势中，由两根K线组成。第一根K线是实体较小的阴线，第二根K线是实体较长的阳线，且这根阳线的实体将前根阴线的实体从上到下全部“吞没”。买入参考位：看涨吞没形态出现次日，若能确认股价不跌破形态最低点，则买点出现。止损参考位：形态最低点。

◆ 曙光初现。曙光初现出现在下跌途中，由一阴一阳两根K线组成。该形态先是出现一根大阴线或中阴线，接着出现一根大阳线或中阳线，阳线的实体深入到阴线的1/2以上处。买入参考位：曙光初现形态出现次日，若能确认股价不跌破形态最低点，则买点出现。止损参考位：形态最低点。

◆旭日东升。旭日东升形态出现在股价下跌途中，由一阴一阳两根K线组成。与曙光初现形态类似，先是一根大阴线或中阴线，接着出现一根高开的大阳线或中阳线，阳线的收盘价要高于前一根阴线的开盘价。买入参考位：旭日东升形态出现次日，若股价继续上涨并越过前根K线实体，则买点出现。止损参考位：阴线最低点。

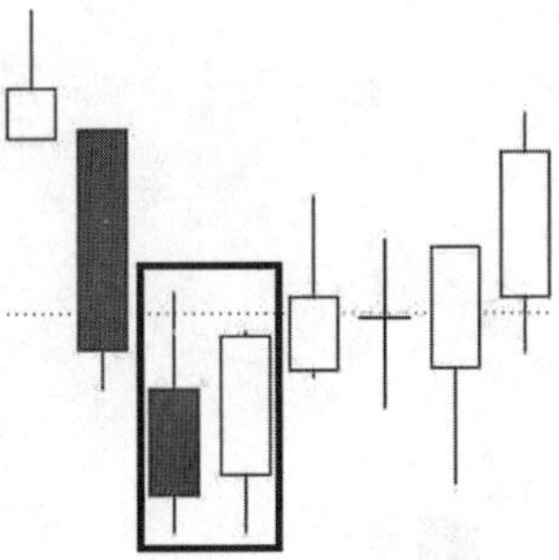

旭日东升形态图

◆好友反攻。在下跌趋势中，出现一根中阴线或大阴线，紧接着出现一根跳空低开但随即上涨的中阳线或大阳线，其收盘价与前根阴线的收盘价基本相同，这种形态称为好友反攻。买入参考位：好友反攻形态出现后，次日的股价上涨并越过前根K线实体，则买点出现。止损参考位：形态最低点。

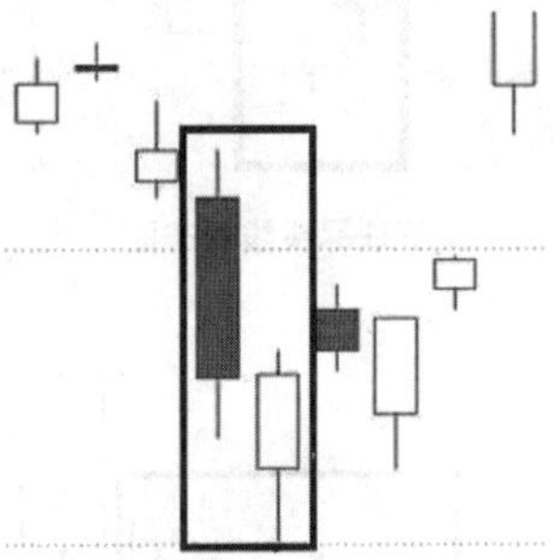

好友反攻形态图

◆红三兵。红三兵形态是由三根阳线组成的看涨形态。其中每根阳线的开盘价均处于前一根阳线的实体之内，或者相距不远，收盘价则呈依次上升的态势。买入参考位：红三兵形态出现次日，若股价继续上涨并越过第三根小阳线的实体，则买点出现。止损参考位：第一根阳线的最低点。

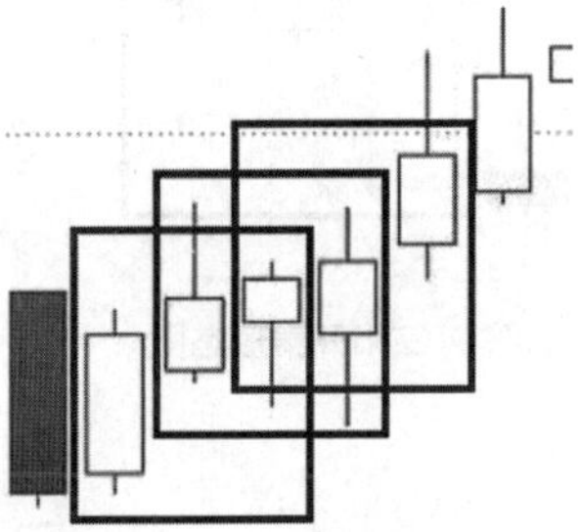

每一个框子里面都是一个红三兵形态图

◆上涨分手。在上涨趋势中，出现一根中阴线或大阴线；紧接着出现一根高开高走的阳线，该阳线的开盘价与前根阴线的开盘价大致相等，如果成交量放大，则预示着后

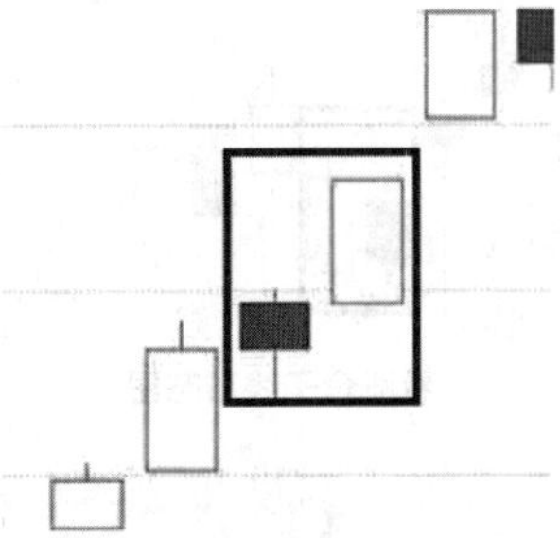

上涨分手形态图

面还有行情。这两根K线开盘价相同而运动方向相反，因此被称为上涨分手。买入参考位：上涨分手形态形成次日，若能确定股价不跌破前日K线开盘价，则买点出现。止损参考位：阴线的最低价。

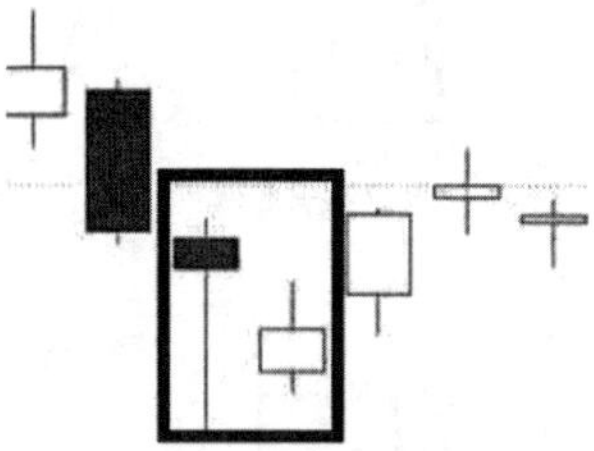

下跌尽头线形态图

◆下跌尽头线。下跌趋势中，出现一根带长下影线的阴线，紧接着出现一根小K线，第二根K线的实体及阴线，完全处于前根K线的长下影线之内，此时意味着下跌行情可能发生反转，被称为下跌尽头线。买入参考位：下跌尽头线形态出现次日，若股价继续上涨并越过前根K线实体，则买点出现。止损参考位：长下影阴线的最低点。

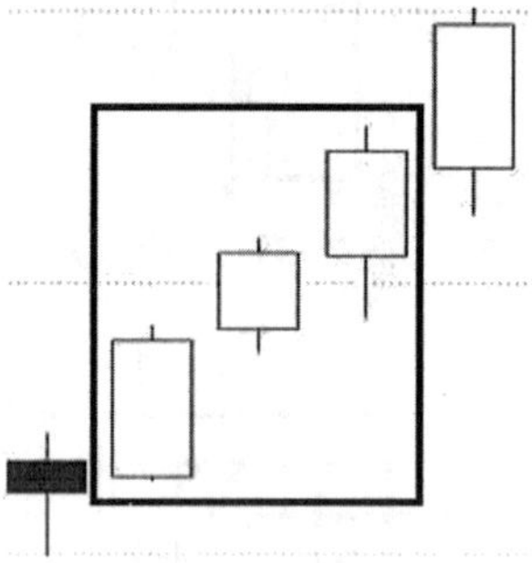

三阳开泰形态图

◆三阳开泰。通常在上涨行情初期，连续出现三根中阳线或大阳线，每一天的最高价都高于前一天的最高价，每一天的最低价都高于前一天最低价，且成交量放大，一般为加速进场的信号，此种K线形态称为三阳开泰。买入参考位：三阳开泰形态出现次日，若股价继续上涨并越过前根K线实体，则买点出现。止损参考位：第一根阳线的最低点。

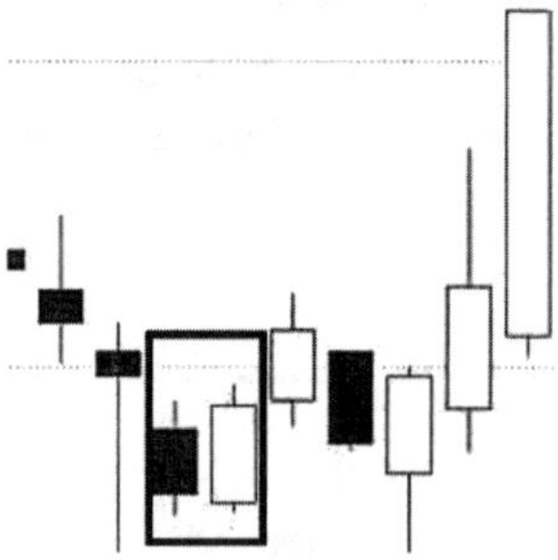

看涨舍子线形态图

◆看涨舍子线。下跌趋势中，一根阴线之后出现一根十字线，接着又出现一根阳线，如果十字线和其前后的阴线、阳线都存在跳空缺口，且阳线的向上跳空缺口弥补了十字线的向下跳空缺口，则此种形态称为看涨舍子线。买入参考位：看涨舍子线形态出现次日，若能确认股价不跌回前根十字线的缺口，即未弥补之前的缺口，则买点出现。止损参考位：十字线的最低点。

◆三空阴线。在下跌趋势中，连续出现三根跳空低开下跌的阴线，过度下跌是对做空能量的极大消耗，当空头能量消耗尽时，股价极易出现见底行情，此种形态被称为三空阴线。买入参考位：三空阴线形态出现次日，若股价上涨并越过前根K根开盘价，则买点出现。止损参考位：第三根阴线最低点。

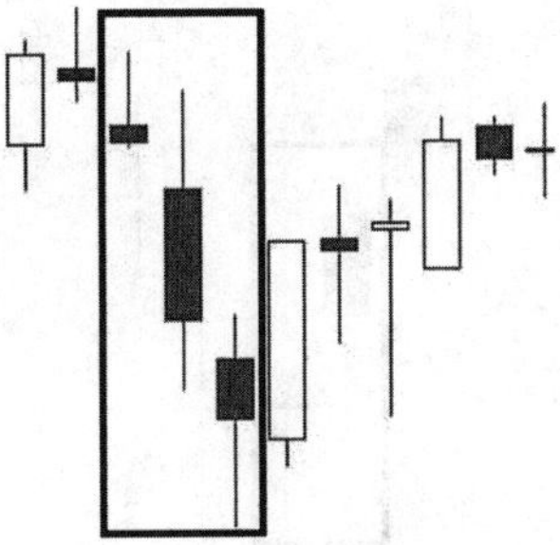
三空阴线形态图

◆上升三法。上升三法又称上升三部曲，一般出现在股价上涨途中，由大小不等的5根K线组成。这5根K线中，第一根K线为大阳线或中阳线，接下来3根为小阴线，可以有多根，也可以是小阴小阳线，但都没有跌破前面第一根阳线的开盘价，之后出现了一根大阳线或中阳线，且其收盘价要高于第一根阳线的收盘价。其趋势有点类似英文的“N”。买入参考位：上升三法形态出现后，次日股价一旦能够确认不会跌破前根K线最低价，则买点出现。止损参考位：该形态的最低点。

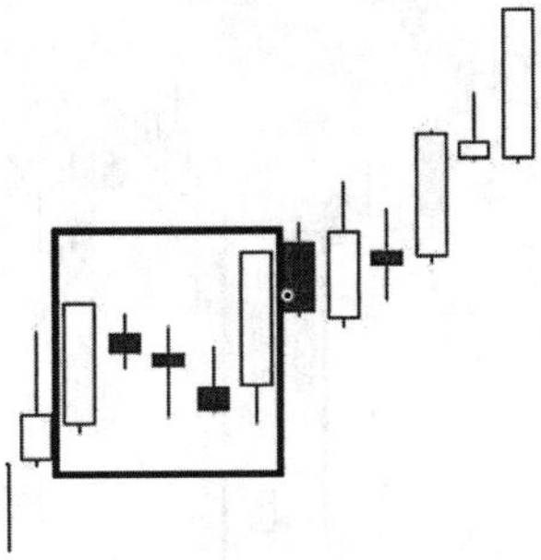
上升三法形态图

◆阴孕十字。在下跌趋势中，出现一根中阴线或大阴线，紧接着出现一根包含在前一根阴线的实体之内的十字星线，此种形态称为阴孕十字线，又称为十字怀胎。买入参考位：阴孕十字线出现后，次日若股价继续上涨并越过十字线实体，则买点出现。止损参考位：形态最低点。

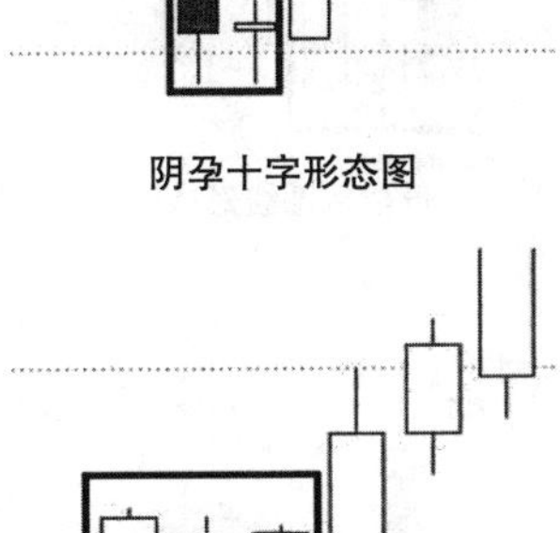
阴孕十字形态图

◆多方炮。在上涨或下跌趋势中，出现一根中阳线或大阳线，紧接着出现一根孕育于阳线实体内的阴线，在阴线之后，又出现一根将阴线完全包住且成交量放大的阳线，

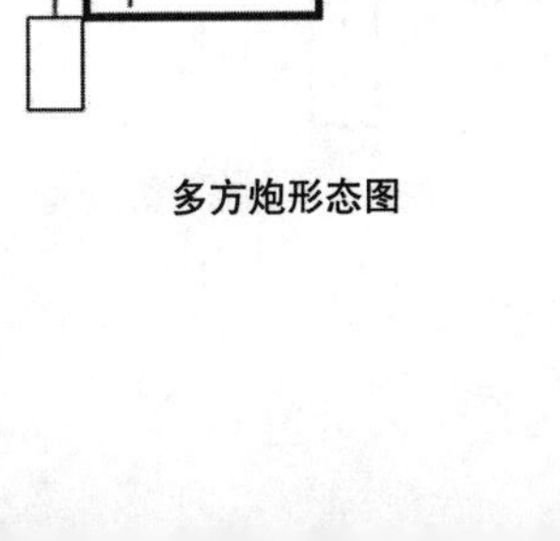
多方炮形态图

这三根K线形成的组合称为多方炮，即两阳夹一阴。买入参考位：多方炮形态出现后，次日股价继续上涨并越过第三根阳线实体，则买点出现。止损参考位：第三根K线最低点。

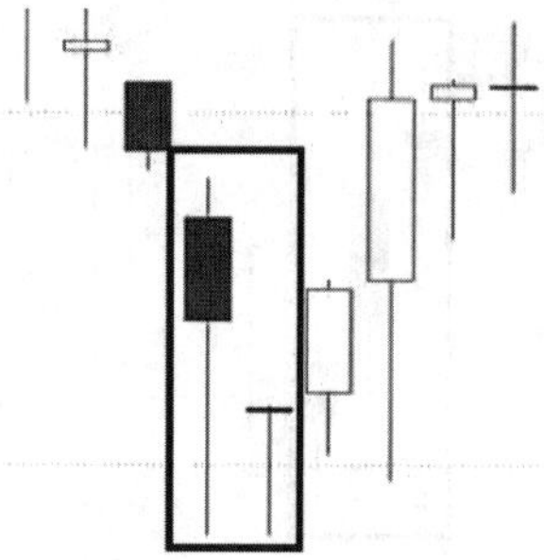

平头底部形态图

◆平头底部。平头底部，在下跌走势中出现，由两根或两根以上的K线组成，且其最低价处于同一水平位置上。这个最低价既可以是实体，也可以是下影线。买入参考位：平头底部形态出现次日，若股价继续上涨并越过前根K线的实体，则买点出现。止损参考位：形态最低点。

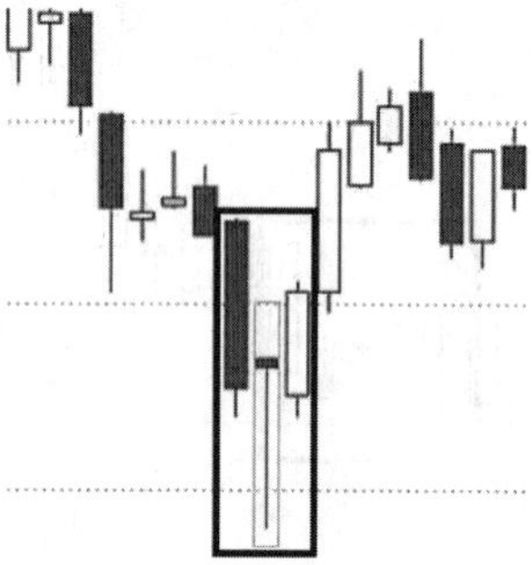

低位锤形线形态图

◆低位锤形线。一般在下跌趋势中，出现下影线较长、上影线较短的K线形态，形状如一把锤子，称为低位锤型线。买入参考位：锤形线出现次日，若能确定收盘价能够越过锤形线实体，则构成买点。止损参考位：锤形线最低点。

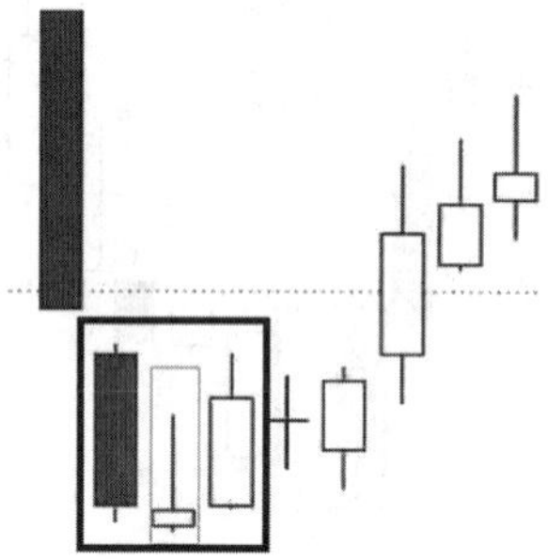

低位倒锤线形态图

◆低位倒锤线。一般在下跌趋势中，出现下影线较短而上影线较长的K线形态，形状如一把倒着的锤子，称为低位倒锤型线。买入参考位：倒锤形线出现次日，若能确定收盘价能够越过锤形线实体，则构成买点。止损参考位：倒锤形线最低点。

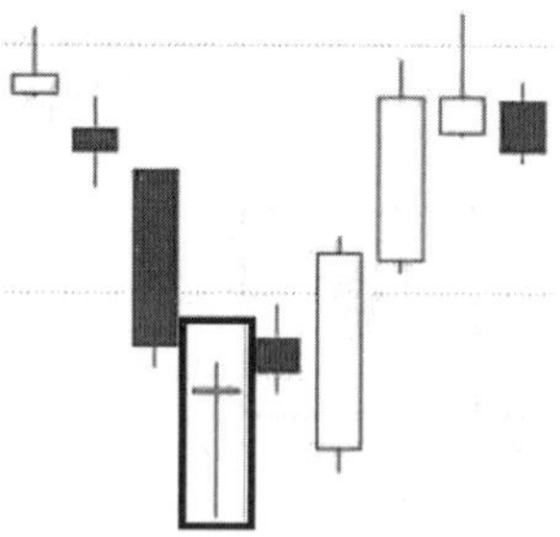

低位十字星形态图

◆低位十字星。一般在下跌趋势中，出现上影线和下影线均较长的K线，形状如一颗十字星，称为低位十字星。买入参考位：低位十字星出现次日，若股价上涨越过十字星实体，则构成买点。止损参考位：十字星最低点。

◆看涨捉腰带形态图。一般在下跌趋势

或盘整趋势中，出现开盘价基本处于当日最低价，没有影线或影线极短，且实体较长的K线形态，称为看涨捉腰带线，又称为开盘光脚阳线。买入参考位：看涨捉腰带线出现次日，若股价未创新低，则构成买点。止损参考位：捉腰带线最低位。

看涨捉腰带形态图

◆ 黄昏之星形态图。本形态的关键之处在于第三天的黑色实体向下穿入第一天的白色实体的深浅程度。如果黄昏之星形态具有以下特征，则有助于增加它们构成反转信号的机会。这些特征包括：如果在第一根K线的实体与星线的实体之间存在价格跳空，并且在星线的实体与第三根K线的实体之间也存在价格跳空；如果第三根K线的收市价深深地向下扎入第一根K线的实体之内（一般应大于50%）；如果第一根K线的交易量较轻，而第三根K线的交易量较重。

【案例分析】 从2012年12月4日的低点3.09元（前复权），一直到图中2013年5月8日黄昏之星头部的高点22.77元，在短短的5个月里该股上涨了19.68元，涨幅为636%。再看当日分时图，该股上涨了6倍之后的出货当日，主力低开略有拉升之后一路放量下挫留下巨量。从这天后，冠豪高新开始了漫长的空中跳伞。

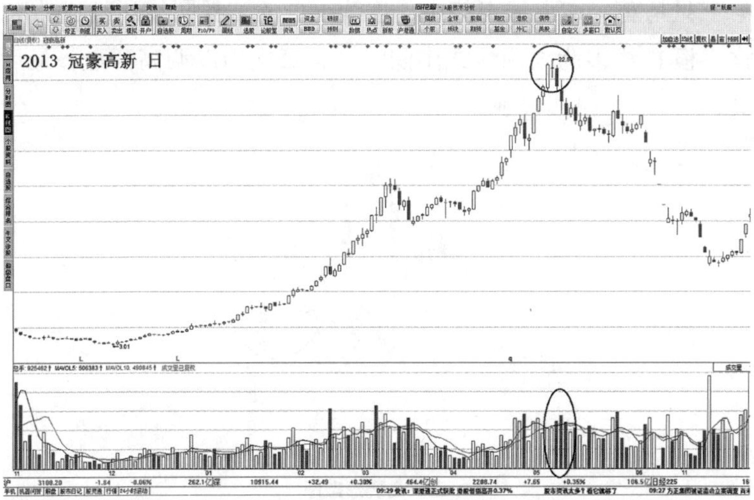

◆看跌捉腰带线。看跌捉腰带线又名“尖兵线”或“试盘线”，预示行情看跌。在上升趋势中的看跌捉腰带线，表明行情将停滞或反转。在盘档中的看跌捉腰带线，以试盘线居多，多头尖兵线的出现意味着行情向上突破盘整失败，抛压太重，趋势以继续横盘居多。在下降趋势中的看跌捉腰带线，表明多头反弹微弱，空头抛压力量强大，行情将继续下跌。

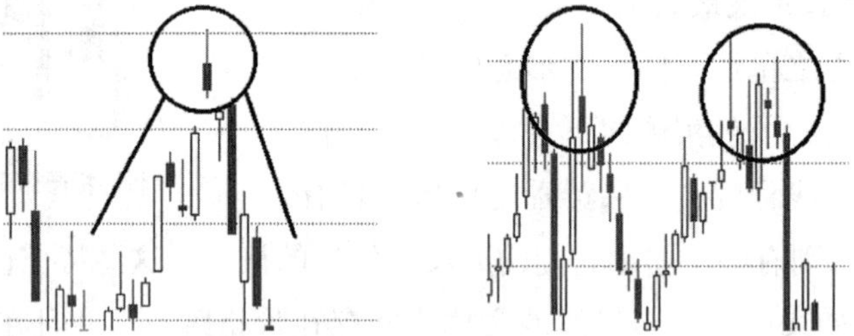

◆断头铡刀。一根大阴线切断了三根均线，改变了均线的排列为空头排列，后势看空。

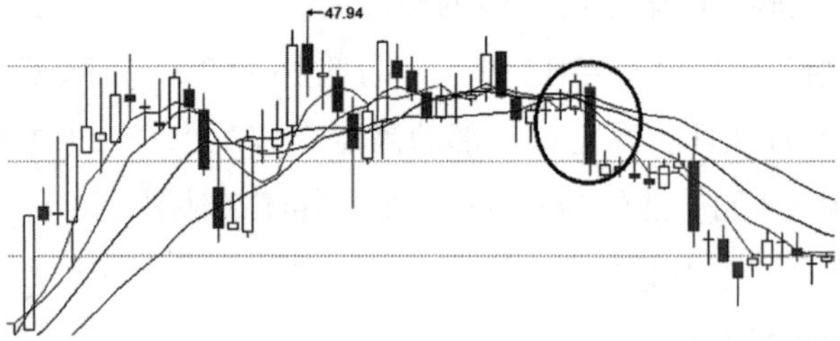

◆三只乌鸦。在上涨走势中，连续出现的三根阴线所组成的K线形态。这三根K线多为大阴线或中阴线，且每次均以调高开盘，最后以下跌收盘。

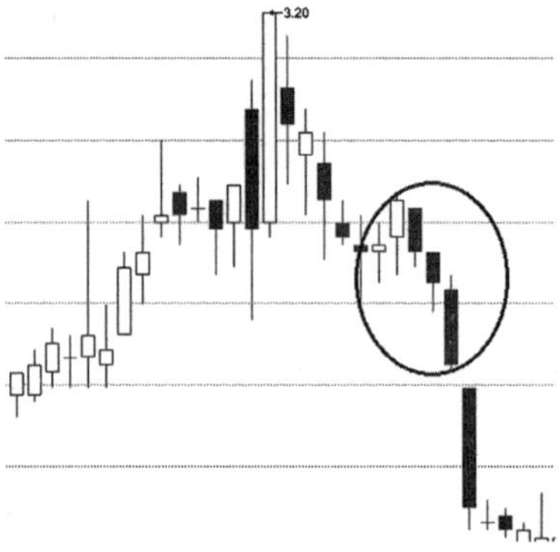

三只乌鸦形态图

【案例分析】 2013 年 1 月 30 日，民丰特纸突然出现天量涨停走势，但接下来的三个交易日里却形成了看跌意味浓厚的三只乌鸦形态。投资者要注意及时卖出持股。之后该股顺利跌破 30 日均线。

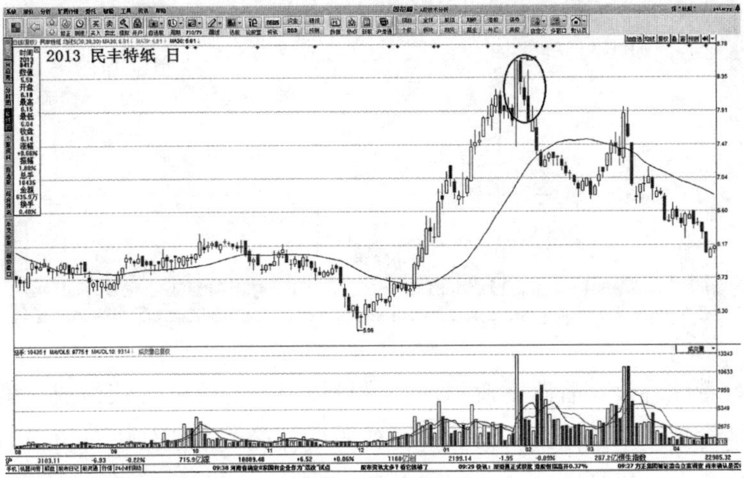

民丰特纸日 K 线

◆ 乌云盖顶。乌云盖顶形态出现在涨势中，由一阳一阴两根 K 线组成。其中前根 K 线为中阳线或大阳线，后根 K 线为中阴线或大阴线，且阴线的开盘价要高于阴线的收盘价，阴线实体已深入到阳线实体的 1/2 以下处。乌云盖顶表明在市场上涨动能急剧释放的同时，下跌动能突然而至并占据上风，之后股价有较大可能出现一波下跌走势，但其可靠性不如看跌吞没形态。投资者一旦见到该形态，就要引起注意，一旦后市股价继续上涨，就要短线卖出。

【案例分析】 天舟文化从 2012 年 12 月 4 日 7.09 元的低点启动，直到 2013 年 10 月 10 日乌云盖顶当日最高点 51.12 元，该股在 10 个月的时间上涨了 44.03 元，涨幅为 621%，图中圆圈处、乌云盖顶处为主力出货头部。在天舟文化乌云盖顶当日分时图中，股价高开后一路放量下跌，在下方圆圈处显示的量能区间出现了巨量堆，这是主力出货的明显标志。

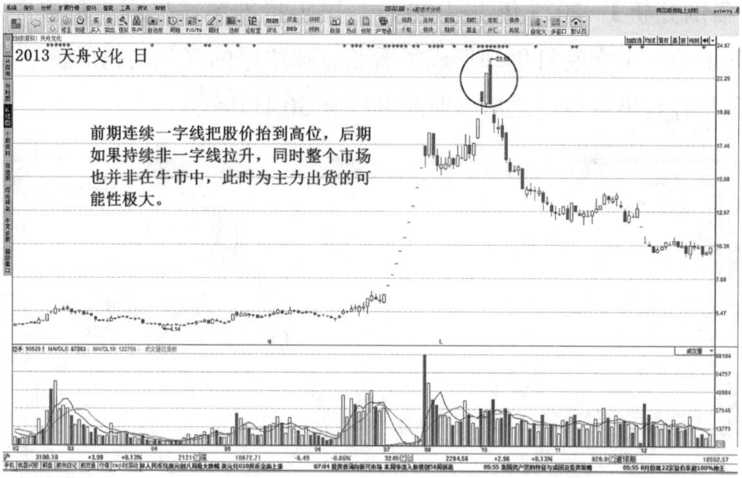

◆看跌吞没。看跌吞没出现上涨趋势中，由两根 K 线组成。第一根 K 线是实体较小的阳线，第二根 K 线是实体较长的阴线，且这根阴线的实体将前阳阴线的实体从上到下全部“吞没”。看跌吞没形态是强烈的看跌信号。该形态中阴线实体完全吞没了阳线实体，说明下跌动能已经完全占据优势，股价接下来有较大可能出现一波跌势。投资者要注意把握该卖出机会。

看跌吞没形态图

三、K 线经典形态图

（一）反转形态

◆W 顶（底）

W 底的 K 线图形如同字母“W”，出现在股价下跌之后的低位区；M 顶则出现在股价上涨之后的高位区，图形如同字母“M”。W 和 M 图形股价出现两次低点和高点，因此又被称为双重底和双重顶。

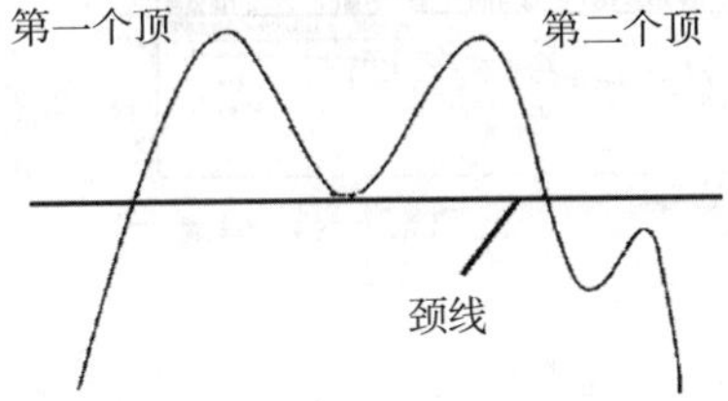

M 顶形态

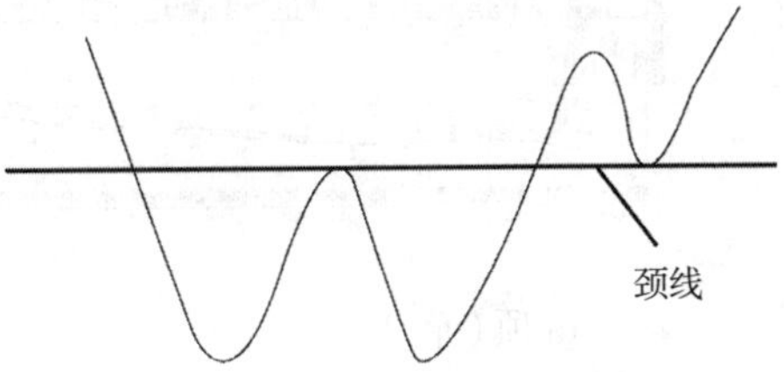

W 底形态

该形态的特征是，W 底其实是由两个字母“V”构成，因此 W 底的坚实度要强于 V 形底，这样的底部也是股市中最常见的底部。股价第一次探底，投资者都持怀疑态度，而再一次探底确认了不再继续下跌后，很多犹豫的投资者开始坚定信心做多，于是股价形成了底部。反之，道理亦同。因此这样的底部和顶部形态形成，准确度还是很高的，投资者要相应做出自己的买卖行动。

在操作上，W 底和 M 顶一旦形成，投资者应顺势买入和卖出。双重顶底还会继续衍生出多重顶底，技术含义相同。头肩顶底应以是否突破颈线为重要的操作参考依据。

【案例分析】 华鲁恒升 600426 构成了一个典型的 W 底，股价在打破颈线之后成交量显著扩大，并且在打破颈线几天之后进行了回抽。在回抽进程完结之后，股价才开端一路上升。

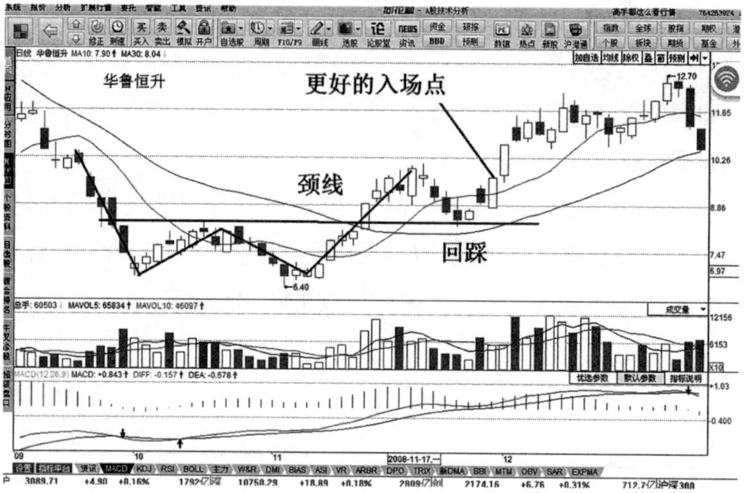

◆ 三重顶（底）

三重顶形状是股票代价在上涨过程中，连续三次在同一个代价区域遇阻回落，形成了三个高点，将中间两个开始回落的最低点连线，这样我们就可以得到三重顶颈线。

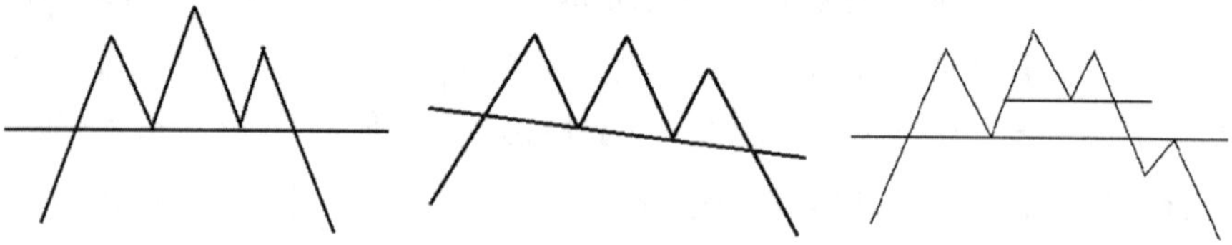

三重顶形态

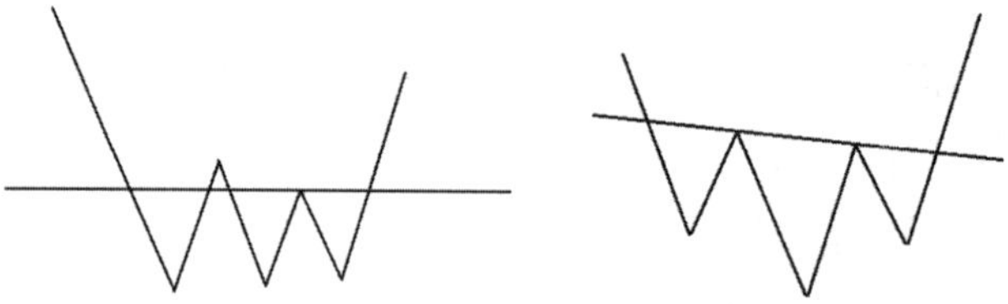

三重底形态

该形态的重要特征是：

（1）三重顶（或三重底）相邻的波峰与波峰（或波谷与波谷）的间隔距离与时间不一定完全相等。

（2）3 个顶点（或 3 个低点）的价格不一定相等，一般相差 3% 以内比较常见。

（3）在三重顶的第三个顶形成时，成交量非常小，即表示市场情绪低落，是将出现下跌的征兆。

（4）在三重底的第三个底部上升时，成交量大增，即显示出股价具有突破颈线的趋势。

（5）从理论上讲，三重顶形态的顶部持续时间越长，跨度越大，则后市下跌的力量将越强。

（6）同样三重底形态的底部持续时间越长，跨度越大，则后市上升的力量将越强。

（7）三重顶（或三重底）具有整理形态的特征，后市很容易演变成整理形态，在分析时需要注意。

在操作上，股价上升一段时间后投资者开始获利回吐，市场在他们的沽售下从第一个峰顶回落。当股价落至某一区域即吸引了一些看好后市的投资者的兴趣，另外以前在高位沽出的投资者亦可能逢低回补，于是行情再度回升，但市场买气不是十分旺盛，在股价回复至与前一高位附近时即在一些减仓盘的抛售下令股价再度走软，在前一次回档的低点被错过前一低点买进机会的投资者及短线客的买盘拉起，由于高点二次都受阻而回，令投资者在股价接近前两次高点时都纷纷减仓，股价逐步下滑至前两次低点时一些短线买盘开始止蚀，此时若越来越多的投资者意识到大势已去均沽出，令股价跌破上两次回落的低点（即颈线），于是整个三重次形态便告形成。

【案例分析】 中体产业（600158）在经历一波下跌趋势后不断震荡，形成三重底形态。10 月 23 日，股价向上突破三重底形态颈线，买点出现。

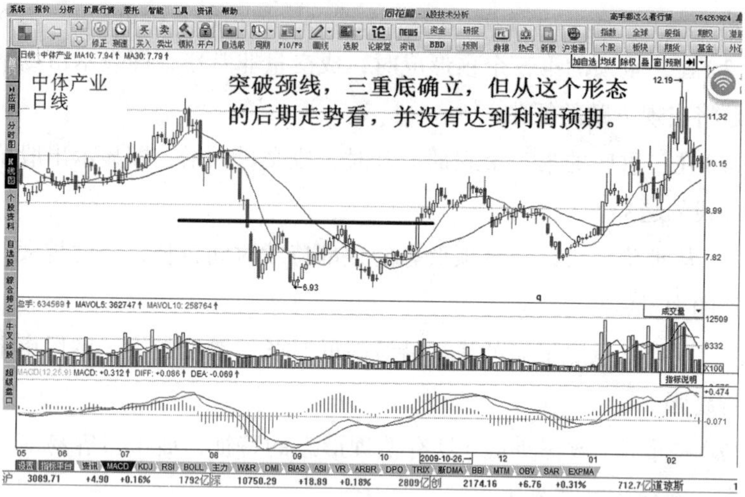

中体产业日 K 线

◆V 型反转

V 形反转是指在一段连续的时间内，K 线走势连线呈现出“V”字形的走势，这样的走势一般是连续地单边下跌，又连续地单边上涨，从而形成底部的反转形态。而倒 V 形反转则正好是反过来，从单边上涨切换为单边下跌，从而构成了倒“V”字的图形。

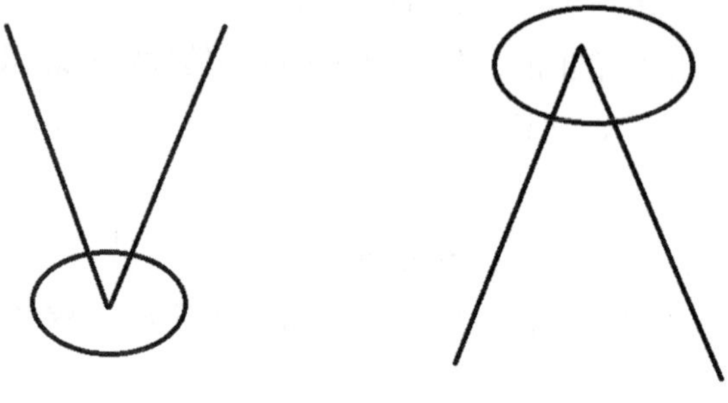

形态特征很明显，要注意圈内 K 线的短头排列

该形态的特征是：

（1）在反转之前，原趋势一路猛进，很少调整，且出现多次价格缺口，当局势突然不利时，反向运动就会猛烈地开始，体现出暴涨暴跌的特性。

（2）在反转的顶点，往往会出现岛型反转形态或者关键日反转形态，即某一日的 K 线出现很长的上影线，或者出现灵位线，或者出现吞没形态，且成交量巨大。

（3）原有的趋势线非常陡峭，对反趋势运行的支撑很薄弱。于是当反转开始时，价格会急速突破原有趋势线，以更陡峭的方式反向行驶。

（4）因为前期价格运行速度快，所以在反转时往往没有重要的支撑位或阻力位可以提供，以至于价格回撤（反弹）至原趋势的 1/3 或 1/2 才得以停住。

在操作上，在形成 V 型走势期间，其中上升（或是下跌）阶段呈现变异，股价有一部分出现横向发展的成交区域，其后打破这徘徊区，继续完成整个形态。在出现徘徊区时，大部分投资者尚未看清股价走势方向，此时可以在徘徊区的低点买进，等待整个形态的完成。

【案例分析】 中恒集团 600252 在直线下跌见底后，出现为期一个多月的 V 型反转走势。

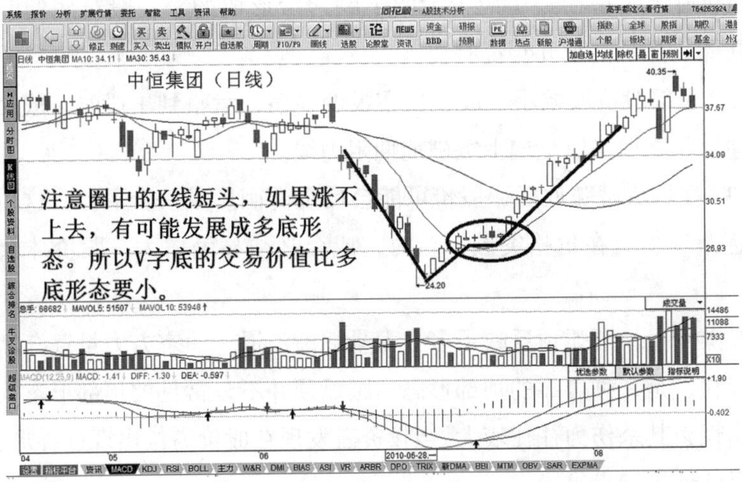

◆ 弧形顶（底）

弧形顶（底）是一种可靠的反转形态，但并不常见。弧形顶（底）的价格排列在外缘呈现平滑的圆弧形态，并且没有突出的相对高点或低点。在形成的时间上，弧形顶（底）的形成时间约在数周至数月之久。当弧形顶（底）形成时，价格趋势将反转。

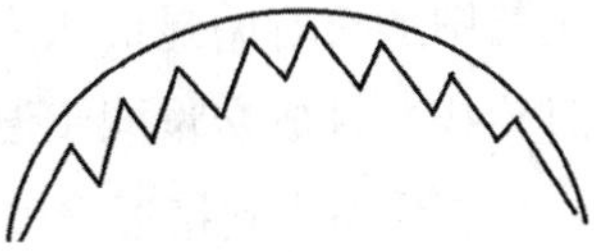

圆弧

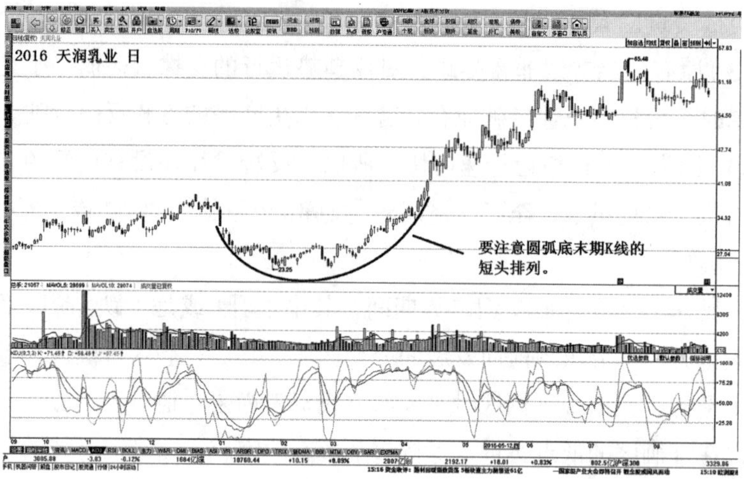

该形态的特征是：

（1）圆弧底是在经历股价大幅下跌之后形成的，一般筑底的时间较长，几周、几月甚至几年都有。

（2）底部股价波幅小，成交量亦极度萎缩，盘整到尾段时，成交量呈缓步递增，之后是巨量向上突破前期阻力线。

（3）在形成圆弧底后，股价可能会反复徘徊形成一个平台，这时候成交已逐渐增多，在价格突破平台时，成交必须显著增大，股价才会加速上升。

在操作上，圆弧顶反映了多方力量逐渐消退，而空方力量逐渐增强的市场变化，是一种可靠的顶部形态。圆弧顶并不是常见的顶部形态，但是一旦出现，其杀伤力往往较大。当投资者发现在股价高位出现这种形态时，应该果断地进行卖出操作。

当出现圆弧底时我们可以遵循以下操作策略。由于圆弧底没有像其他走势图形有着明显的买入点，但一般以股价连续几天拉小阳线，突破 30 日均线并且成交量同步温和放大时为介入点；或是在圆底之后出现平台，在成交量缩小到接近突破之前成交量水平时关注，再次放量上行时即时介入，后市一般将有一段颇有力度的快速拉升行情。

（二）中继形态

◆ 旗形

旗形形态经常会现在突发性的大幅震荡行情之中，股票价格经过多次短期波动之后，走势上呈现一个与原来的走势向相反方面倾斜的平行四边形，看起来就像是一面旗帜，因此被称为旗形形态。旗形走势又可分作上升旗形和下降旗形。

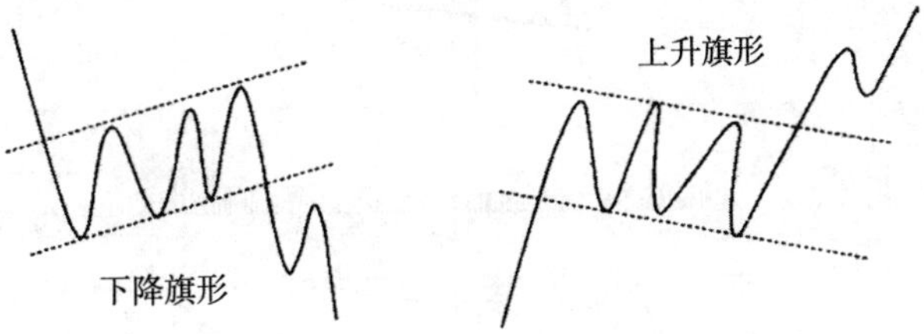

旗形形态

该形态的特征是：

（1）该形态在急速上升或下跌之后出现，成交量则必须在形成形态期间不断地显著减少。

（2）当上升旗形往上突破时，必须要有成交量激增的配合；当下降旗形向下跌破时，成交也是大量增加的。

（3）在形态形成中，若股价趋势形成旗形而其成交量为不规则或很多又非渐次减少的情况时，下一步将是很快反转，而不是整理，即上升旗形往下突破而下降旗形则是向上升破。换言之，高成交量的旗形形态市况可能出现逆转，而不是个整理形态。因此，成交量的变化在旗形走势中是十分重要的，它是观察和判断形态真伪的唯一方法。

（4）股价应在四周内向预定的方向突破，超出三周时，就应该特别小心，注意其变化。

在操作上，旗形形态在上涨和下跌过程中都会出现，是一个中继形态，即趋势运行当中的一种整理形态。因此，对待旗形形态不能简单地理解其后市会涨或者下跌，而是要根据当时的具体情况进行具体分析，进而去寻找投资机会。

【案例分析】 天通股份（600330）在下跌趋势中开始向上反弹，形成一波震荡走势，并以下降旗形形态呈现出来。然后股价跌破旗形下边线，股价将延续原来的下跌趋势，这时应果断卖出。

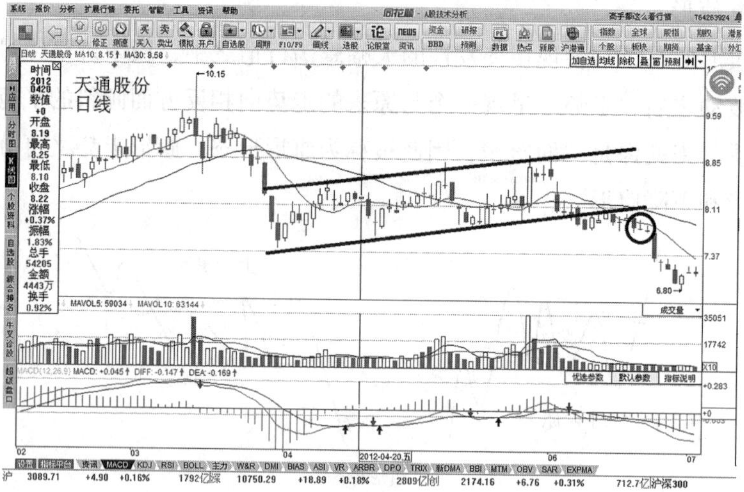

天通股份日 K 线

◆ 矩形

矩形是股价由一连串在两条水平的上下界线之间变动而成的形态。股价在其范围之内出现上落。价格上升到某水平时遇上阻力，掉头回落，但很快便获得支持而升，可是回升到上次同一高点时再一次受阻，而挫落到上次低点时则再得到支持。这些短期高点和低点分别以直线连接起来，便可以绘出一条通道，这通道既非上倾，亦非下降，而是平行发展，这就是矩形形态。

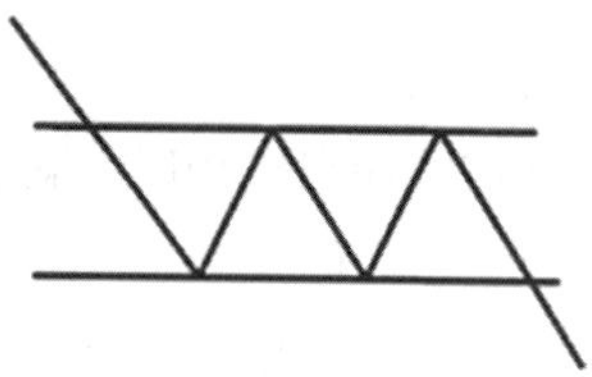

矩形顶示意图

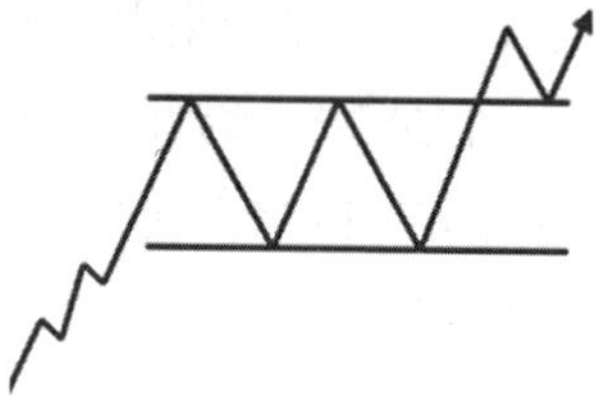

矩形底示意图

该形态的特征是：

（1）矩形形成的过程中，除非有突发性的消息扰乱，其成交量应该是不断减少的。如果在形态形成期间，有不规则的高成交出现，形态可能失败。当股价突破矩形上限的水平时，必须有成交量激增的配合；但若跌破下限水平时，就不须高成交量的增加。

（2）矩形呈现突破后，股价经常出现反抽，这种情形通常会在突破后的三天至三星期内出现。反抽将止于顶线水平之上，往下跌破后的假性回升，将受阻于底线水平之下。

（3）一个高、低波幅较大的矩形，较一个狭窄的矩形形态更具威力。

在操作上，看好的一方认为其价位是很理想的买入点，于是股价每回落到该水平即买入，形成了一条水平的需求线。与此同时，另一批看淡的投资者对股市没有信心，认为股价难以升越其水平，于是股价回升至该价位水平，便即沽售，形成一条平行的供给线。从另一个角度分析，矩形也可能是投资者因后市发展不明朗，投资态度变得迷惘和不知所措而造成。所以，当股价回升时，一批对后市缺乏信心的投资者退出；而当股价回落时，一批憧憬着未来前景的投资者加进，由于双方实力相若，于是股价就来回在这一段区域内波动。

【案例分析】 中集集团出现上升矩形。矩形形态的出现，说明多空双方形成旗鼓相当的拉锯战，表示一种实力相当的拉锯争斗：空头在上水平线附近打压股价，而多头在下水平线附近买入。

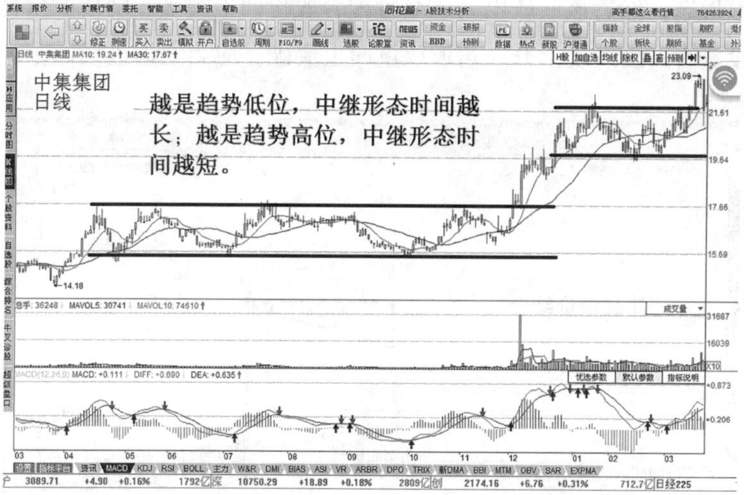

中集集团日 K 线

◆ 三角形

三角形整理形态大体可分为两类：收敛三角形和发散三角形；由两条

边线的方向则可划分为：对称、上升和下降三角形，扩散三角形可归为第四类三角形，而收敛三角形与扩散三角形则可组成菱形（看跌形态）。

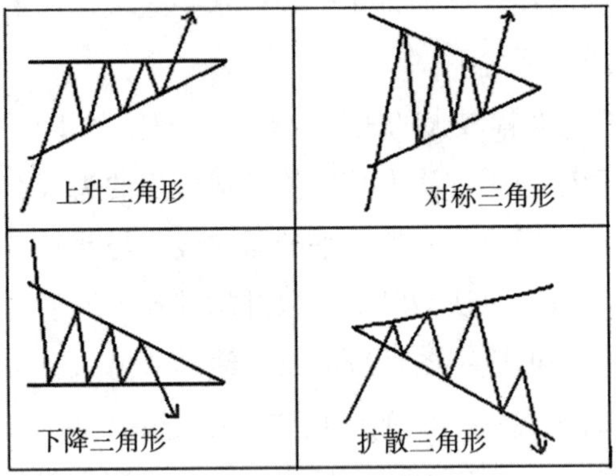

在操作上，虽然对称三角形大部分是属于整理形态，不过也有可能在升市的顶部或跌市的底部中出现。根据统计，对称三角形中大约 3/4 属整理形态，而余下的 1/4 则属转势形态，所以应遵循等待、观望、休息的策略，直至产生突破方向时，才进入市场。

【案例分析】 三安光电 600703 在持续上涨的过程中形成了一个上升三角形形态，然后该股放出大成交量配合股价向上突破，随后股价持续上涨。投资者一旦发现上升三角形放量向上突破，应当立即进场做多。

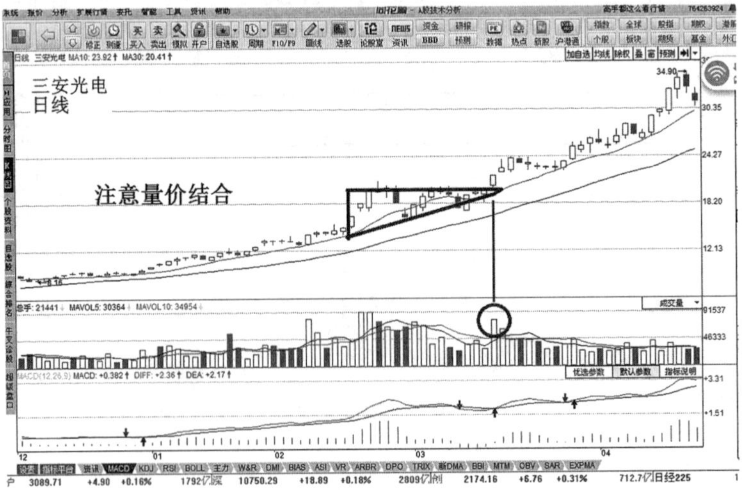

三安光电日 K 线

股票入门知识点 20

实用技术分析之二——技术指标

一、移动平均线（MA）

移动平均线是将一定时期内的股价进行算术平均，并随着时间累计计算连成曲线。它是分析股价走势的一个重要参考指标。移动平均线简称为均线。常用的均线有 5 日均线（MA5）、10 日均线（MA10）、20 日均线（MA20）、30 日均线（MA30）、60 日均线（MA60）、120 日均线（MA120）和 250 日均线（MA250）。其中，5 日均线也称为“周均线”，20 日均线也称为“月均线”，60 日均线也称为“季度线”，120 日均线也称为“半年线”，250 日均线也称为“年线”。例如，将最近 5 个交易日（包括当日）的收盘价相加后，再除以 5，就会得出最近 5 日的移动平均价。从股票上市后的第5个交易日起，每个交易日都可以计算出之前5个交易日的移动平均价。将每个交易日的移动平均价连成曲线，就形成 5 日移动平均线（MA5）。投资者利用这条均线可以衡量过去一周股价的走势。

移动平均线的计算方法就是连续若干天的收盘价的算术平均。移动平均线的计算公式：

n 移动平均线 =n 日收市价之和 /n

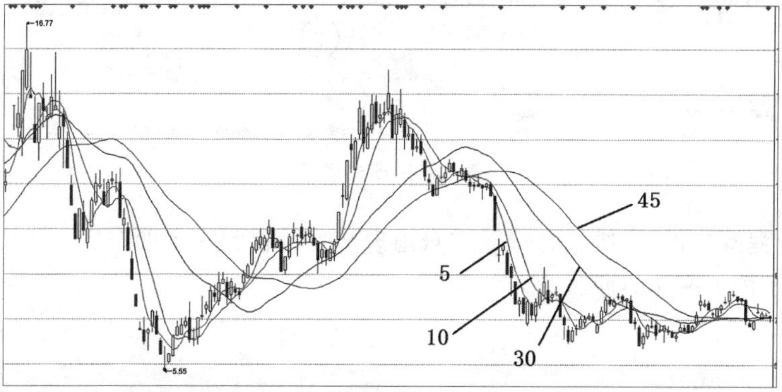

根据时间长短的不同，移动平均线可分为短期、中期、长期移动平均

线。一般而言，短期移动平均线指周期在 10 日以下的移动平均线；中期则指周期在 10 至 20 日间的移动平均线；长期则指周期在 20 日以上的移动平均线。

根据计算方法的不同，移动平均线又可分为简单移动平均数（MA）、加权移动平均数（WMA，赋予不同日期不同的加权分量）和指数平滑移动平均数（EMA，平滑因子小时较为圆滑，平滑因子大时较为尖锐）三种。

移动平均线的应用技巧如下。

◆ 金叉与死叉。当短期移动平均线由下而上穿过长期移动平均线，这两根均线方向均走势朝上时是买入信号，这种走势被称为“黄金交叉”，简称“金叉”。

【案例分析】 泰山石油的股价在 2011 年 5 月 3 日上涨趋势中，经过回调之后再次上涨，同时 MACD 指标出现高位金叉。它表明该股回调已经结束，股价将重新延续前期上涨趋势。投资者要注意抓住这个加仓买点。

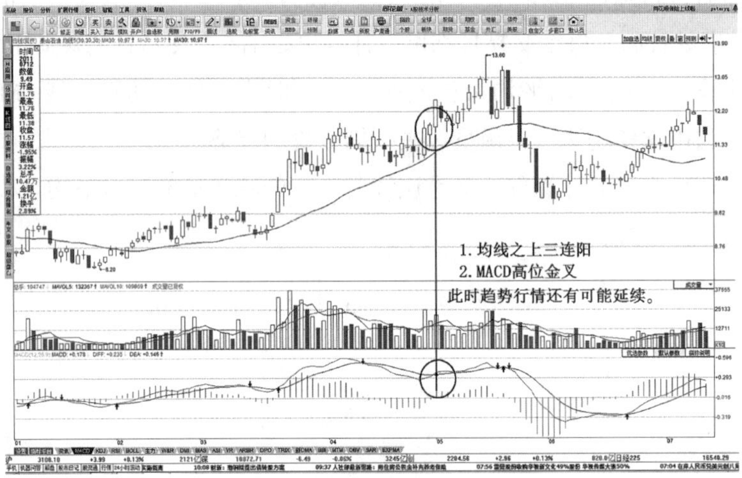

泰山石油日 K 线图

【案例分析】 快线和慢线本身出现交叉，看到这个形态后，投资者应该尽快将手中的股票卖出。

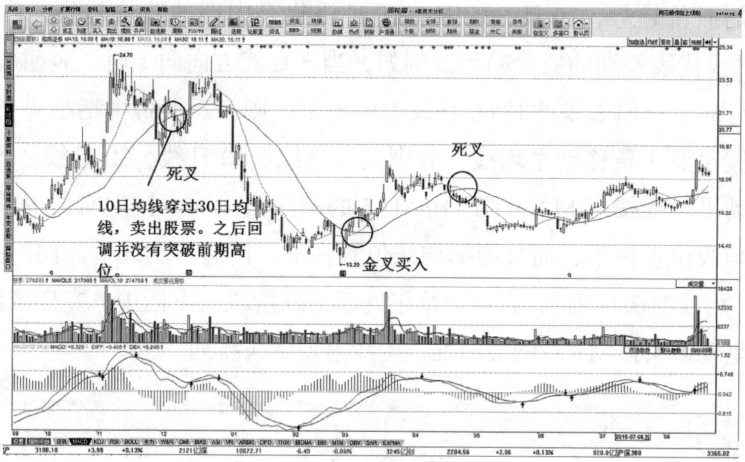

◆ 突破与跌破

当股价自下而上突破移动平均线时，是买入信号；当股价自上而下跌破移动平均线时，是卖出信号。应注意移动平均线的周期决定了交易信号的周期。例如，股价向上突破 5 日线，那么只能作为短线买入信号，而不能认为中期方向开始转折。

【案例分析】 短线买入卖出信号，K 线和均线胶着缠绕后，跌破了 10 日线。此时形成了短线买入卖出信号。

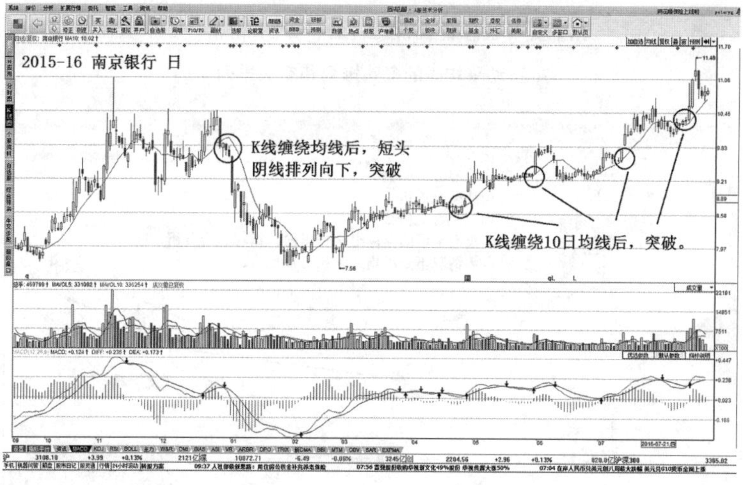

◆ 显示股价趋势

移动平均线的运行方向，表示了股价的趋势方向。5 日、10 日线表示短期的股价趋势，20 日、30 日、60 日线代表中期的股价趋势，120 日、250 日线代表长期的股价趋势。例如，当 5 日线方向向上时，表明股价短期趋势向上，但如果此时 60 日线方向向下，则表示股价中期趋势仍然向下。假设有 3 条移动平均线，分别是 5 日线、10 日线、30 日线。当这 3 条移动平均线按照 MA30-MA10-MA5 的顺序自上而下排列时，也就是短周期均线位置在下，而长周期均线位置在上，同时各均线的方向均向下，称为“均线空头排列”，表示行情正处于下跌阶段。下图中，左侧圆圈处，均线呈现多头排列；右侧圆圈处，均线呈现空头排列。

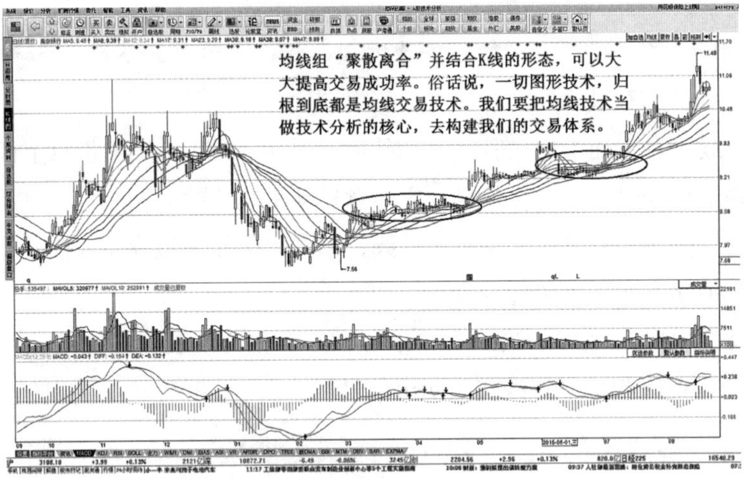

移动平均线的多头排列和空头排列

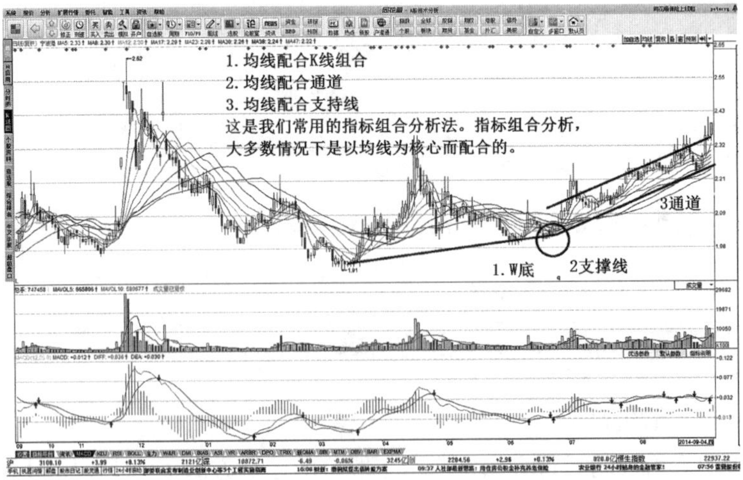

二、指数平滑异同移动平均线（MACD）

指数平滑异同移动平均线（Moving Average Convergence and Divergence）又称指数离差指标，是移动平均线原理的进一步发展。这一技术分析工具自 1971 年由查拉尔德拉徘尔创造出来之后，一直深受股市投资者的欢迎。

MACD 指标是根据均线的构造原理，对股票价格的收盘价进行平滑处理，求出算术平均值以后再进行计算，是一种趋向类指标。MACD 指标是运用快速（短期）和慢速（长期）移动平均线及其聚合与分离的征兆，加以双重平滑运算。

MACD 指标主要是通过 EMA、DIF 和 DEA（或叫 MACD、DEM）这三值之间关系的研判，DIF 和 DEA 连接起来的移动平均线的研判以及 DIF 减去 DEM 值而绘制成的柱状图（BAR）的研判等来分析判断行情，预测股价中短期趋势的主要的股市技术分析指标。其中，DIF 是核心，DEA 是辅助。DIF 是快速平滑移动平均线（EMA1）和慢速平滑移动平均线（EMA2）的差。BAR 柱状图在股市技术软件上是用红柱和绿柱的收缩来研判行情。

MACD 的计算公式：

在一般的情况下，快速 EMA 一般选 6 日，慢速 EMA 一般选 12 日，此时差离值（DIF）的计算为：

$$EMAn=Pn\times 2/(n+1)+EMAn\text{-}1\times(n\text{-}1)/(n+1)$$

式中：Pn—当日收盘价

n—移动平均线周期

EMAn—第 n 日 EMA 值

在一般情况下，快速 EMA 一般选 6 日，慢速 EMA 一般选 12 日，此时差离值（DIF）的计算为：

$$DIF=EMA6-EMA12$$

至于差离值（DIF）缩小到何种程度才真正是行情反转的信号，一般情况下，MACD 的反转信号为差离值的 9 日移动平均值，“差离平均值”用 DEA 来表示，其计算公式为：

$$DEAn=DEAn\text{-}1\times 8/10+DIFn\times 2/10$$

$$MACDn=(DIFn-MACDn-1)\times 2/10+MACDn-1$$

计算得出的 DIF 与 DEA 为正值或负值，因而形成在 0 轴线上下移动的两条快速与慢速线，为了方便判断常用 DIF 减去 DEA，并绘出柱状图。

MACD 形态的识别：

◆ W 底部形态金叉入场

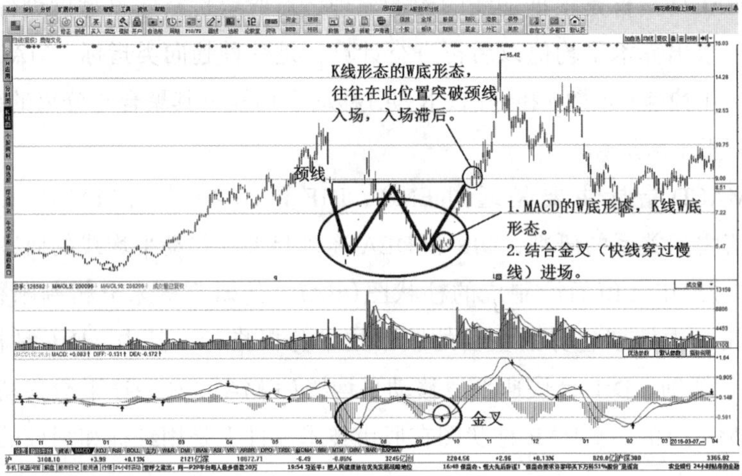

◆ MACD 底背离，金叉，二次金叉入场

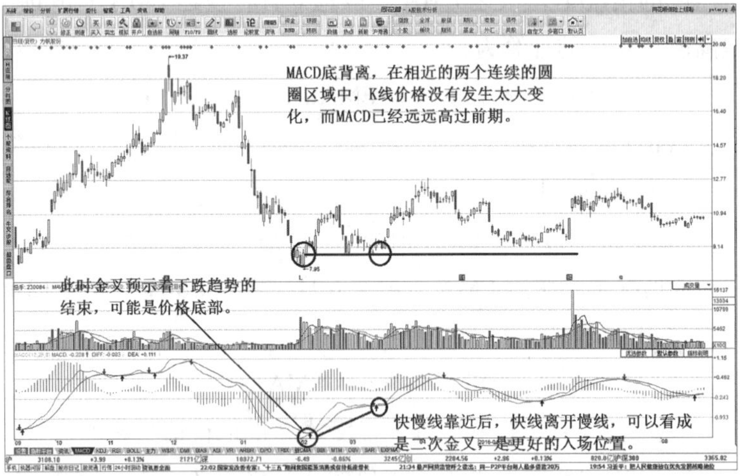

◆上涨受阻，和转势

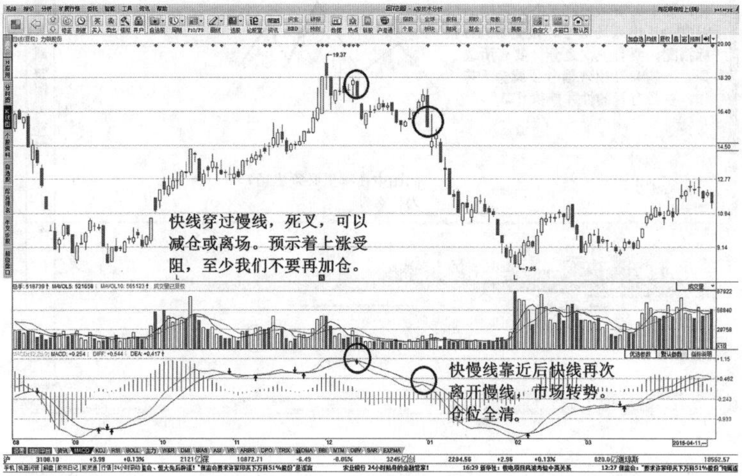

案例解析：综合应用

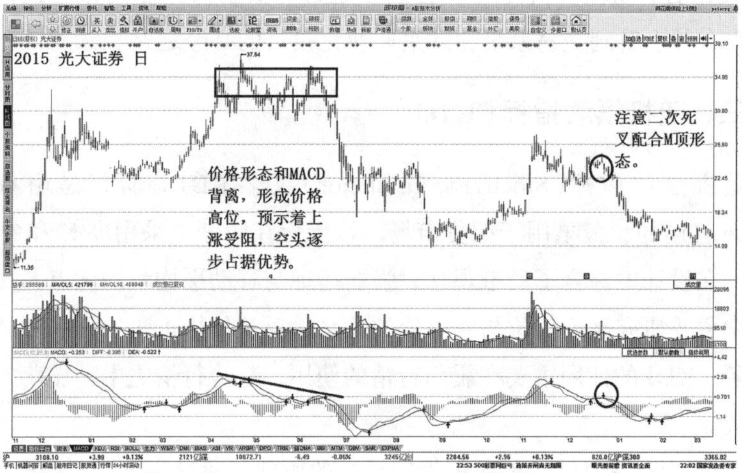

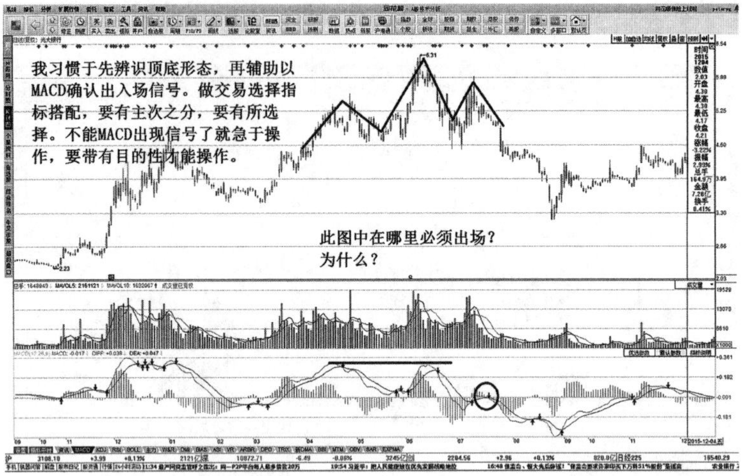

MACD 在顶底价格形态的判断上，是非常重要的技术指标。指标组合有其固有的搭配方式。顶底形态配 MACD，趋势线配均线，均线系统配 K 线组合，等等。并不是指标越多越好，要明白指标的特性，再去做指标组合并上升到交易系统，才是职业化投资的必经之路。

三、随机摆动指标（KDJ）

随机摆动指标（Stochastic Oscillator）又名 KDJ 指标，是由 George C.Lane 首创的，最早用于期货市场。该指标在图表上采用% K 和% D 两条线，在设计中综合了动量观念、强弱指标与移动平均线的优点，在计算过程中主要研究高低价位与收市价的关系，反映价格走势的强弱和超买超卖现象。KDJ 的使用主要在震荡行情的使用，趋势行情之中，震荡指标作用不大。

随机指标（KDJ）一般是根据统计学的原理，通过一个特定的周期（常为 9 日、9 周等）内出现过的最高价、最低价及最后一个计算周期的收盘价及这三者之间的比例关系，来计算最后一个计算周期的未成熟随机值 RSV，然后根据平滑移动平均线的方法来计算 K 值、D 值与 J 值，并绘成曲线图来研判股票走势。随机指标（KDJ）是以最高价、最低价及收盘价为基本数据进行计算，得出的 K 值、D 值和 J 值分别在指标的坐标上形成的一个点，连接无数个这样的点位，就形成一个完整的、能反映价格波动趋势的 KDJ 指标。

KDJ 指标的计算比较复杂，首先要计算周期（n 日、n 周等）的未成熟随机值 RSV（Raw Stochastic Value），然后再计算 K 值、D 值和 J 值。以日 KDJ 指标数值的计算为例，RSV 的计算公式为：

$$RSV(n)=\frac{C_t-L_n}{H_n-L_n}\times 100$$

式中，C_t 为第 n 日收盘价；L_n 为 n 日内的最低价；H_n 为 n 日内的最高价。RSV 值始终在 1~100 间波动。

其次，计算 K 值与 D 值：

当日 K 值 =2/3× 前一日 K 值 +1/3× 当日 RSV

当日 D 值 =2/3× 前一日 D 值 +1/3× 当日 K 值

另外，一般在介绍 KD 时，往往还附带一个 J 指标。J 指标的计算公式为：

$$J=3D-2K$$

实际上，J 的实质是反映 K 值和 D 值的乖离程度，从而领先 KD 值显示头部或底部。J 值范围可超过 100 和低于 0。

KDJ 指标的取值范围：KDJ 指标中，K 值和 D 值的取值范围都是 0—100，而 J 值的取值范围可以超过 100 和低于 0，但在分析软件上 KDJ 的研判范围都是 0—100。通常就敏感性而言，J 值最强，K 值次之，D 值最慢，而就安全性而言，J 值最差，K 值次之，D 值最稳。

KDJ 指标的超买超卖信号：根据 KDJ 的取值，可将其划分为几个区域，即超买区、超卖区和徘徊区。按一般划分标准，K、D、J 这三值在 20 以下为超卖区，是买入信号；K、D、J 这三值在 80 以上为超买区，是卖出信号；K、D、J 这三值在 20—80 之间为徘徊区，宜观望。

KDJ 指标的多空力量对比：当 K、D、J 三值在 50 附近时，表示多空双方力量均衡；当 K、D、J 三值都大于 50 时，表示多方力量占优；当 K、D、J 三值都小于 50 时，表示空方力量占优。

举例如下：

◆ 当 K 值在 50 以下的低水平，形成一底比一底高的现象，并且 K 值由下向上连续两次交叉 D 值时，股价会产生较大的涨幅。

◆当 K 值在 50 以上的高水平，形成一顶比一顶低的现象，并且 K 值由上向下连续两次交叉 D 值时，股价会产生较大的跌幅。

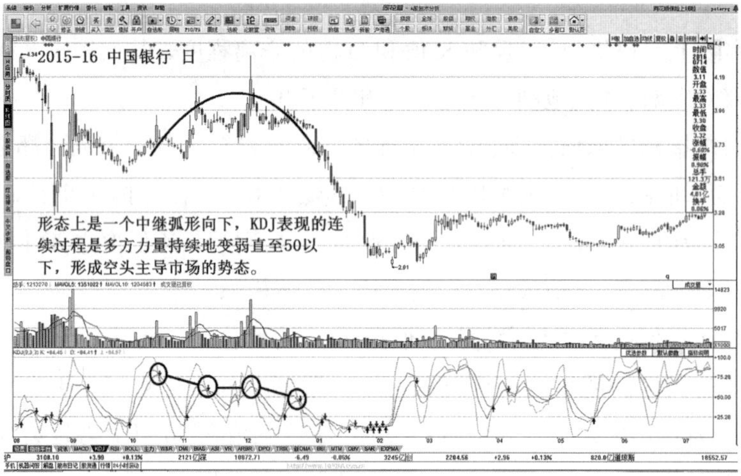

◆K 线由下向上交叉的 D 线失败转而向下探底后，K 线再次向上交叉 D 线，两线所夹的空间叫做向上反转风洞。如上图所示，当出现向上反转风洞时股价将上涨。如下图所示，反之叫做向下反转风洞，出现向下反转风洞时股价将下跌。

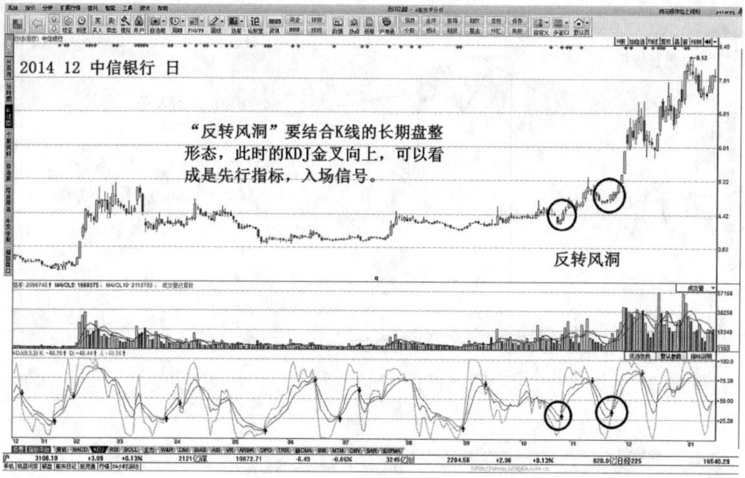

◆ KDJ 三者均值大于 80，短期内股价容易向下出现回档；KDJ 值小于 20，短期内股价容易向上出现反弹；但在极强、极弱行情中，K、D 指标会在超买、超卖区内徘徊，此时要结合 K 线组合形态以确定走势的强弱。

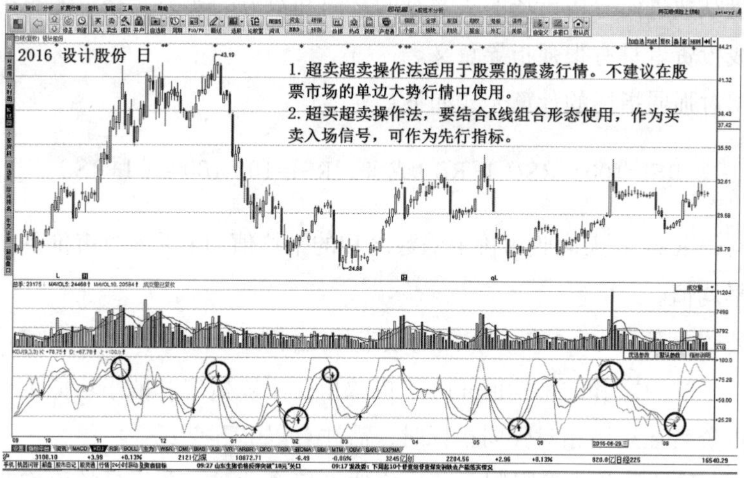

◆ KDJ 判断顶底形态是要看连续的过程的，刚刚进入超买区域，K 线价格会放缓；第二次超买，与上个位置形成背离；第三次超买，配合顶部形态，作为入场信号。

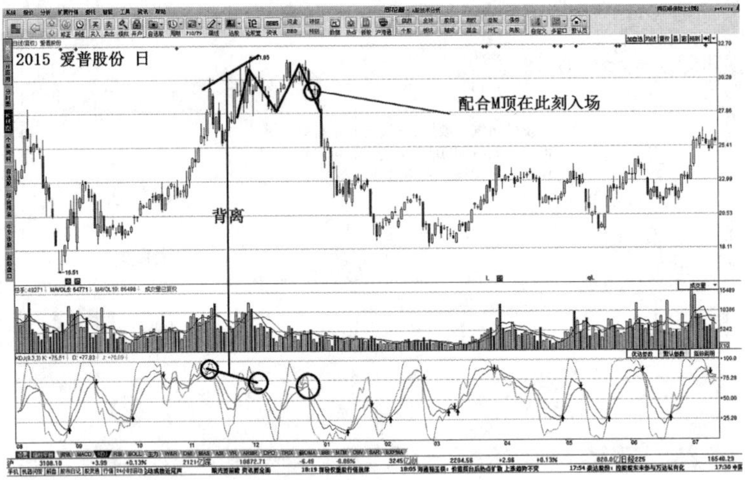

四、相对强弱指标（RSI）

相对强弱指标，又称 RSI 指标，是判断市场趋势指示买卖点的一种超买超卖指标，相对强弱指数一般通过比较一定时期内的平均收盘涨数和平均收盘跌数进而分析市场的买卖盘的意向和双方的实力。相对强弱指标对于短线投资者具有很强指导意义。

相对强弱指标的计算公式如下：

$$RSI=100\times RS/(1+RS)\text{或者，}RSI=100-100\div(1+RS)$$

其中 RS=14 天内收市价上涨数之和的平均值 /14 天内收市价下跌数之和的平均值。

公式化简：RSI=100×14 天内收市价上涨数之和的平均值 ÷（14 天内收市价上涨数之和的平均值 +14 天内收市价下跌数之和的平均值）。

投资者在运用相对强弱指标时，需注意以下五点：

（1）受计算公式的限制，不论价位如何变动，强弱指标的值均在 0 与 100 之间。

（2）强弱指标高于 50 表示为强势市场，反之低于 50 表示为弱势市场。

（3）强弱指标多在 70 与 30 之间波动。当六日指标上升到达 80 时，表示股市已有超买现象，如果一旦继续上升，超过 90 以上时，则表示已到严重超买的警戒区，股价已形成头部，极可能在短期内反转回转。

（4）当六日强弱指标下降至 20 时，表示股市有超卖现象，如果一旦继续下降至 10 以下时则表示已到严重超卖区域，股价极可能有止跌回升的机会。

（5）每种类型股票的超卖超买值是不同的。

举例如下：

◆ 短期 RSI 值在 20 以下，由下向上交叉长期 RSI 值时为买入信号。短期 RSI 值在 80 以上，由上向下交叉长期 RSI 值时为卖出信号。短期 RSI 值由上向下突破 50，代表股价已经转弱。短期 RSI 值由下向上突破 50，代表股价已经转强。

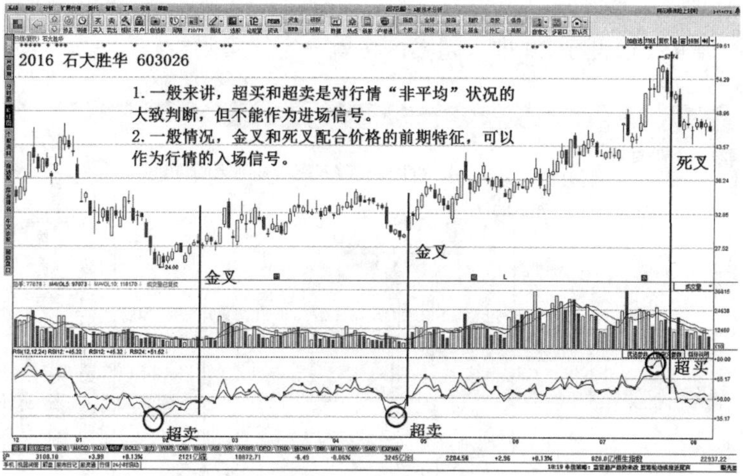

◆ 当 RSI 值高于 80 进入超买区，就一定能买吗？

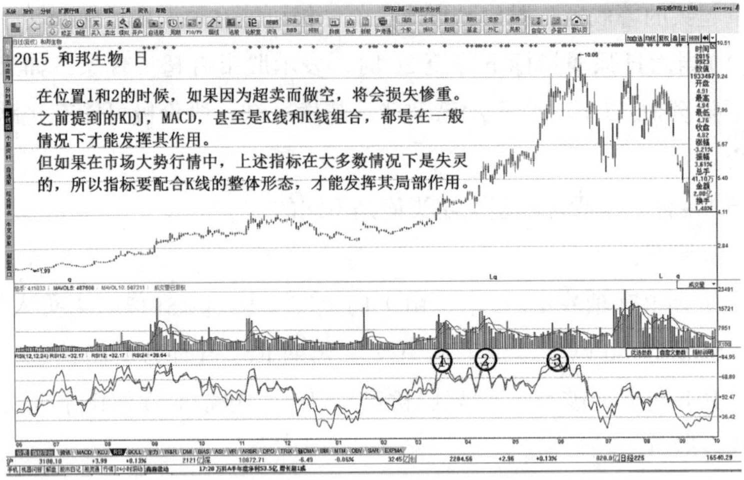

◆ 当 RSI 值低于 20 进入超卖区，就一定能卖吗？

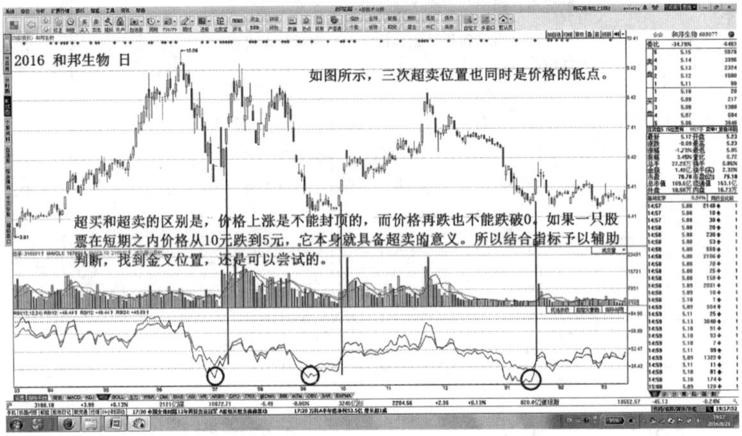

◆ 股价一波比一波高，而 RSI 一波比一波低。形成顶背离，行情可能反转下跌。用 RSI 判断底部图形较不明显。

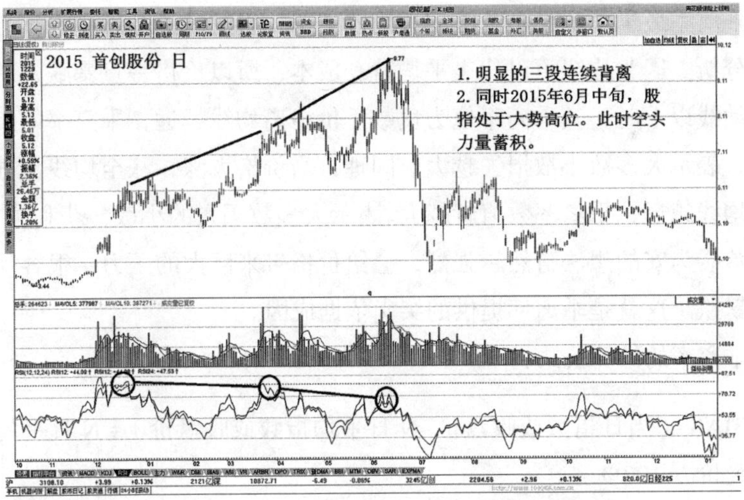

◆ 在整体波段大环境中，注意 K 线形态和 RSI 的结合，为入场信号。

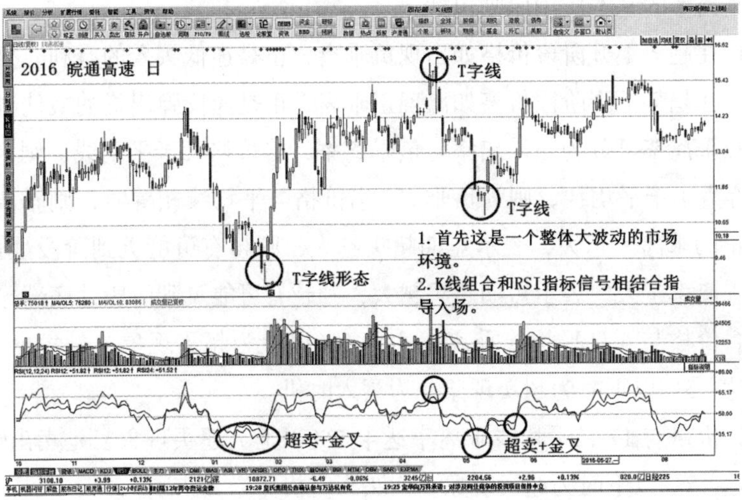

五、乖离率（BIAS）

乖离率又称为偏离率，它是将价格与平均移动线之间的差距用百分比表示，告诉价格与平均移动线之间差距大小。乖离率可以分为正乖离率和负乖离率，如果价格在均线之上，则乖离率值为正值；如果价格在均线之下，乖离率则为负值；当价格与平均移动线数值相同，则乖离率值为零。

乖离率最早来源于葛兰维的平均线定律，它的理论基础主要从心理角度来分析。因为均线可以代表平均持仓成本，所以价格一旦暴跌，跌到平均移动线以下时，其乖离率值为负数。价格离均线越远，乖离率的负值就越大，表示大多数小散损失越大。同理，当价格大涨，涨至均线上方，价格离均线越远，乖离率数值就越大。表示大多数买入的小散，获利越丰厚，小散落袋为安的想法自然越强烈，会给价格带来巨大的压力，很容易造成价格暴跌。这就是乖离率提供的买卖依据成因。

乖离率的计算公式：

BIAS=（当日指数或收盘价 -N 日平均指数或收盘价）÷ N 日平均指数或收盘价 ×100%

N 的参数一般确定为 6 日、12 日、24 日，并且同时设置成三条线。

乖离率的基本应用原则包括：

1. 在趋势上升阶段价格如出现负乖离，正是逢低买入的有利时机。

2. 在趋势下降阶段价格如出现正乖离，正是逢反弹出货的最佳时机。

3. 乖离率可分为正乖离率与负乖离率，若价格大于平均线，则为正乖离；价格小于平均线，则为负乖离；当价格与平均线相等时，则乖离率为零。正的乖离率越大，表示短期超买越大，则越有可能见到阶段性顶部；负的乖离率越大，表示短期超买越大，则越有可能见到阶段性底部。

4. 价格与 6 日平均线乖离率达＋ 5% 以上为超买现象，是卖出时机；当其达 –5% 以下时为超卖现象，为买入时机。

5. 价格与 12 日平均线乖离率达＋ 7% 以上为超买现象，是卖出时机；当其达 –7% 以下时为超卖现象，为买入时机。

6. 价格与 24 日平均线乖离率达＋ 11% 以上为超买现象，是卖出时机；当其达 –11% 以下为超卖现象，为买入时机。

7. 指数和价格因受重大突发事件的影响产生瞬间暴涨与暴跌，货币与各种平均线的乖离率有时会出奇得过高或过低，但发生概率极少，仅能视为特例，不能作为日常研判标准。

8. 每当价格与平均线之间的乖离率达到最大百分比时，就会向零值靠拢，这是葛兰威尔八大买卖原则中第四条和第五条法则所揭示的价格运行规律。

举例如下：

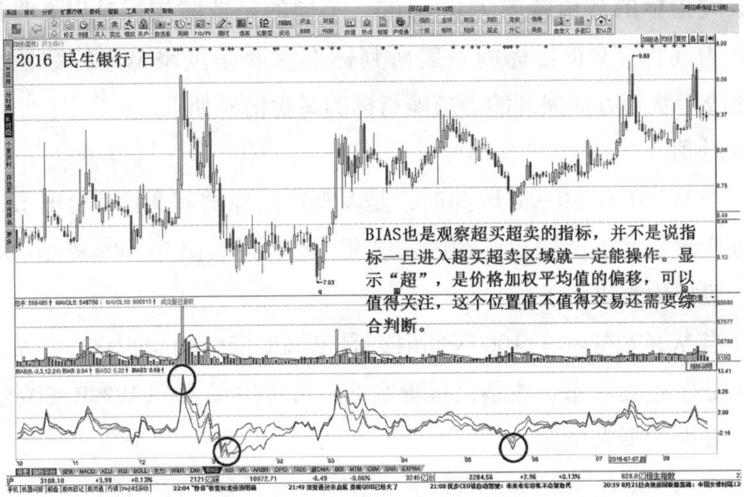

六、超买超卖指标（W%R）

威廉指标也是一种常见的超买超卖指标，不过它对于国内的操盘手而言相对比较不常用，但是威廉指标对于超买超卖的指示和信号意义是大相径庭和等量齐观的。不同的超买超卖指标各有其特点和优劣，我们必须辩证地看待。

威廉指标的计算公式为：R%=100-100（C-Ln）/（Hn-Ln）

其中：C（当日收盘价）、Ln（n 日内最低价）、Hn（n 日内最高价）

从威廉指标的计算公式看，在选定的基期 n 值范围内，当日收盘价与 n 日内最低价相等时，威廉指标达到 100 即“超卖点”极端，注意这时还不到买卖时机，它只代表买卖时机即将来临，这时还要考虑摆动惯性，在大幅下跌中，市场的收盘价可以连续创出收盘价新低，只有威廉指标的数值变化时才是最佳的“超卖点”极端买入时机，因此，当威廉指标达到或接近 100 即“超卖点”极端时，还要看下一个点的变化。在选定的基期 n 值范围内，当日收盘价与 n 日内最高价相等时，威廉指标达到 0 即“超买点”极端，注意这时还不到买卖时机，它只代表买卖时机即将来临，这时还要考虑摆动惯性，还要看下一个点的变化。日线看下一日，周线看下一周，以此类推。

威廉指标的数值范围为 0—100。不同的是威廉指标是以 0 为顶部，以 100 为底部。WR 指标的一般研判标准主要是围绕 WR 的数值大小、WR 曲线形状等方面展开的。威廉指标的买卖信号如下。

◆ 数值

1. 当 W%R 在 20—0 区间时，是 W%R 指标的超买区（卖出），表明市场处于超买状态，股票已经进入顶部，可考虑卖出。（W%R=20 这一横线，一般视为卖出线）

2. 当 W%R 在 80—100 区间时，是 W%R 指标的超卖区（买入），表明市场处于超卖状态，股票已接近底部，可考虑买入。（W%R=80 这一横线，一般视为买入线）

3. 当 W%R 在 20—80 区间时，表明市场上多空暂时取得平衡，股价出于横盘整理之中，可考虑持股或持币观望。

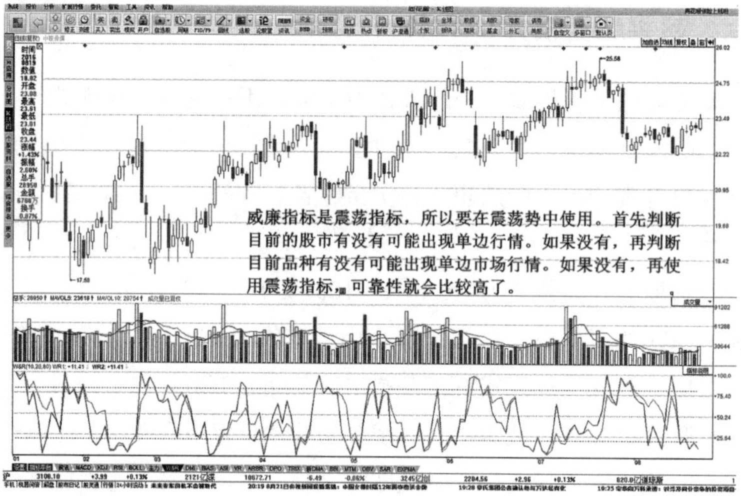

◆ 形状

1. 当 W%R 曲线从超卖区开始向上爬升，超过 80 这条买入线时，说明行情可能向上突破，是开始买入的信号。

2. 当 W%R 曲线从超买区开始向下回落，跌破 20 这条卖出线时，说明行情可能向下反转，是开始卖出的信号。

3. 当 W%R 曲线由超卖区向上突破 50 这条多空平衡线时，说明股价涨势较强，可考虑短线加码买入。

4. 当 W%R 曲线由超买区向下突破 50 这条多空平衡线时，说明股价跌势较强，可考虑短线加码卖出。

七、布林通道线（BOLL）

布林通道线又称包络线（BOLL），是股市中经常用到的技术指标之一，它反映了股价的波动状况。布林通道线由三条组成，上边的线（UP）是阻力线，下边的线（DOWN）是支撑线，中间的线（MB）为平均线。当股价盘整时，阻力线和支撑线收缩，称为收口；股价向上或向下突破时，阻力线和支撑线打开，称为开口，证明股价即将产生大的波动。布林线一般的应用规则是，当股价向下击穿支撑线的时候买点出现，而向上击穿阻力线卖点出现。而平均线是考验一个趋势（无论是上升还是下降或是盘整）是否得以继续的重要支撑或阻力。

布林通道由上、中、下轨组成，它将价格波动的范围划分为 4 个区域。布林通道作为跟踪趋势的技术指标是很有效的，同时应用起来很方便。

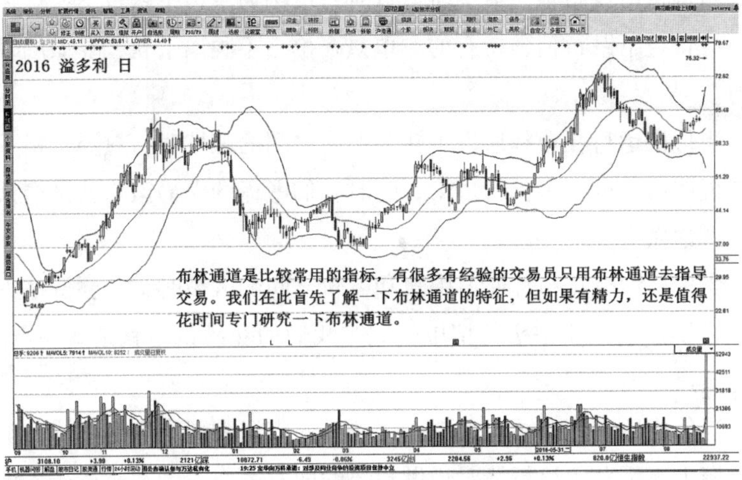

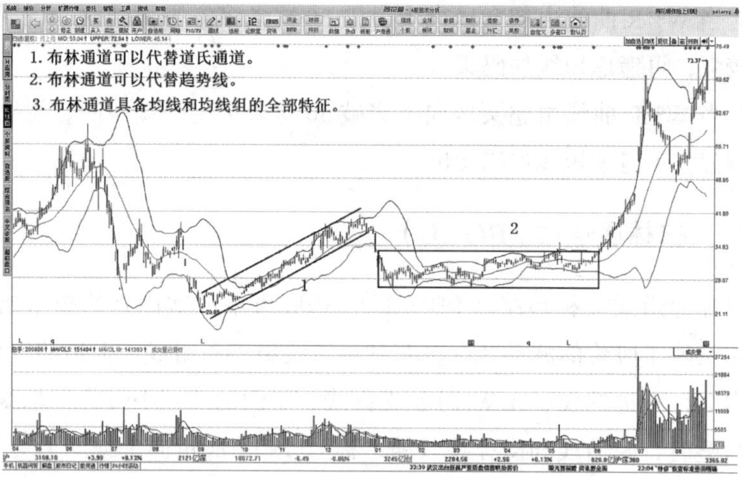

下面就布林通道中出现的各种情况，以及在各种情况下我们应该采取的交易策略作一简要介绍：

1. 当价格沿着布林通道上轨运行时，市场为单边上涨行情，该情况下一般为爆发性行情，持有多单的一定要守住，只要价格不脱离上轨区域就耐心持有。

2. 当价格沿着布林通道下轨运行时，市场为单边下跌行情，该情况一般为一拨快速下跌行情，持有的空单只要价格不脱离下轨，要做的也是耐心持有。

3. 当价格运行在布林通道中轨和上轨之间的区域时，只要价格不跌破中轨，说明市场处于多头行情中，此时我们考虑的交易策略就是逢低点买进，不考虑做空。

4. 当价格运行在布林通道中轨和下轨之间的区域时，只要价格不冲破中轨，说明市场处于空头行情中，此时我们的交易策略就是逢高点卖出，不考虑买进。

5. 当价格运行在布林通道中轨区域时，市场表现为震荡行情，市场会在此区域上下震荡。该行情对于做趋势的朋友杀伤力最大，往往会出现左右挨耳光的亏损现象。此时我们采取的交易策略是空仓观望，回避掉这一段震荡行情。

6. 布林通道的缩口状态。当价格经过一段时间的上涨和下跌后，会在一个范围内进入震荡休整，震荡的价格区域会越来越小，布林通道表现为上、中、下三个轨道缩口。此状态为大行情来临前的预兆。此时我们采取的交易策略是空仓观望休息。

7. 布林通道缩口后的突然扩张状态。当行情在布林通道缩口状态下经过一段时间的震荡整理后，布林通道会突然扩张，这意味着一拨爆发性行情已经来临，从此之后行情便会进入单边行情。在此情况下我们可以积极调整自己的仓位，顺应行情建仓。

8. 布林通道中的假突破行情。当布林通道经过缩口后在一拨大行情来临之前，往往会出现假突破行情，这是主力在发力前制造的一个陷阱，也就是教科书上常说的“空头陷阱”或“多头陷阱”。我们应该警惕该情况的出现，最好的方法是通过我们的仓位控制来消除风险。当我们发现是陷阱后，我们还有足够的资金和时间来调整我们的仓位！

股票入门知识点 21

实用技术分析之三——成交量

成交量是指一个时间单位内对某股票交易成交的数量。一般情况下，成交量大且价格上涨的股票，趋势向好。成交量持续低迷时，一般出现在熊市或股票整理阶段，市场交投不活跃。成交量是判断股票走势的重要依据，对分析主力行为提供了重要的依据。

成交量为股票买卖双方达成交易的数量，是单边的，例如，某只股票成交量为十万股，这是表示以买卖双方意愿达成的，在计算时成交量是十万股，即买方买进了十万股，同时卖方卖出十万股。而计算交易量则双边计算，例如买方十万股加卖方十万股，计为二十万股。股市成交量反映成交的数量多少，一般可用成交股数和成交金额两项指标来衡量。目前深沪股市两项指标均能显示出来。

通常成交量的表达方式主要有三种：成交股数、成交金额、成交换手率。

◆ 成交股数（VOL）

这是最常见的指标，也是平常谈论中所指的成交量。一般来说，股票买卖反映在价量、关系上，往往呈现价增量增、价跌量减的规律，根据这一规律，当价格上升时，成交量不再增加，意味着价格得不到买方的确认，价格的上升趋势就会改变；反之，当价格下跌时，成交量萎缩到一定的程度不再萎缩，意味着卖方不再认同价格继续下降了，价格下跌的趋势就会改变。

一般情况下将股票的价格循环分为了六个阶段，从这六个阶段可以很清楚地分析出一只股票成交量的变化和接下来的走向。

（1）量增价平：当股票在低位运行一段时间后，开始被人们关注，领先的抄底资金开始慢慢入场潜伏，成交量上升，但是股价未出现大幅上涨。

（2）量增价升：关注越来越多，资金开始快速流入，伴随着抢夺筹码的愈演愈烈，量价齐增。

（3）量减价升：经过上一阶段的上涨，人们对后市一致看多，卖出的人越来越少，成交量下降。

（4）量增价平：经过一段时间的上涨，股票积累了一定的涨幅，这时人们对后市的走势看法出现分歧，看跌的人开始抛出，继续看涨的人继续买入，成交量放大，股价涨速放缓。

（5）量增价减：大量的获利盘开始抛售，随着抛盘的增大，成交量仍然保持高位，股价开始下跌，这个阶段通常和上一个阶段相互重合。

（6）量减价减：随着人们对后市的一致看空，买入的人越来越少，成交量萎靡，股价快速下跌。由此再循环进入第一个阶段。

在操作上，了解市场成交量与价格的关系能找到价格短线运行的有用线索。

（1）当前价格运行趋势：市场上行或下探，其趋势可以用较大的成交量或日益增加的成交量进行确认，逆趋势而行可以用成交量日益缩减或清淡成交量进行确认。

（2）呈弱势的警告：如果市场成交量一直保持锐减，则警告目前趋势正开始弱化。尤其是市场在清淡成交量情况下创新高或新低，以上判断的准确性更高。在清淡成交量情况下创新高或新低应该值得怀疑。

（3）突破的确认：市场失去运行趋势时即处于区间波动，创新高或新低即实现对区间的突破将随着成交量的急剧增加。价格得到突破但缺乏成交量的配合，预示市场尚未真正改变当前运行区间，所以应多加谨慎。

【案例分析】 深圳成指的成交量并未萎缩，但股指却呈现逐渐下滑的姿态。因此看成交量不能孤立地看，应将它与股指的走势特点紧密结合，才会得出正确的结论。

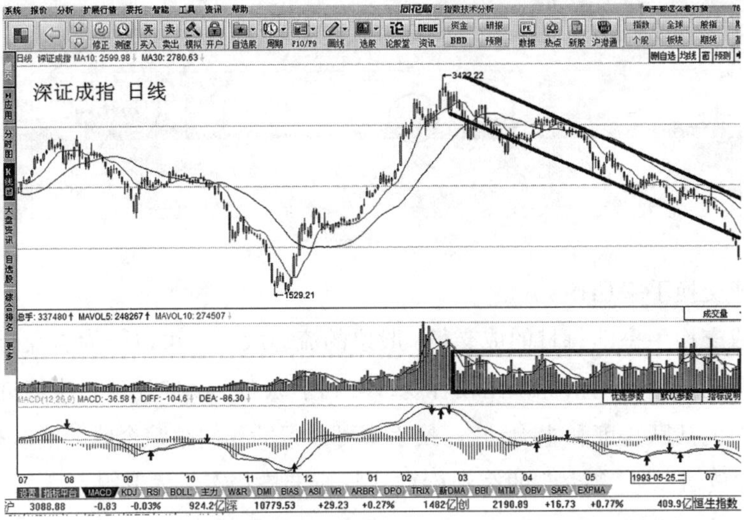

◆ 成交金额（AMOUNT）

成交金额直接反映参与市场的资金量多少，常用于大盘分析，因为它排除了大盘中各种股价高低不同所造成的干扰，通过成交金额使大盘成交量的研判具有横向的可比性。通常所说的两市大盘成交多少亿的成交量就是指成交金额。

如下图中的江粉磁材在 2015 年 12 月下旬构筑头部时，用成交换手来看，高位放量并不明显，主力似乎没有出货的迹象，但用成交金额 AMOUNT 来看，实际上已有一个高位放量、主力出货的过程。

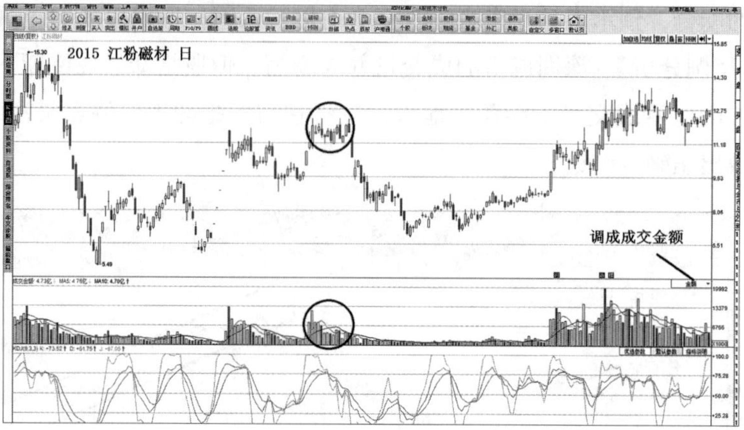

成交换手率（HSS）

成交换手率即每日的成交量 / 股票的流通股本，可以作为看盘时取代成交量的固定运用指标，比较客观，有利于纵向、横向比较，也能准确掌握个股的活跃程度和主力动态。换手率可以帮助我们跟踪个股的活跃程度，找到“放量”与“缩量”的客观标准，判断走势状态，尤其是在主力吸筹、拉升和出货阶段，可以估计主力机构的控筹量。

一般而言，日换手率 <3% 时为冷清，一种情况是该股属于散户行情，另一种情况是已高度控盘，庄股在高位震荡之际往往成交量大幅萎缩，换手率低。日换手率 >3%，且 <7% 时为活跃，表示有主力在积极活动。日

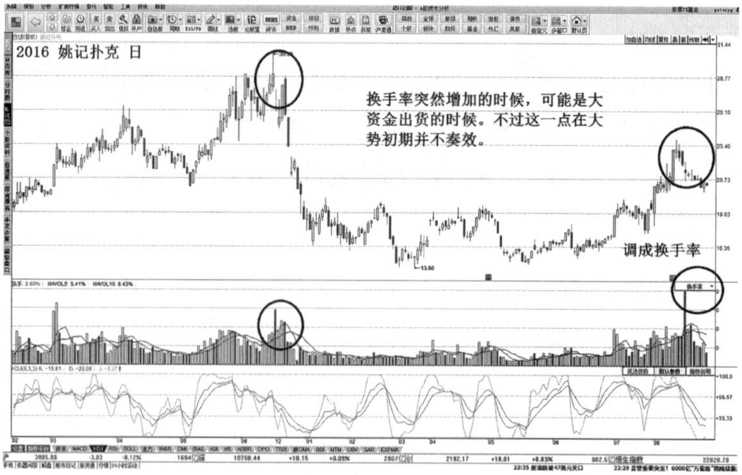

换手率 > 7% 为热烈，筹码急剧换手，如发生在高位，尤其是高位缩量横盘之后出现，很可能是主力出货；如果日换手率 > 7% 发生在低位，尤其是在突破第一个强阻力区时，很可能为主力在积极进货。

在技术分析中，研究量与价的关系占据了非常重要的低位。成交量就是推动股价上涨的源动力。市场上有效的变动必须要有成交量的配合，成交量的大小也反映了该种股票受投资者关注的程度。

【案例分析】 秦岭水泥股价以盘升形式缓缓爬上 20 日、62 日、133 日均价线之上，随后在 62 日均价线之上，出现短暂的回调整理，在整理末期，20 日均价线与 62 日和 133 日均价线形成共振点向上现象，与此同时，成交量方面出现了“搭下型”成交量组合，MACD 出现了零轴之上的第一次空中加油。当日成交量以阳量形式一举突破 5 日均量线，拉开了股价上涨的序幕。

股票入门知识点 22

实用技术分析之四——趋势线

一、趋势和趋势线

趋势就是价格波动的方向，或者说是证券市场运行的方向。趋势方向也只有三种：上升、水平、下降。若确定了当前趋势的方向性，则股价价格的波动必然朝着这个方向运动。趋势线对价格今后的变动起到约束作用，使价格总保持在这条趋势线的上升趋势线或下降趋势线。实际上，就是支撑和压力作用。

◆ 股价运行于上升趋势线之上时，每一次股价与趋势线的接触都是支撑位，当股价触及趋势线而不破位的时候，可以实施买入操作。

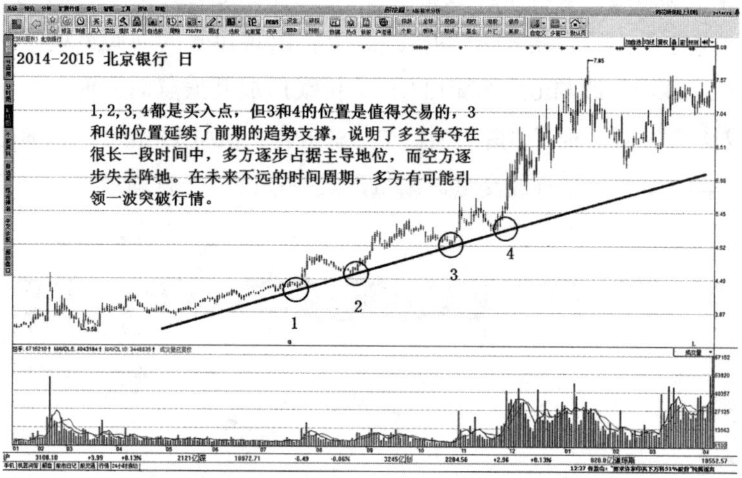

◆ 股价运行于下降趋势线之时，每一次股价与趋势线的接触位都是阻力位，当股价触及趋势线而不突破的时候或者突破受阻时，可以实施卖出的操作策略。

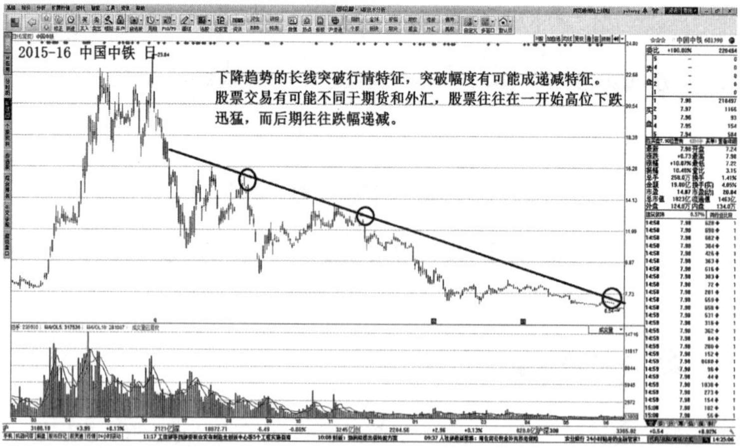

二、通道线

通道线又称管道线，是在趋势线的反方向上画一根与趋势线平行的直线，且该直线穿越近段时期价格的最高点或最低点。这两条线将价格夹在中间运行，有明显的管道或通道形状。只要两个点能确立一根趋势线，那么与之反向的另一个价格最高点或最低点之处，就可画出一条与之平行的通道线。

通道的主要作用是限制价格的变动范围，让它不能变得太离谱。通道一旦得到确认，那么价格将在这个通道里变动。如果通道线一旦被价格有效突破，往往意味着趋势将有一个较大的变化。当通道线被价格突破后，趋势上升的速度或下降的速度会加快，会出现新的价格高点或低点。

◆ 通道被证实存在，如果价格无法抵达通道线，是基本趋势线即将被跌破的早期信号。

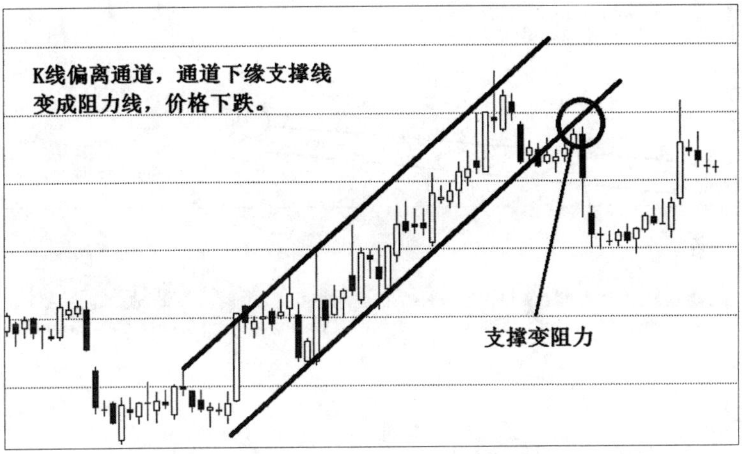

◆ 价格突破通道线代表行情开始加速。

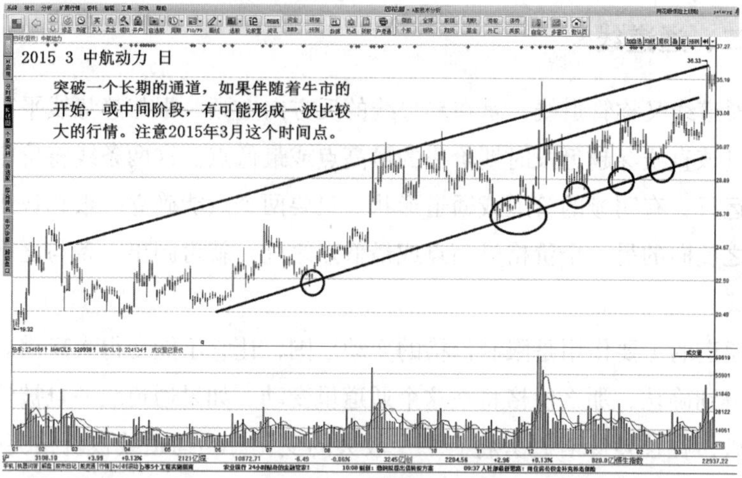

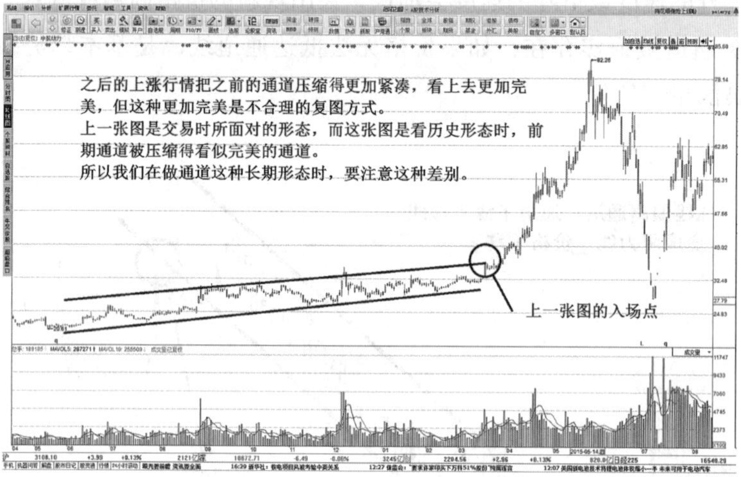

三、支撑线和阻力线

市场上的股价在达到某一水平时，往往不再继续上涨或下跌，似乎在此价位上有一条对股价起阻拦或支撑作用的抵抗线，我们分别称之为阻力线与支撑线。阻力线是指股价上升至某一高度时，有大量的卖盘供应或是买盘接手薄弱，从而使股价的继续上涨受阻。支撑线则是指股价下跌到某一高度时，买气转旺而卖气渐弱，从而使股价停止继续下跌。从供求关系的角度看，“支撑”代表了集中的需求，而“阻力”代表了集中的供给，股市上供求关系的变化，导致了对股价变动的限制。阻力线和支撑线都是图形分析的重要方法。一般若股价在某个区域内上下波动，并且在该区域内累积成交量极大，那么如果股价冲过或跌破此区域，它便自然成为支撑线或阻力线。这些曾经有过大成交量的价位时常由阻力线变为支撑线或由支撑线变为阻力线：阻力线一旦被冲过，便会成为下个跌势的支撑线；而支撑线一经跌破，将会成为下一个涨势的阻力线。

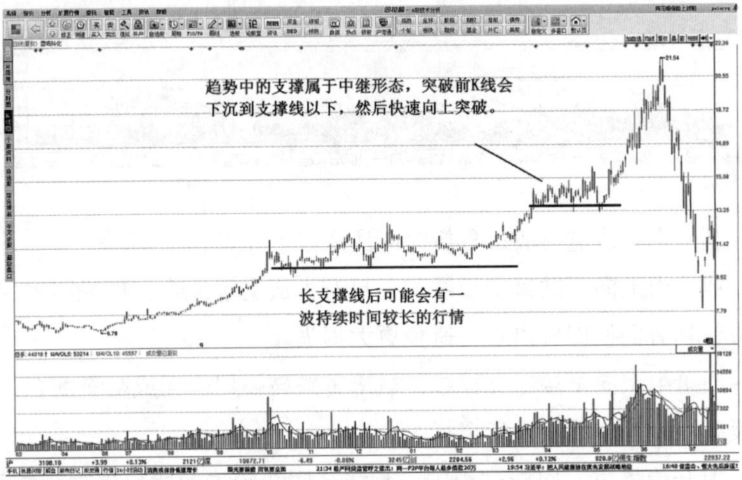

支撑线

因为支撑线与阻力线均形成于成交密集区，所以同一成交密集区既是行情由下向上攀升的阻力区，又是行情由上向下滑落的支撑区。当成交密集区被突破，在行情上升过程中，一般伴随有高换手率，阻力线变换为支撑线；若有特大利多消息刺激，成交密集区被轻易突破，即骤然跳空，那么获利回吐压力增大，继续上行将面临考验，多头态势往往前功尽弃。在行情下降过程中，换手率一般不明显增大，一旦有效突破，则支撑线变换为阻力线。

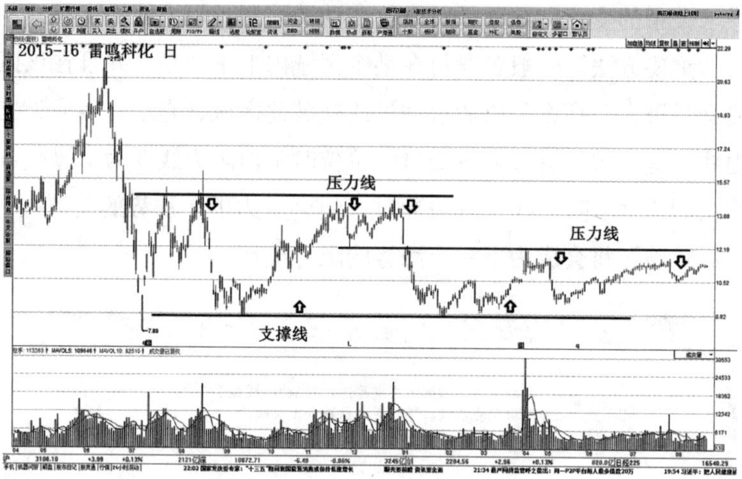

在利用支撑线进行股市分析时应注意以下几点：

1. 股价由上向下跌破支撑线，一旦有大成交量配合，即说明另一段跌势形成，稍有回档即应出货，避免更大损失。

2. 股价由上向下接触支撑线，虽未曾跌破，但也无成交量配合，则预示无反弹可能，应尽早出货离场。

3. 上升趋势里，回档过程中，K线之阴线较先前所出现之阳线为弱，尤其接近支撑价位时，成交量萎缩，而后阳线迅速吃掉阴线，股价再上升，这是有效的支撑。

4. 在支撑线附近形成盘档，经过一段时间整理，出现长阳线，支撑线自然有效。

5. 股价由上向下跌破支撑线，说明行情将由上升趋势转换为下降趋势。一般地说，在上升大趋势中，出现中级下降趋势，如若行情跌破中级下降趋势的支撑线，则说明上升大趋势已结束；在中级上升趋势中，出现次级下降趋势，如若行情跌破次级下降趋势的支撑线，则说明中级上升趋势已结束，股价将依原下降大趋势继续下行。

在利用阻力线进行股市分析时应注意以下几点：

1. 在阻力线附近经过一段时间的盘档后，出现一根长阳线向上突破，成交量增加，低档接手有人激励买方，股价将再升一段。

2. 股价由下向上突破阻力线，若成交量配合放大，说明阻力线被有效突破，行情将由下降趋势转换为上升趋势。

3. 下跌趋势出现反弹，若K线之阳线较先前阴线为弱，尤其在接近阻力价位时，成交量无法放大，而后阴线迅速吃掉阳线，股价再度下跌，这是强烈的阻力。

4. 下跌趋势出现强力反弹，阳线频频出现，多头实力坚强，即使在阻力线附近略作回档，但换手积极，则股价必可突破阻力线，结束下跌走势。

5. 在阻力线附近经过一段时间的盘档后，出现长阴线，阻力线自然有效。

※ 股票投资心理小建设之六：学会忍耐 ※

很多投资者每天都很勤奋地去盯盘，或者到处询问亲朋好友、炒股高手、投资专家，再者买上十几本股票书籍奋力钻研等等。但买入之后股价下跌就吓坏了，最终还是忍痛割肉。股神巴菲特曾说过一句话："用脑子买入股票，用屁股赚大钱！"这是什么意思呢？其实他的意思是，当朋友们买入股票之前，不管是从基本面还是从技术面，分析股价走势，认真思考；买入股票之后要坐得住，要忍耐，长期持有，让利润奔跑。买前要慎重，买后要从容。不要兴奋，也不要恐惧，要学会忍耐。

第二篇 实战篇

第六章 股票买卖的选择与时机

第七章 九大K线经典实战策略

第八章 不同趋势下股票买卖操作要点

第九章 定位翻倍股——时间周期

第十章 你也能找到黑马股票

第十一章 果断追涨，严格止损

第六章

股票买卖的选择与时机

大盘重要，个股的选择也很重要。要想在股市中驰骋自如，就要树立正确的炒股心态和准确地掌握选股技术。对投资者来说，选择好的买卖时机，和选择好的股票一样重要。由于心态的影响，把握时机比把握股票更难。要想按计划操作，必须克服患得患失的心态，操作清晰果断。

股票实战知识点 1

搜选股票——五种股票买入方法

一、分批买入法

在没有较大把握或资金不够充裕的情况下购买股票时最好不要一次买进，而是分两三次买进。可以分散风险，获得相应的投资报酬。

◆ 买平均高法。即在第一次买入后，待股价升到一定价位再买入第二批，等股价再上升一定幅度后买入第三批，这就是买平均高法。比如，在某只股票股价为 20 元的时候第一批买进 1000 股，股价涨到 22 元时第二批买入 800 股，涨到 25 元时第三批买入 600 股，三次买入的股票平均成本为（20×1000+22×800+25×600）÷（1000+800+600）=2191 元。当股价超过这个平均成本时，股民即可抛出获利。

◆ 买平均低法。这种方法也叫向下摊平法，即股民在第一次买入股票后，待股价下降到一定价位再买入第二批，等股价再次下降一定幅度后买入第三批（甚至更多批）。买平均低法只有等股价回升并超过分批买入的平均成本后，股民才能获利。

二、一三买入法

“一”是指个股一波上涨结束后，“三”是指三浪回调完毕，后市极可能上涨，可以买入。

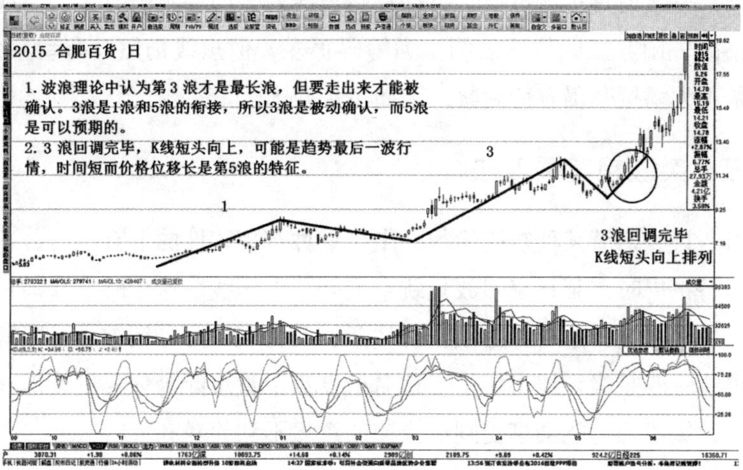

三、三线粘合买入法

当一只股票的均线系统发出粘合（或非常接近）时，表明变盘随时可能发生，此时你的注意力要高度集中，紧盯该股，一旦量能和放大均线系统形成多头发散可及时介入。

当 5 日、10 日、30 日均线发生粘合或接近粘合时，粘合时间股价在 3 条均线附近上蹿下跳，看上去不具任何支撑作用。有时打到均线下边，有时又穿上去，当经过三次的探底后，表明该股的启动准备工作已基本就绪。其后一旦出现了地量阳线，表明该股启动在即，可在量能和放大介入。拉升信号—出现地量阳线后，股价重心向上移动，且成交量有和放大，可即时介入，短线或中线均有较好收益。

四、一阳穿三线买入法

某股某日放量向上拉出中阳或大阳，穿越了 5 日、10 日、30 日均线，站于三线之上，表明该股的短线做多欲望极强，可择机介入。

股价处于短期均线这下，一般属于弱势股票，其股价向上的压力是沉重的。但当股价从均线之下放量向上穿越三条均线时，表明该股的多空双方力量对比已经发生了实质性的变化，该跌不跌理应看涨，放量拉升穿越三线，表明了主力做盘的决心和力量，故短线爆发力可想而知。量比较大的一阳穿三线最具短线价值，可在穿越三线后，回档不破时买入。成交量配合小的一阳穿三线虽然表明主力筹码很多，但短线仍然没有动用重兵，表明是否大幅拉升仍有待观察，因而不忙介入。

五、突破趋势买入法

当一只股票沿某种轨道运行，出现一种有规律性的上有压力、下有支撑的运行格局时，某日突然放量跳空突破了上压线，这个跳空缺口往往正好在上压线之上，这时你必须密切注意，要打起十万分精神进行跟踪，因为很可能一匹超级短线出栏了。这时根据盘中量价配合你要迅速地在回档时介入，短线很可能会享受到最快速的意想不到的暴利。

目标股在接近上压线附近时应密切注意，一般都有异动，或其中大笔大笔地抛单向下，但最后股价却没有下跌；或尾市快速向下打压，都表明该股起动在即。对于研判能力较强的投资者，可在其中大幅下挫中低点买入；一般投资者应在突破上压线及上压线附近介入，也可在盘中回档时继续加仓。当天该股的涨幅一般最少在5%左右，大盘配合时常常封涨停。因此介入时要果断，不能犹豫。

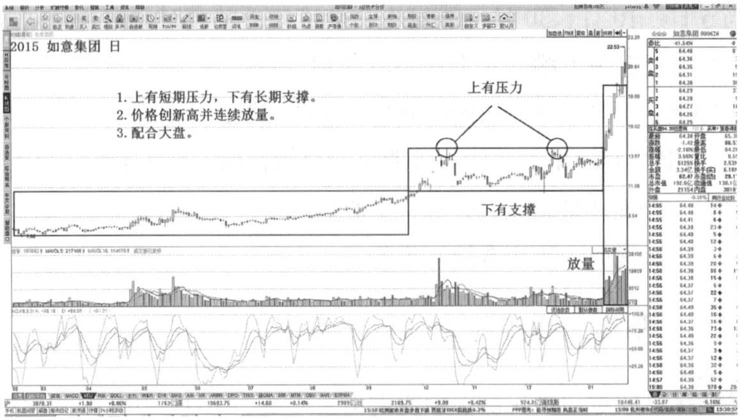

股票实战知识点 2

卖出决策——必须卖出的几种情况

股市变化无常，即便你在合适的价位、合适的时机买入了合适的股票，但如果没有在合适的时候卖出，那么之前的工夫也就是白做了。由此可见，何时卖股票比何时买股票、买何种股票更难，也更重要。所以，投资者一定要确定一些基本的卖出原则，以使自己的投资决策摆脱情绪的干扰。

◆ 股价超过目标价位时卖出。如果你一开始就没有设定目标价位，那就不需要理会这一条。但如果你定下了目标价位，一旦真正达到这一价位时就应该主动实施操作。因为你在设定目标价位时一般比较理智，但当股价上涨的时候，多数人的脑子就开始发热，所以，为了避免犯错，最好还是及时抛掉。

◆ 行情形成大头部时卖出。这时赚钱的要坚决清仓全部卖出，亏损的也要“壮士断腕”。历史统计资料显示：大盘形成大头部下跌时，90%-95%的个股也会形成大头部，跟随大盘下跌；大盘形成大底部时，80%-90% 的个股也会形成大底部。这说明，绝大多数个股与大盘的联动性相当强，因此，大盘一旦形成大头部区，果断出货是最重要的。不怕错，就怕拖。

◆ 个股突然大涨时卖出。主力在高位出货一般都是利用散户的狂热接盘来实现的，而只有把个股炒热，散户才会跟进。所以，主力在前期利用涨跌互现的形式不断炒高股价，打算出货时则连续大幅拉升股价，此时成交量也急剧放大，这就是主力利用散户的狂热情绪不断出货的征兆。一般情况下，股价的 20 日乖离率在 25% 并伴随成交量急剧放大，个股股价短期甚至中期见顶的概率相当大，此时宜卖出股票。

◆ 成交量连续萎缩，股价创新高，卖出股票。这种情况往往发生在牛市行情的末期。根据供求关系我们可以知道，当某股票大幅上涨时，其成交量会同时大幅上升，成交量就是股价上涨的动力。但是在行情的末期，成交量开始下降，不过股价犹豫惯性会继续上涨创出新高，这时投资者就要提高警惕，不再买入股票，一旦手中股票出现卖点，就要果断卖出股票。

◆ 公司重组后果断卖出。对于很多投资者来说，公司重组、新的投资项目，往往意味着公司将要产生新的效益，似乎是一个很好的买入时机。但实际上，从基本面的角度讲，此时往往是公司经营前景不妙的时候。试想一下，如果你现在做的生意能赚大钱，你还会想重组或投资其他项目吗？当然有些企业重组后能够重新高速成长，但经验显示，大多数的重组效果都未能达到预期目标。而且从股市的角度讲，这些消息往往会被机构当作出货的借口。所以，一旦公司重组完成，手中的股票要立即卖出。

◆ 有更好的投资机会时卖出。能够准确判断价格走势的底部和顶部，是每一位投资者的梦想，但现实却是残酷的。因此对大多数投资者来说，较好的策略也许是不要去判断顶部和底部，而是一直持有。只有当你发现了更好的投资机会时，才把股票抛出再买新的股票。

◆ 跌破自己设置的止损位时卖出股票。犯错误不可怕，可怕的是犯了错误，却不知改正。在股市中这样的例子比比皆是，明明看着股价跌破了自己当初设置的止损位，却对行情抱有幻想，不愿卖出股票，让当初制定止损位的初衷付之东流。在生活、工作等方面，我们都有自己的底线，同样在股市中我们也有自己的底线，这就是止损位。股价跌破止损位，就是破了我们的底线，我们就要采取行动：卖出股票。当股票卖点出现后必须卖出，千万不能抱有幻想，思维转变要快，否则很容易被套牢。上面三种情况是常见的，却是投资者不愿意去操作卖出股票。牛市行情后期还会有的，不要因为这一时犹豫、贪婪，而丢失了后期的众多牛市行情。

◆ 股价快速拉升之后卖出股票。一只牛股的走势呈现出特有的性质，比如会顺着上升趋势线缓慢稳定地上涨，或者在上升通道内震荡上行，很少会出现急速拉升的情况。但是，如果某只股票在短期内快速拉升到某一高位，从图形上看几乎是垂直上升的，这时就必须要卖出股票，这时逼空行情，当然也可能是主力洗盘行为，无论哪一种行为，投资者都要卖出股票。

◆ 重新分配投资时卖出。通常采用组合投资是一种比较好的方法。你可以把 1/3 的资金投入到高科技股中，1/3 的资金投入到低市盈率股中，还有 1/3 则投入到小盘股中，然后定期进行调整。例如，几个月后，由于高科技股市值上升，已占到总比例的 1/2，这时你就要减持高科技股，把资金补充到其他板块中去。

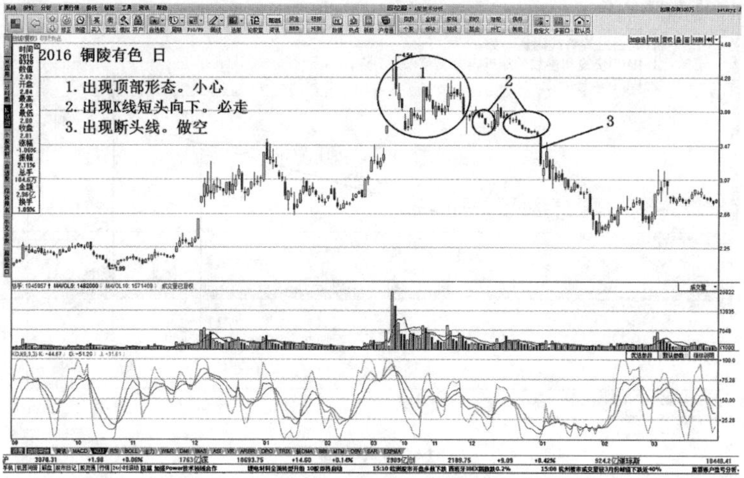

股票实战知识点 3

利用 MACD 指标找买卖点

MACD 指标中文称为指数平滑异同平均线，属于大势趋势类指标，它由长线均线 MACD，短期的线 DIF，红色能量柱（多头），绿色能量柱（空头），O 轴（多空分界线）五部分组成。它是利用短期均线 DIF 与长期线 MACD 交叉作为信号。MACD 指标所产生的交叉信号较迟钝，而作为制定相应的交易策略使用，效果较好。

一、MACD 金叉

MACD 金叉指 MACD 的快线 DIF 线自下而上穿过 DEA 慢线，MACD 由绿柱转为红柱，代表股价由下跌开始转为抬升，意味着多头市场的开始。

按照金叉与零轴线位置关系的不同，可以分为零上金叉和零下金叉。

◆ 零上金叉：DIF 和 DEA 都处于零轴上方时所形成的金叉。当 DIF 和 DEA 都位于零轴上方，说明市场整体处于多头市场，此时若 DIF 上穿 DEA 形成金叉，则可靠性极高，这往往意味着新一波涨势的开始，而且上升幅度较大。

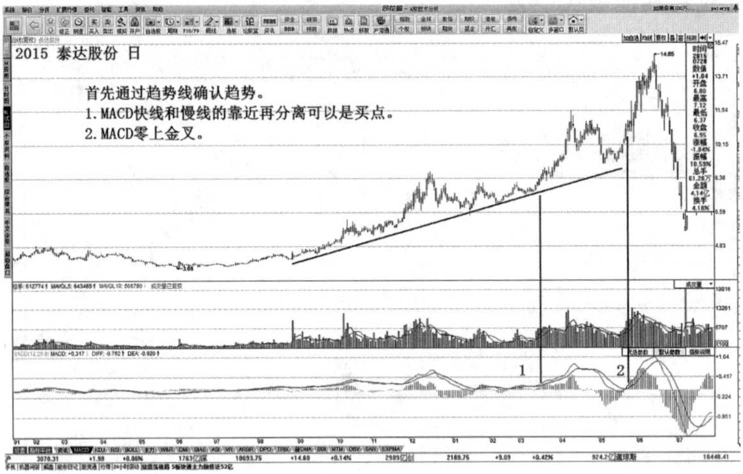

MACD 零上金叉

◆ 零下金叉：指在 DIF 和 DEA 都处于零轴下方时，DIF 上穿 DEA 所形成的金叉。因为当 DIF 和 DEA 都处于零轴下时，处于空头市场，此时 DIF 上穿 DEA 形成金叉，一般只是空头市场中短暂的反弹，所以它的稳定度和可靠性都比较低，反弹的力度一般也不大。当 DIF 和 DEA 在零下形成二次或多次金叉时，稳定度及可靠性都会大大提高，反弹力度一般比较大。

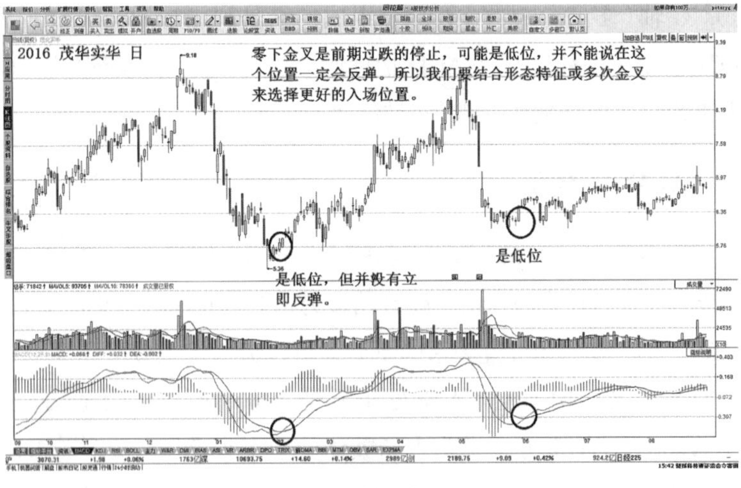

MACD 零下金叉

【案例分析】桂冠电力于2012年8月到12月，MACD指标出现了两次低位金叉。第一次低位金叉出现在8月31日，不久反弹即告结束。第二次低位金叉出现在10月10日，此时可入场买入，因为DIFF线与股价出现了底背离。

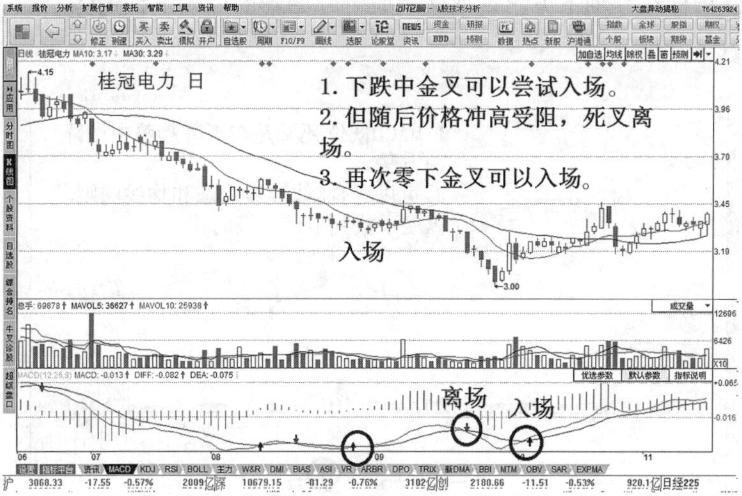

二、MACD死叉

MACD死叉也分为三类：低位元死叉、零轴附件死叉、高位死叉。它们基本上都是卖点。如果死叉在零轴之上出现，意味着股价短期内下跌调

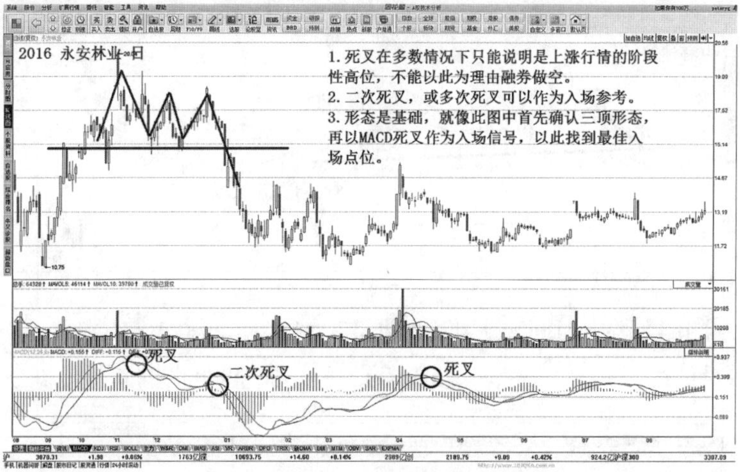

MACD零上死叉

整开始，投资者应减仓；若死叉出现在零轴下，则表示股价已经见顶，后市很可能开始大幅下行，投资者应立即清仓。

【案例分析】 2011 年 10 月 25 日，安泰集团的 MACD 指标出现一个低位金叉后股价出现了一波小幅度的反弹，之后快速向下。12 月 5 日，MACD 指标在零轴下方出现死叉后股价开始新的一轮下跌走势。

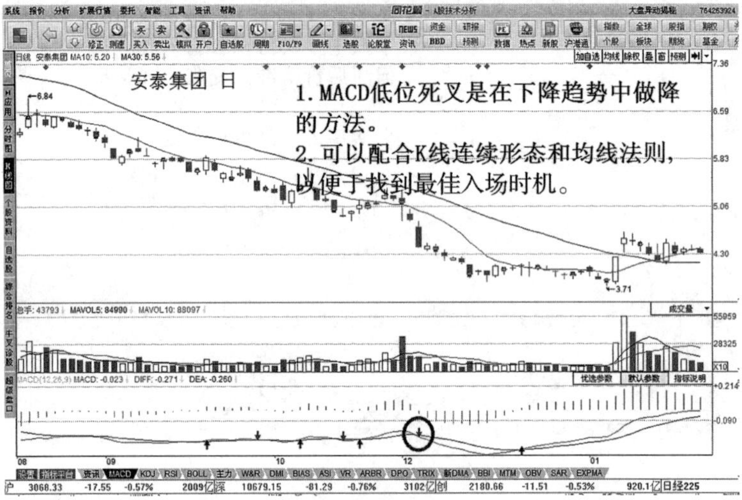

安泰集团日 K 线图

【案例分析】 2013 年 3 月 29 日，中海油服（601808）的 MACD 指标

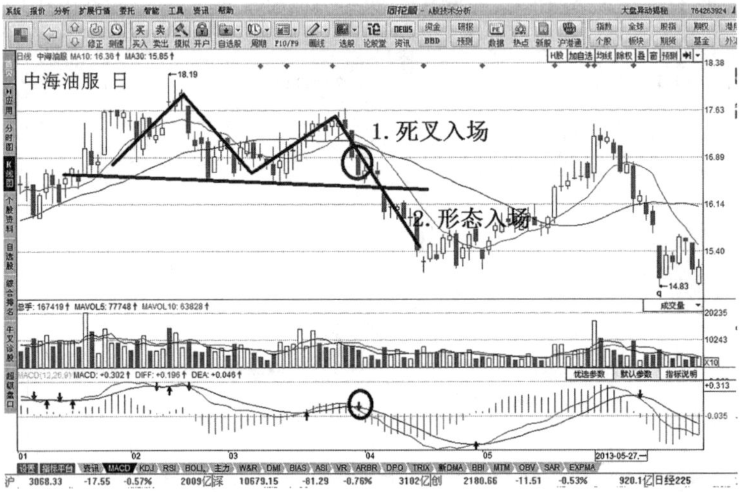

中海油服日 K 线图

形成零轴附近的死叉，且死叉出现之前MACD指标已经出现了顶背离，因而股价出现了一波较大的下跌趋势。

三、MACD中的波浪理论

美国人艾略特通过研究发现了股价普遍按着上升五浪和下跌三浪的规律循环运行，因此创立了著名的波浪理论。伴随着股价的波浪式运行规律，MACD也有它自身的“波浪”。

从下图可以看出，股价经过一波长期下跌后，股价与MACD形成背离，股价可能止跌反转回升。当股价逐步走高，中长期价格均线（以60线为准）逐步抬升，股价站稳60线后并继续向上拉升，这往往是波浪中的第一浪，伴随着一浪的是DIF和DEA两线从零轴线下金叉上穿并站稳零轴线继续上扬。第二浪是波浪理论的短暂调整浪，此时DIF高位下穿DEA形成高位死叉，意味着股价短暂调整的开始。第三浪是主升浪，当第二浪调整结束后，DIF重新金叉上穿DEA，该金叉经常位于零轴上方或零轴下方附近，因为零轴近似于60日价格均线，股价不能跌破太多，如果跌破太多，则期待的市场主上升浪值得怀疑。在第三浪行情中，MACD会随着股价的推升而抬高。第四浪是推升浪中的第二个短暂调整浪，此时DIF再次高位下穿DEA形成高位死叉，意味第四浪调整的开始。在第四浪中，股价往往会跌破60均线，而DIF和DEA也往往会下穿到零轴线下方。第五浪是推升浪的最后一浪，伴随着股价调整的结束和进一步推升的开始，此时DIF再次上穿DEA形成金叉。这一浪最明显的顶部技术特征就是，当股价第五浪的高点创出相对于第三浪的新高时，DIF和DEA的最高点明显没有创出新高，相反会持平或低于DIF和DEA第三浪的最高点，这是明显的顶背离，意味着整个上涨行情接近尾声，要谨慎小心，警惕反转下跌的随时到来。

下跌A浪是调整浪的第一浪，B浪是调整浪中的反弹浪，C浪是调整浪中的最后一浪。在大C浪的末期，随着空方的逐步衰竭，在股价不断创新低的同时，DIF和DEA两线逐步抬升，意味着下跌到了尾声，市场有可能止跌反转上涨。

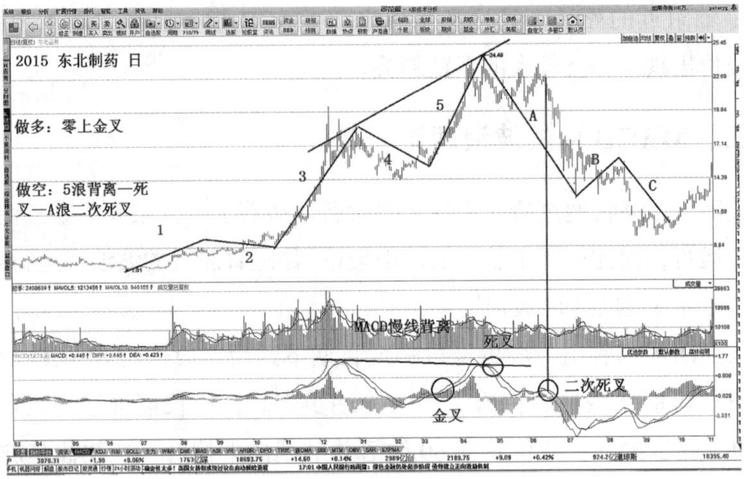

MACD 与波浪理论的关系图

MACD 大波段买入时机：

◆ 股价经过一波长期的下跌，低点不断地创新低，但 DIF 和 DEA 却不断地抬高，形成明显的底背离，且底背离次数越多可靠性越高，最好底背离三次以上。

◆ MACD 的 DIF 和 DEA 双线在日线和周线上共振金叉且站上零轴线。

◆ 在长期下跌萎缩至地量后，量能稳步放大，且每一波后量超过前量。

◆ 中长期均线（60 日价格均线）由下跌转为走平并逐步抬头向上。

MACD 大波段卖出时机：

◆ 股价经过一波上涨后，高点不断地创出新高，但 DIF 和 DEA 却没有相应地走高，相反是走平或者走低，出现明显的顶背离，背离次数越多可靠性越高，三次以上则更加准确。从波浪角度来看，如果当 MACD 的第五浪与第三浪高点形成明显的顶背离时，可以确定股价已经到了头部区间，一定要及时清仓走人，以规避风险。

◆ MACD 的 DIF 和 DEA 双线在日线和周线上共振死叉向下。

◆ 经过一波上涨后，出现放量滞涨或者缩量上涨的量能背离现象。

◆ 中长期均线（60 日价格均线）由上升转为走平并逐步向下。

股票实战知识点 4

利用均线找买卖点

通常大家所说的均线全称是“移动平均线”，是指在一定周期内收市价格的算术平均值所连成的曲线。比如 30 日均线，就是指 30 个连续交易日收市价格的平均值所连成的曲线。

短期移动平均线主要是 5 日均线和 10 日均线。在实战中，由于 5 日均线起伏较大，震荡行情时该线形象极不规则，几乎没有轨迹可寻，因而诞生了 10 日平均线。10 日均线简单易算，是短线交易者参考与使用最广泛的移动平均线。它能较为正确地反映短期内股价平均成本的变动情形与趋势，可作为短线进出的依据。中期移动平均线包括 20 日、30 日、60 日均线。长期移动平均线为 120 日线，又称半年线。这是价值投资者、超级大户、职业炒手们操作股票时要参考的依据。

均线指标是一个由多根均线所组成的均线系，包括 5 日、10 日、20 日、30 日、60 日和 120 日均线。

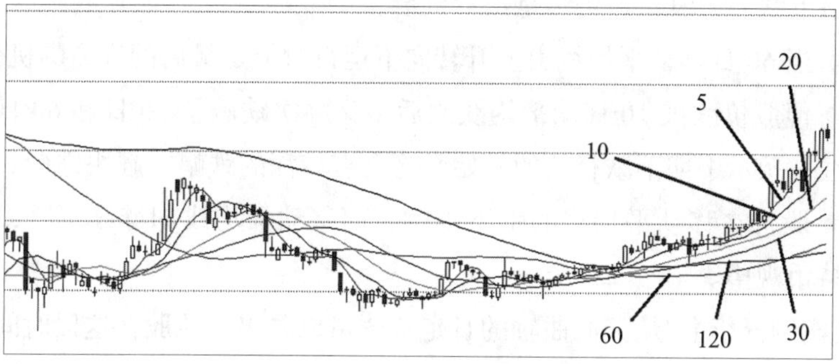

均线指针图

下面介绍如何根据均线找准买卖时机。

◆ 当趋势线明显呈空头排列之时，股价反弹至移动平均线附近甚至上穿时，通常应果断抛出。

◆ 短期移动平均线从上向下跌破中长期移动平均线而形成死亡交叉，这是空头市场来临的表现，后市必跌无疑。

◆ 股价在移动平均线的下方运作，反弹时未能向上冲破移动平均线，且移动平均线呈下跌趋势，此时适合卖出。

◆ 如果 10 日、30 日和 60 日平均线都向右下方运作，表示多头行情结束，空头行情来临，宜清仓离场休息。

◆ 物极必反是哲理之精华，但股价在移动平均线的上方运作，偏离过远，乖离率很大时，股价终将会被拉回到移动平均线的附近。

◆ 移动平均线从上升逐渐走平，而股价从上向下跌破移动平均线时，表明卖压渐重，是卖出时机。

◆ 在上升空间不大时，大势向下突破支撑位要出货，但如果上升空间较大，而且是由大盘指标股的下跌而突破支撑位，暂慢出货，以防庄家砸盘搞假突破。

◆ 在上升行情中，当股价由上向下跌破 10 日移动平均线时，表示短线由多翻空，应卖出股票。

◆ 在阻力位附近要出货，提币观望，因为升至前次形成的密集区时，解套盘和获利盘纷纷拥出，上升压力加重，抛出的胜率较大。

◆ 10 天均线下穿 30 天均线形成的死叉所发生的卖出信号之准确率极高，虽下跌一大段，但仍然是出货机会。

◆ 当 60 日移动平均线由上升转向下运行时，是最后的逃命的机会。

◆ 但股价跌破 10 移动平均线之后，又顺次跌破了 30 日和 60 日移动平均线，预示中期下跌行情的开始，将会有较深的跌幅，赶快逃命。

◆ 股价在移动平均线的上下徘徊，而移动平均线却继续下跌，宜卖出后持币观望。

【案例分析】 从天润曲轴的日走势图可以看出，该股在这段时间内一直处于上涨趋势中，股价一直运行在 60 日均线上方。2010 年 7 月 28 日，股价向上突破 60 日均线，表明上涨趋势初步形成。突破 60 日均线之后，股价在 60 日均线上方逐渐站稳，显示上涨趋势彻底形成。2011 年 3 月 28 日，股价跌破 60 日均线，表明下跌趋势初步形成。

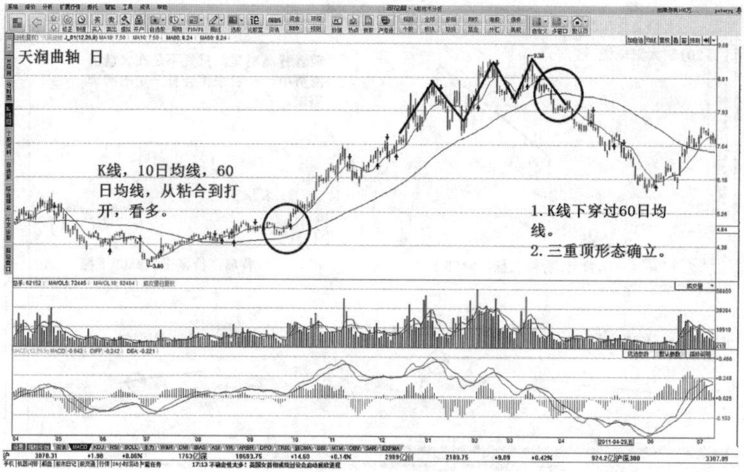

天润曲轴日 K 线图

股票实战知识点 5

买卖信号真伪的辨识者——指标的背离

背离又称背驰，是指当股价或指数在下跌或上涨过程中不断创新低（高），而一些技术指标不跟随股价或指数创新低（高），形成背离。

一、MACD 指标的背离

MACD 指标的背离就是指 MACD 指标的图形的走势正好和 K 线图的走势方向正好相反。MACD 指标的背离分为顶背离和底背离两种。

◆ 顶背离。当股价逐波升高，而 DIFF 和 DEA 不是同步上升，而是逐波下降，与股价走势形成顶背离，预示股价即将下跌，是卖出股票的信号。如果此时 DIFF 由上向下穿 DEA，形成两次死亡交叉，则后市股价将大幅下跌。

◆ 底背离。当股价逐波下行，而 DIFF 和 DEA 不是同步下降，而是逐波上升，与股价走势形成底背离，预示着股价即将上涨，是买进股票的信号。如果此时 DIFF 由下向上穿过 DEA，形成两次黄金交叉，则后市股价将大幅上涨。

要战胜庄家，就必须在买点判断上学会过滤虚假买入信号。指标中的

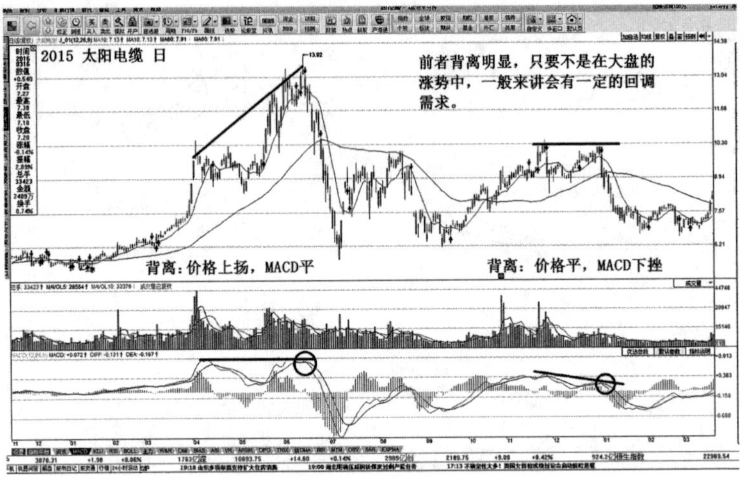

顶背离

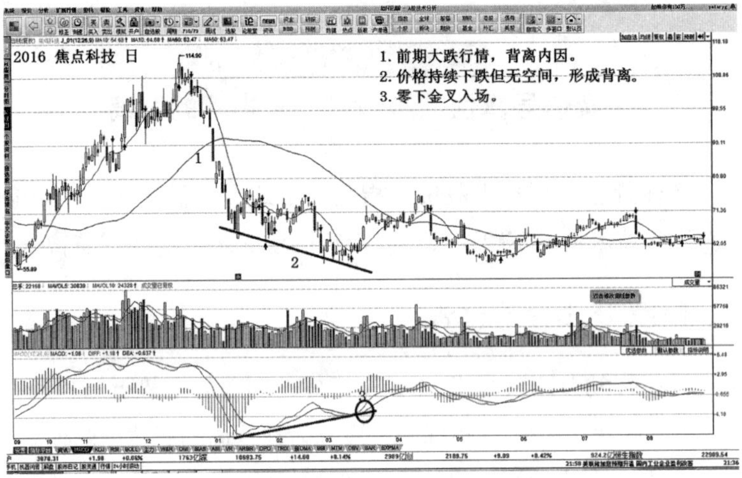

背离信号的判断就是过滤虚假信号的重要技巧之一。其中双底背离就是很好的过滤信号。

◆ MACD 出现双底背离，这一条件是必备，也是过滤后面买入信号真假的关键，背离越大，准确率越高，后面的升幅越大。

◆ 具备第一条的股票，如出现一波快速上涨，并出现上涨宣言组合，就是你要抓住的财富阳线。上涨宣言指的是在涨势中拉出一根中阳后留下一根较长的上影线，但随后不是见顶后的连续下跌，而是稍一回档后的重新上涨，这根上影线好似上涨宣言，宣告后面的上涨即将开始。如何与见顶区分开？要看随后股价回落，如没有低于出现上影线的那根阳线开盘价位置，而且回档的程度越浅越好，时间越短越好。以 2 ～ 4 天常见，这里的操作要点是：回档时的量要小，在上影线阳线开盘价附近，回调时间又恰好是 3 ～ 5 天，就是买入时机。如超过 4 天，成功率大幅下降，要慎重，买入方要等待涨过上影线时介入。

◆ 短期均线要快速跟上，角度越陡峭，后期涨幅越大。

◆ 除了回调时间 3 ～ 5 天的买点判断，还有回压到大阳线实体 2/3 或者 5 日、10 日均线处的买点。后期的短期涨幅基本都在 10% 以上。实战中，这种组合成功率极高。

二、RSI 指标的背离

对于短线投资者而言，RSI 指标中的背离形态是寻找股票买卖点的重要参考。

◆ 顶背离。RSI 指标顶背离，是指股价不断创出新高的同时，RSI 指标却震荡走低，二者走势相反。这时，股价随时有可能见顶下跌。投资者需要警惕股价下跌的风险。2011 年 10 月至 12 月，光电股份在股价创新高的同时，RSI 指标却震荡下行，出现了 RSI 指标与股价的顶背离。11 月 21 日，该股 K 线形态上走出倒锤头。高位出现倒锤头，说明卖盘抛压

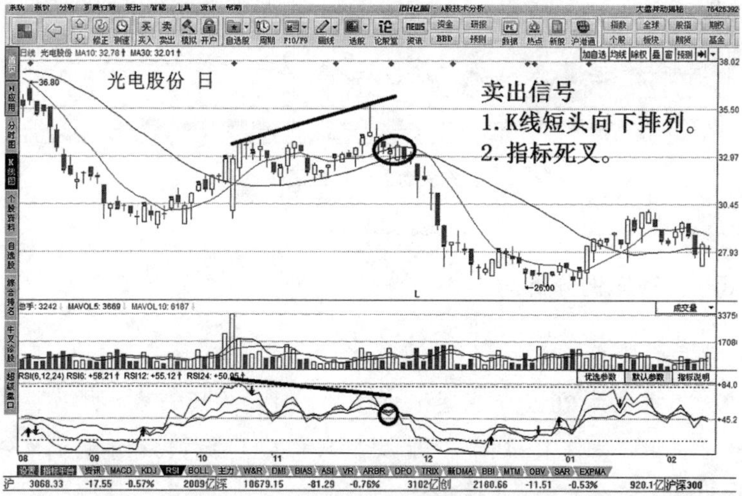

光电股份日 K 线图

较重，后市下跌概率大。接下来的 11 月 22 日、23 日，该股股价相继走低，结合 RSI 指标顶背离与 K 线倒锤头形态来看，卖点出现。投资者发现这种走势，则应于 22 日附近及时卖出该股。

◆ 底背离。RSI 指标底背离，是指股价不断创出新低的同时，RSI 指标却震荡走高，二者走势相反。RSI 指标底背离，往往是下跌行情即将结束的标志。这时，投资者可以适当逢低买进，等待股价反弹。2012 年 1 月 6 日，东安动力的股价创下新低，但 6 日 RSI 线却没有创下新低，形成了 RSI 与股价的底背离。这是股价即将结束下跌，出现一波上涨走势的信号。1 月 9 日，股价 K 线出现早晨之星形态，RSI 与股价的底背离连同 K 线早晨之星形态，两个积极的信号结合在一起，说明股价见底回升概率大，后市看涨。投资者可以在 1 月 9 日积极买入。

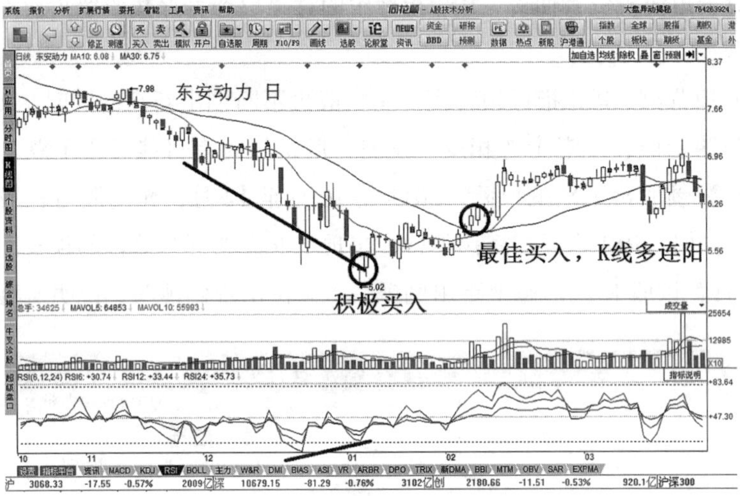

东安动力日 K 线图

※ 高手炒股案例分析 ※

高手炒股案例分析一：

天银机电从 2012 年底逐渐走强，之后均线逐渐多头排列，在图中多处走出了上涨 K 线，一年的时间股价涨了 2 倍，创业板同期涨幅 1 倍多，远远跑赢了创业板指数。

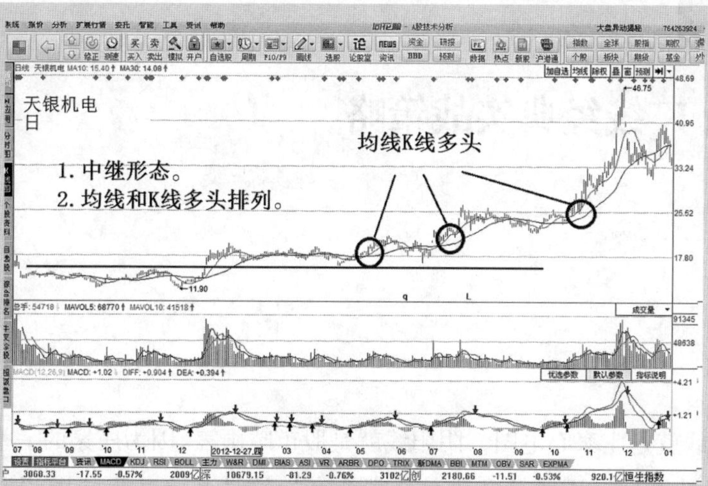

天银机电日 K 线图

高手炒股案例分析二：

从下面中原高速的走势图可以看出，9 月底该股下跌，但没有跌破前期低点，而是基本与前期低点持平。此时 MACD 指标出现 DIFF 线与股价底背离的看涨形态。9 月 30 日，股价 K 线形成孕育形态。10 月 14 日，MACD 指标出现金叉，形成经典的“DIFF 线与股价底背离 + 金叉”的看涨形态。11 月 5 日，股价向上突破双底形态的颈线，买点出现。

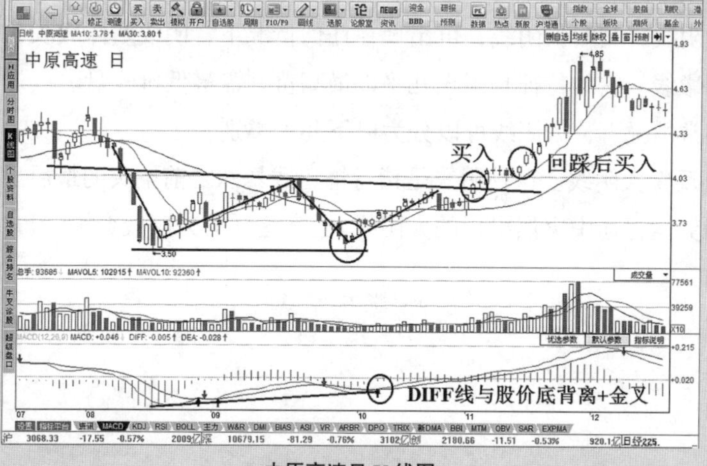

中原高速日 K 线图

第七章

九大 K 线经典实战策略

K 线就是庄家心电图，阴阳线就是股市晴雨表。因为庄家的一举一动，无论是建仓、打压或拉升股价，都会有蛛丝马迹通过 K 线图表现出来。如果你想在股市中有所斩获，就必须懂得利用 K 线进行实战，将形态和组合与所关注股票的 K 线图进行比较分析，并配合相关技术指标，把握庄家行踪，找到合适的买点卖点，这样才有可能从股市中长期稳定地赚到钱。

股票实战知识点 6

K 线经典实战策略之一——大阴线与吉兆

大阴线，又叫长阴线，可出现在任何情况下，阴线实体较长，可略带上、下影线。它的特征是当天几乎以最高价开盘最低价收盘。

通常情况下，大阴线可以分为以下几个类别：

◆ 反叛大阴线。这种阴线是指行情正式暴涨之前空头的最后反扑，或上升趋势运行途中突然出现的大阴线。通常这样的大阴线会被一口口吃掉。

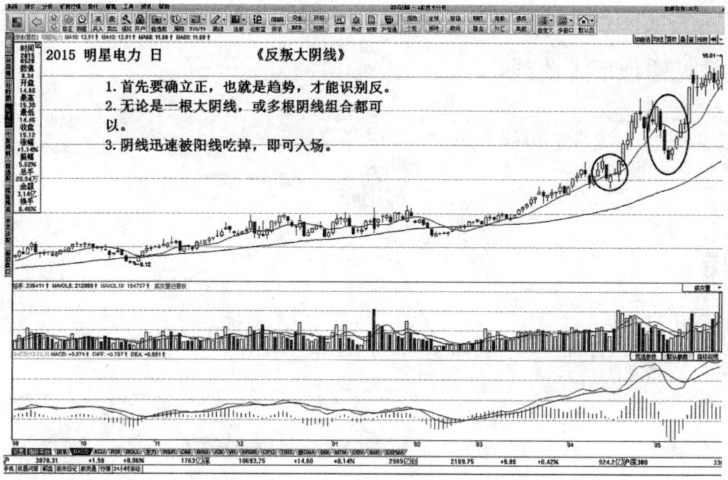

◆ 加速大阴线。这种阴线一般发生在下降趋势运行途中，既是对下降趋势的推动，也是对下降趋势的验证。

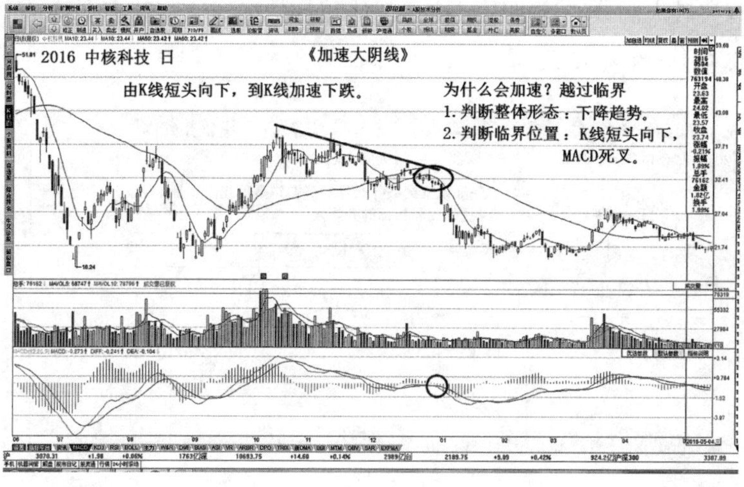

◆ 顶部大阴线。这是主力资金出货的结果，通常发生在大盘或个股牛市的末期，同时不一定伴随着成交量的放大，换言之，下跌是不需要成交量配合的。当顶部大阴线出现之后应该立即清仓，因为尽管主力出货不是一蹴而就的，一路压低出货也是小概率事件，但投资者最好不要对所谓的"反抽"抱有幻想，因为它可能发生也可能不发生，是否发生完全取决于主力的意志。如果均线系统已经由多头排列扭转为空头排列，甚至再出现一根“突破大阴线”，此时一定要坚决离场。“绝顶独阴线”或“超涨阴包阳”是常见的顶部大阴线。

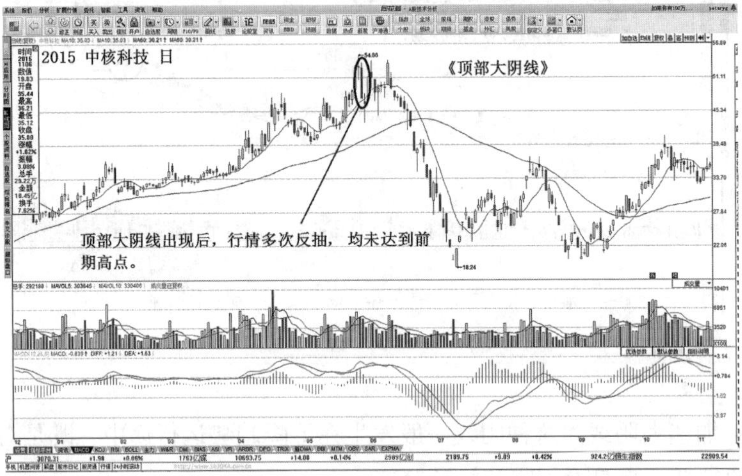

◆ 突破大阴线。这种阴线往往都伴随着跳空现象，基本上就是市场上所说的“标志性阴 K 线”。

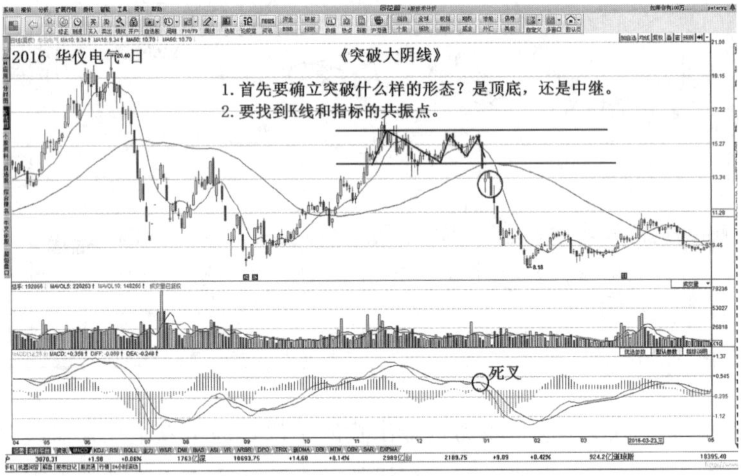

大阴线老出现在较大跌幅之后，暗示做空能量已经释放得差不多了，根据“物极必反”的原理，此时要弃柔而买，考虑做多，逢低吸纳一些股票。

【案例分析】 1. 兔宝宝从 2 月 18 日开始上涨，到 2 月 24 日，在有一定涨幅之后，出现一根大阴线，随后股价下跌。在25、26日继续出现大阴线，则股价继续下跌。

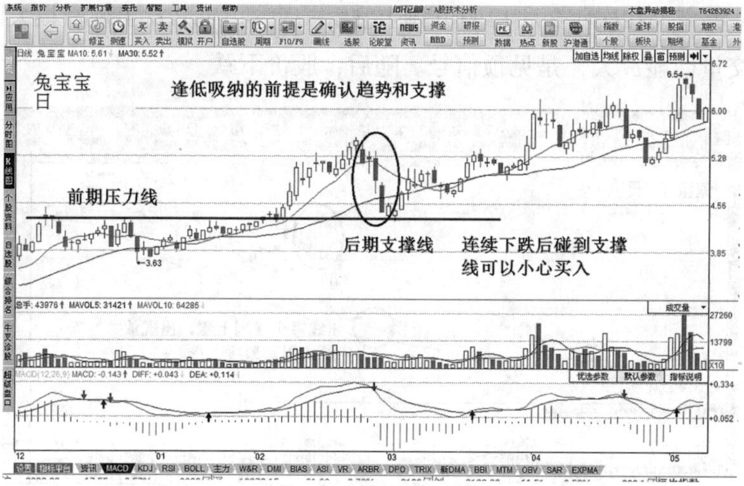

兔宝宝日K线图1

2. 从8月11日到8月18日股价一直在跌，已跌破所有支撑，在19日又是一根大阴线，可能是见底信号。股价可能上涨。而在20日出现一根大阳线，股价果然上涨。大阳线可出现在任何情况下，阳线实体较长，可略带上、下影线。技术含义：在上涨刚开始时，出现大阳线后市看涨；

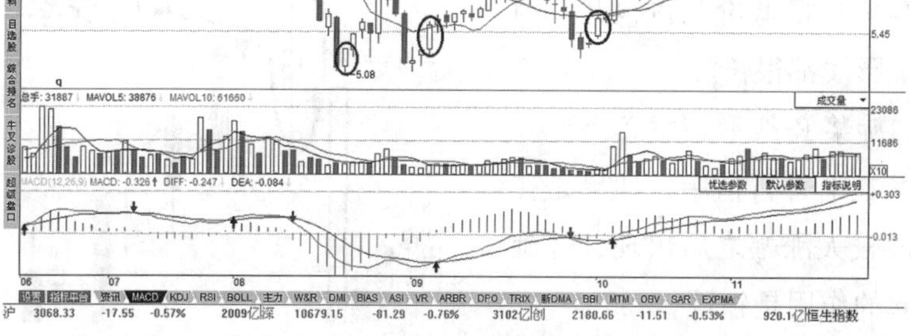

兔宝宝日K线图2

在上涨途中出现大阳线，继续看涨；在连续加速上涨行情中出现大阳线，是见顶信号。在连续下跌的行情中出现大阳线，有见底回升的意义。

3. 兔宝宝在次年2月12日开始上涨，一直到3月3日出现一根大阳线，且成交量明显放大，是见顶信号。随后，股价下跌。

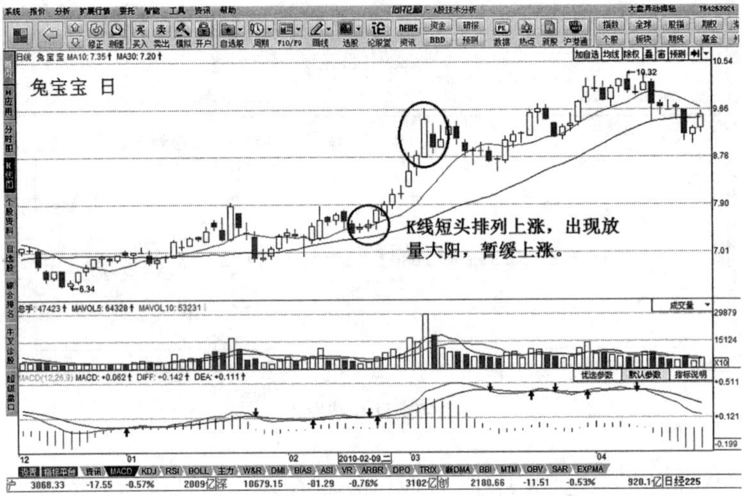

兔宝宝日 K 线图 3

股票实战知识点 7

K线经典实战策略之二——螺旋桨出现后怎么做?

K线实体较短，上方和下方均有较长上下影线的小阴小阳线，这种K线形状就像飞机的“螺旋桨”，因此被称为“螺旋桨”。开盘价、收盘价相近，K线实体（可阳可阴）很小，但最高价与最低价拉得很开，因此上下影线都很长。

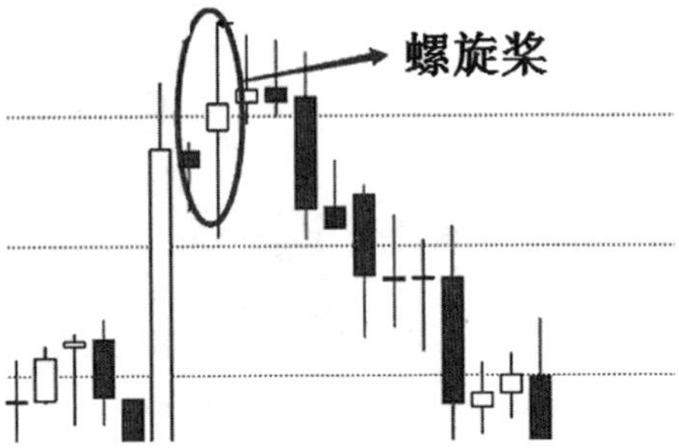

螺旋桨 K 线形态

螺旋桨 K 线形态意义：

◆ 在上升行情中，如果是在有一段较大涨幅之后出现，螺旋桨所起的作用是领跌。

◆ 在下跌行情中，如果是有

一段较大跌幅之后出现，螺旋桨所起的作用是领涨。

◆ 螺旋桨以阴线或以阳线的形式出现，并无实质区别。

螺旋桨和长十字线区别：

◆ 长十字线中间是一根横线。

◆ 螺旋桨中间是个短小的实体。

◆ 螺旋桨和长十字线技术含义相同，都是一种转势信号。

◆ 螺旋桨的转势信号比长十字线表现得更为强烈。

螺旋桨 K 线形态操作技术：

◆ 无论是大盘或个股，一旦大幅上涨后，出现这样的 K 线，且随后几根 K 线在其下影线部位运行，那么头部就基本形成了，继续下跌的可能性就非常大。

◆ 如果以后的 K 线在它的上影线部位运行，它有可能是上升途中的过渡形式，是一种上升中的中继形态，投资者应持股观望！

◆ 如果在螺旋桨之后以横盘形式出现几个小阴、小阳线，可结合 5 日均线变化情况，观察 2 ～ 3 天再作决定。具体情况请参见下图。

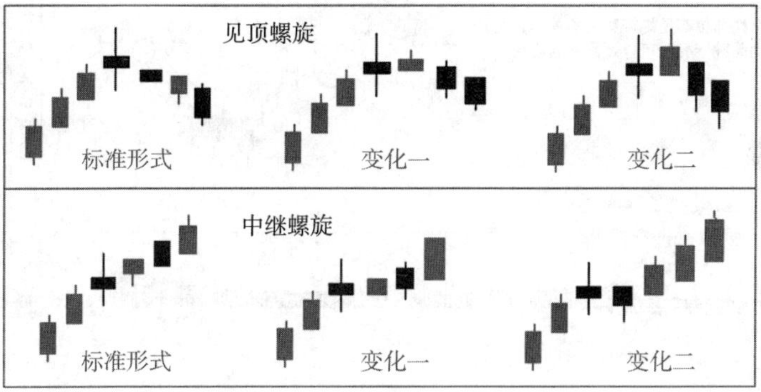

◆ 底部螺旋桨的出现，一定要有复合见底 K 线形态语言的出现，如后续有成交量的放大及双底配合，买入成功概率大。

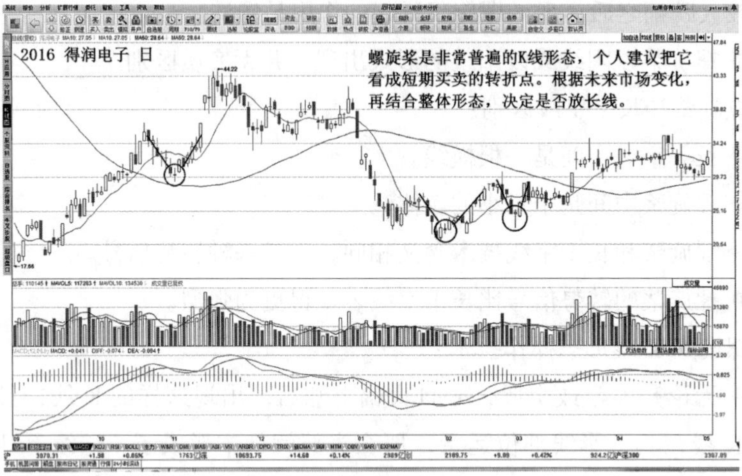

底部螺旋桨图

◆ 顶部螺旋桨在高价区出现，已经失去上升动力，可以想象高空中螺旋桨的后果，坚决卖出。

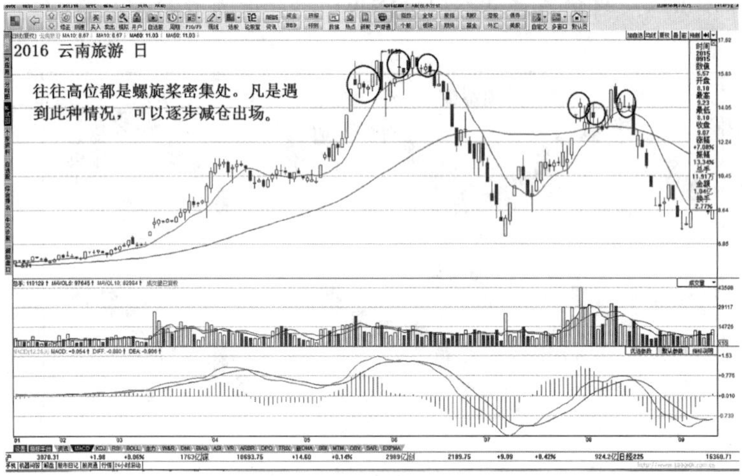

顶部螺旋桨图

【案例分析】 002458 益生股份连续出两根螺旋桨 K 线，量能萎缩上涨无力，随后开始一波中长线调整。

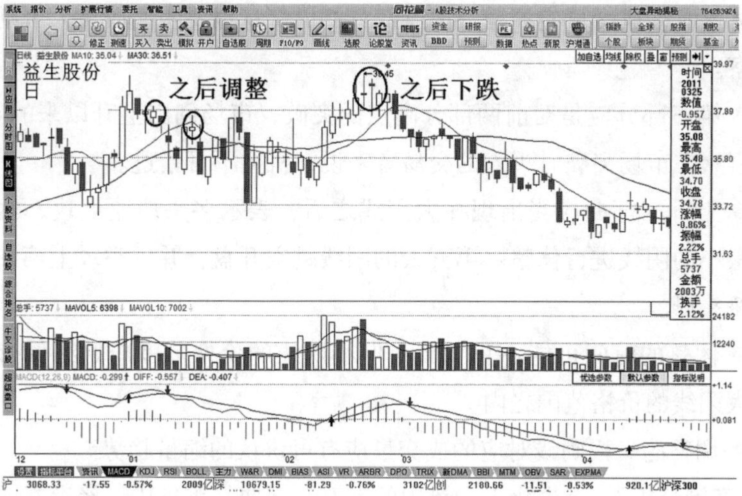

益生股份日 K 线

股票实战知识点 8

K 线经典实战策略之三——把握 K 线上升三部曲

上升三部曲是持续组合形态，指一根长阳线后接三根较小阴线，再接一根大阳线的组合。这是典型的震荡洗盘手法，表示后市将会继续上涨。上升三法不是转势信号，而是表明升势将继续的持续整固信号。通常第一天为急升长阳，随后是三根小阴，实体都包含在第一天阳线之内，成交量萎缩，接着又一根阳线拔地而起，收盘价创出新高，市场重归升途。投资者应在整理结束时建仓或加码买进。

上升三部曲由三部分构成：市场存在既有的涨势，于是一根长阳之后，市场出现数根细小的阴线，表明市场进入“小憩”阶段，随后又是一根长阳拔起，市场重归升途。

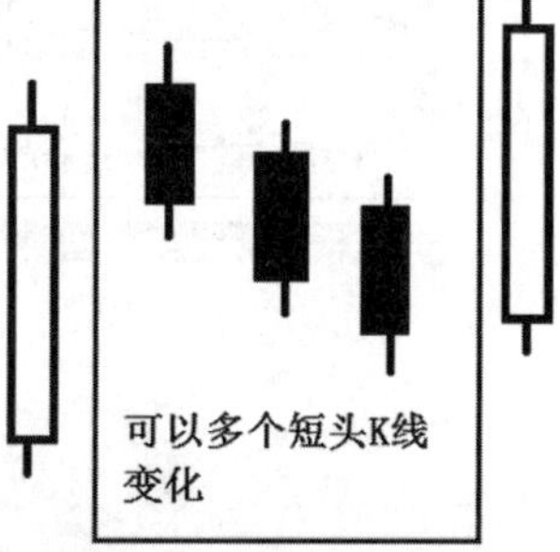

上升三部曲图示

◆ 上升三部曲并不是一个转势信号，而是表明升势将继续的持续巩固信号，因而这是一个可以考虑建仓或者加码买进的阶段。

◆ 在第一部分，成交量应较大，而第二

部分休整时，成交量应萎缩。第三部分的成交量也要明显放大，否则应再加观察。

◆ 第三部分应是对前两部分高点的突破，市场创出上升以来的新高。对于喜欢在市场突破时买入的交易者来说，机会不可错过。

◆ 上升三部曲应当出现在大阳线之后，表示多头快速上攻，然后通过三根小的阴线进行休整。第五天的阳线跳空开盘，并一举攻上第一天形成的桥头堡。

◆ 休整的时间可能不止三天，但小阴线的价格范围应始终保持在第一天大阳线的价格范围之内。

◆ 调整的三根阴线对应的成交量应有可辨认的缩量趋势。

【案例分析】 金牛化工走势中的上升三部曲是市场中已经存在的一个明显的上升趋势，然后三根连接的短小实体阴线显示了涨势处于休整状态，接着再拉出阳线，让暂停的涨势再次得到了恢复。上升三部曲中，明显可以观察到，第一根阳线是带着明显的放量，三根阴线的成交量处于萎缩状态，随后出现的阳线成交量又再次放大。

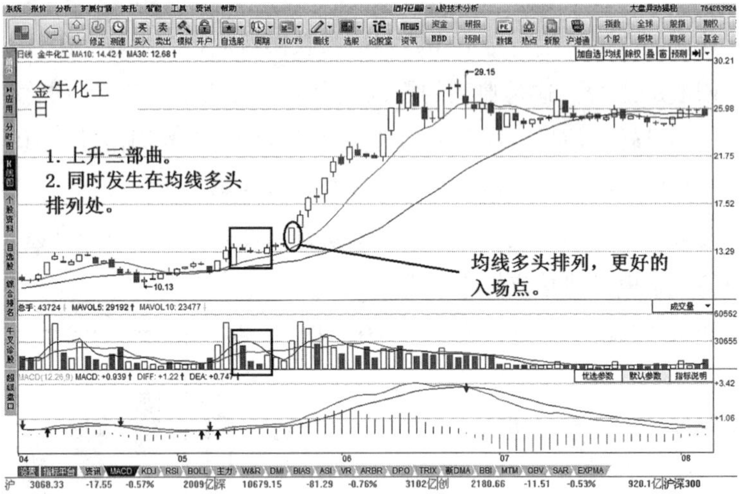

金牛化工日 K 线图

股票实战知识点 9

K线经典实战策略之四——及时关注单边上涨

单边上涨是指没有什么规模性的、像样的调整，从开盘就一路上扬；反之，单边下跌，是指没有什么像样的反弹，一跌下跌。通常这种情况能表明多方或空方的势头强劲，市场多空分歧比较小才会产生这样的格局。一般常态下，所谓形成单边行走，不是单指绝对的上涨或是下跌，因为从来就没有天天上涨或是天天下跌的走势，它一定有一个规律模式，涨中有跌，跌中有涨。如果是属于上涨，那么就是跌势比较小，或是跌幅比较小，或是根本就没有跌。反过来也是如此。

单边上升行情相对来说很好把握，因为股价是单边上升的，可以在上升途中的调整时买入。特别是单边上升途中没有出现成交量放大，而是中途的缩量整理，那么便是很好的短线买入点。

【案例分析】 下面结合实战图例分析单边上升趋势下的短线操作技巧。个股呈现出单边上升趋势。成交量整体上呈现出放大的趋势。长周期均线趋势向上。如图中标注处所示，在股价单边上涨途中，出现了缩量调整，此时短期均线拐头向下，长周期均线依然趋势向上，而成交量没有放大又确定主力没有出货，那么后市还会有上涨，可以在调整处买入，短线

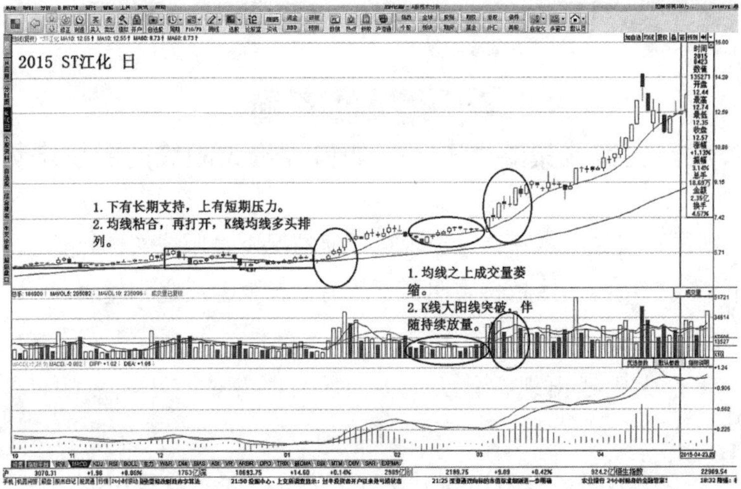

持股。股价上涨一段时间后，又出现了调整，此次的调整和第一次的调整属于同样的上升途中的加油，可以继续持有股票或者买入加仓等。

该图的讲述过程已经很明确告诉我们，单边上升趋势中的短线买股技巧，就是单边上升途中逢调整时买入。真正的调整是长期均线趋势向上、成交量萎缩。

【案例分析】 西山煤电的庄家选用的即是单边上涨式的建仓方法。从图中能够看到庄家逐渐搜集筹码，使得股价出现单边上涨的形状，庄家之所以选用这样的方法来建仓是因为其时的大势向好，散户出场积极。庄家无法在底部搜集足够多的筹码，只好选用上涨逼空的方法建仓。

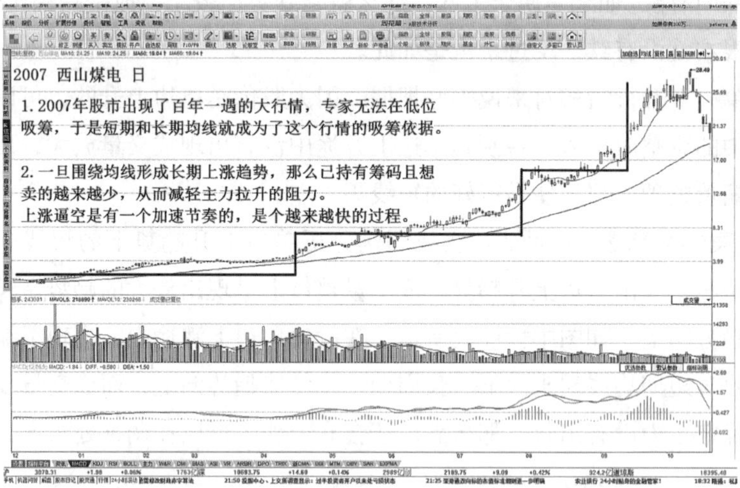

股票实战知识点 10

K 线经典实战策略之五——如何评价大阳线的股价走势

大阳线有向好的意味，可出现在任何情况下，阳线实体较长，可略带上、下影线。阳线实体越长表明买方的力量越强，反之则越弱。

大阳线后的走势解析：

◆ 无论大阳线出现在什么地方，次日高开或有更高点的可能性在 60% 以上。

◆ 大阳线出现在串阴连续下跌行情之后，表示跌势结束，多头正式反击。

◆ 在小阴小阳的横盘格局中出现大阳线，意味横盘格局被打破，方向向上。

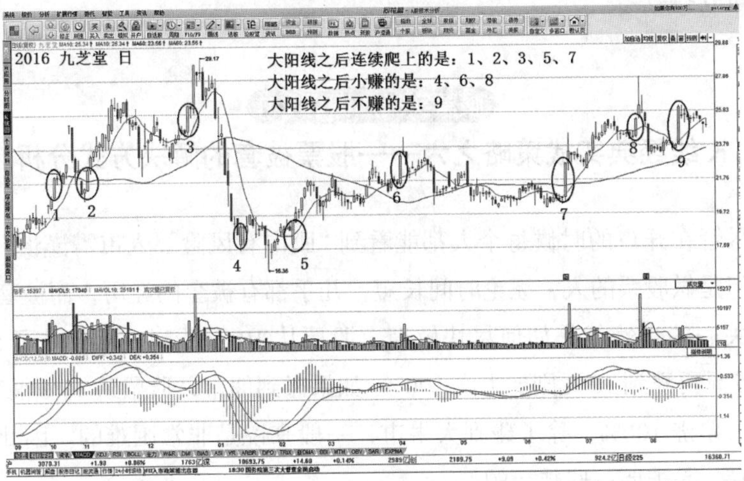

大阳线图示

光头大阳线为何次日会高开？因为光头大阳是以当天最高价收盘的，说明在收市时仍然在不断上涨。一些当天没有买入者会在第二天报较高的委托单，同时次日的委卖者会很少，就算有，他们的委卖价也比昨日收盘价高，这就是次日高开的原因。

根据实战经验，大盘处于强势或平衡势，个股又处于低位，并且所选个股不是老庄股，大阳线的实体不能小于涨幅的 8%，可按下列规则进行操作：

◆ 只要大阳线后的第二根 K 线（特指收盘价），或这之后的几根 K 线在大阳线的收盘价上方运行，就坚决买进，积极做多。

◆ 只要大阳线后的第二根 K 线，或这之后的几根 K 线在大阳线的收盘价与开盘价之间运行，就不能盲目看空、做空，即使股价跌到大阳线的开盘价，但未跌破大阳线的开盘价，都不能盲目看空、做空，而要守仓为主。一旦日后股价突破大阳线的收盘价，则要及时增仓。

◆ 只要大阳线后的第二根 K 线，或这之后的几根 K 线，甚至更长一段时间的 K 线，跌破了大阳线的开盘价，则要马上停损离场。千万不要恋战而拖着不走，拖得越久，损失越大。

◆ 大阳线出现时的成交量要大大高于5日均量（5日成交量的平均数），如果成交量不配合，这样的大阳线就值得怀疑，投资者应谨慎对待，不可重仓持有。

股票实战知识点 11

K线经典实战策略之六——股票被套的解决方式分析

尽管在开户的时候每个人都能看到"股市有风险，入市需谨慎"的提示，但是做股票的人，无论时间长短，几乎都有被套的经历，而被套的股民最关心的当然就是如何尽快解套。股票从10元跌到5元只跌了50%，而从5元再涨到10元则要上涨100%。如果碰到熊市，股票跌50%很容易，但要股票涨100%，除了碰到大牛市，一般来说是非常困难的。因此，要想解套，是需要一些技巧的。

◆ 高抛低吸法。高抛低吸法也称为"拨档子"，即被套后不是持股不动，而是在股价上涨见顶时先将股票抛出，待股价下跌见底时再行买入，如此反复几次即可达到解套的目的。比如某股15元买入后被套，股价一路下跌，在10元至11元之间反复震荡，投资人亏损5元，而且按当时的行情趋势来看，中短期内要再上涨到15元几乎不可能。此时投资人只需在此区间内连续高抛低吸打差价。当股价上涨至11元时卖出，当股价下跌至10元时买入，这样反复5次即可解套。

这种方法在股市实际操作中，投资人却很少真正得到应用，使用难度也是比较大的。原因主要有两个：一是准确判断股价的顶与底本身就很不容易，关于这一点本身也就是股市投资最难解决的问题。二是投资人的心理因素的干扰，使得高抛低吸很不容易做到。比如上述股票，理论上讲，应在10元至11元区间内高抛低吸做差价。但在具体操作中就会遇到一些问题，当股价上涨到11元时本该卖出股票，但投资人此时一见股价上涨，往往会比较乐观地看问题，他就不是以股票是否能够继续上涨来看问题，而会以自己的成本价为参照。15元买的股票11元怎么能卖，卖了就是割肉亏损，所以他很难在11元把股票卖出。同样当股价跌至10元时本该买入股票，但是投资人同样会产生贪心，总想让股价再跌一跌再买，这样也会错过好机会。

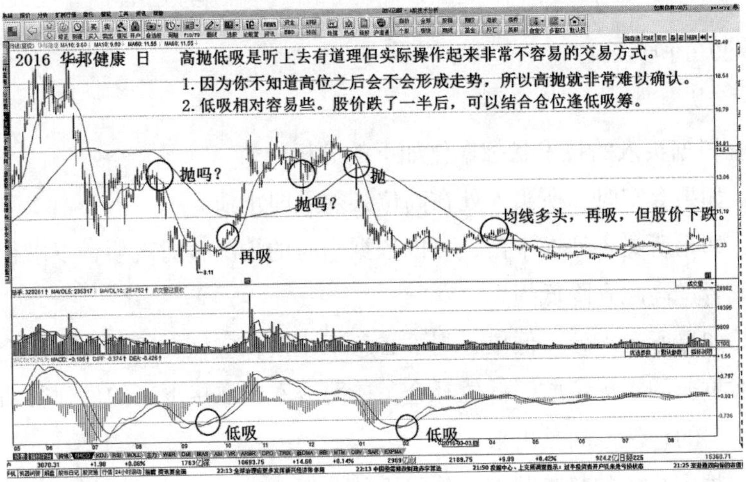

◆ 换股解套法。换股解套法就是投资人如果发现自己所持有的股票质地很差，趋势明显已经走坏，或者刚买就破位了，对于这样的股票，投资人要想解套就很难，继续持有这种股票没有意义。所以，投资人不妨精心选择一只股性优良的股票（同等价位的票），以优换劣，以期解套，这就是换股解套法。

而较理想的换股解套法就是，首先选好几只理想的备换股，然后等待比较理想的价位卖出手中所持股票，其后再不慌不忙地等待自己选的几只股票，看哪一只时机已到，趁其价位和时机最理想时买入，以完成换股。这样就能做到买卖都比较理想，其换股风险自然也较小。

例如，注意股票中的余额和总资产的比例，在2016年下跌趋势中，做到资产稳中有升。

人民币：余额:300001.00　可用:300644.57　可取:300001.00　参考市值:244868.00　资产 545512.57　盈亏:-27846.57

证券名称	证券数量	可卖数量	价格币种	成本价	浮动盈亏	盈亏比例(%)	折算汇率	最新市值	当前价	今买数量	今卖数量	证券代码	股东代码	成本金额	备注
重庆啤酒	1000	1000	人民币	21.567	-8946.76	-41.48		12620.00	12.62	0	0	600132	A465437570	21566.76	
大恒科技	1100	1100	人民币	18.214	-3326.42	-16.60		16709.00	15.19	0	0	600288	A465437570	20035.42	
华丽家族	2600	2600	人民币	9.838	1072.32	4.19		26650.00	10.25	0	0	600503	A465437570	25577.68	
恒生电子	700	700	人民币	40.011	1028.45	3.67		29036.00	41.48	0	0	600570	A465437570	28007.55	
东北制药	800	800	人民币	9.747	-269.84	-3.46		7528.00	9.41	0	0	000597	0158634332	7797.84	
京东方A	33400	33400	人民币	3.185	-20530.84	-19.31		85838.00	2.57	0	0	000725	0158634332	106368.84	
德奥通航	900	900	人民币	29.002	457.44	1.75		26559.00	29.51	0	0	002260	0158634332	26101.56	
罗莱生活	3100	3100	人民币	12.019	2669.08	7.16		39928.00	12.88	0	0	002293	0158634332	37258.92	

2016年2月25日

买入 卖出 撤单 成交 持仓 刷新 转账 港股通 资金股份 帮助 锁定 系统 多账号 [redacted]

人民币：余额:1.00 可用:300197.84 可取:1.00 参考市值:262197.00 资产 562394.84 盈亏:-34932.91

证券名称	证券数量	可卖数量	价格币种	成本价	浮动盈亏	盈亏比例(%)	折算汇率	最新市值	当前价	今买数量	今卖数量	证券代码	股东代码	成本金额	备注
重庆啤酒	1000	1000	人民币	21.567	-8316.76	-38.56		13250.00	13.25	0	0	600132	A465437570	21566.76	
大恒科技	1100	1100	人民币	18.214	-6208.42	-30.99		13827.00	12.57	0	0	600288	A465437570	20035.42	
东旭光电	8000	8000	人民币	8.292	-6259.90	-9.43		60080.00	7.51	0	0	000413	0158634332	66339.90	
罗莱生活	4000	4000	人民币	14.354	182.78	0.32		57600.00	14.40	0	0	002293	0158634332	57417.22	
亚厦股份	5000	5000	人民币	13.830	-10951.83	-15.83		58200.00	11.64	0	0	002375	0158634332	69151.83	
海普瑞	2000	2000	人民币	31.309	-3378.78	-5.39		59240.00	29.62	0	0	002399	0158634332	62618.78	

2016年4月22日

◆ 根据买入的技术状态来作如下的分析：

1. 如果套牢时，所买入处在高位必须立即止损。

2. 如果所买入处在中位，可以依据当时的情况暂时观望，以求得解套离场或者逢高减仓降低损失。

3. 如果所买入处在低位，则不必急于止损，应该在所买入下跌企稳之后，在重要的支撑位敢于低位补仓，摊薄成本，在接下来的反弹行情中将高位套牢的仓位一同救出来。

◆ 根据买入的趋势状态来作如下的分析：

1. 处于上涨，大可不必要止损，只要耐心地等待一段时间则自然会解套，甚至还会有较大盈利的可能。

2. 如果所买入处在平衡震荡趋势中，无需立即止损，只需要耐心等待进入震荡循环高位，一解套或者损失很小的时候，毋须贪恋立刻退出。

3. 如果所买入处在下跌趋势，一旦确认下跌趋势已经形成，应该立即止损，绝对不能抱有幻想的存在。任何的迟疑和犹豫，都可能使投资者没有路可退。

没有不赚钱的投资，只有不成功的操作！是否盈利在于买涨买跌时机的把握。因此如何寻找所谓白银的底部或者高位，同时把风险规避到最小化才是重点。

股票实战知识点 12

K 线经典实战策略之七——出现黄昏之星 K 线组合时如何决断

黄昏之星由三根 K 线组成，通常出现在上升行情末期，属于反转信号，用于判断K线头部形态的形成。第一根K线为大阳线，显示买盘强劲，升势将持续。第二根为向上跳空的实体部分很小的 K 线。第三根 K 线向下跳空低开，收盘深入第一根阳线的实体之内，抹去了前两天大部分涨幅的走势。

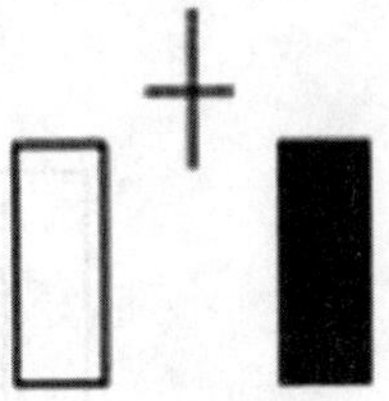

黄昏之星

黄昏之星具有如下特征。

◆ 在上升趋势中某一天出现一根长阳实体，显示出继续上涨的趋势。

◆ 次日出现一根向上跳空高开的十字型或锤型，且最低价可能高于头一天的最高价，与前一天的阳线之间产生一个缺口，有时可能会有一些变形，我们需要灵活把握。

◆ 第三天出现一根长阴实体，卖盘强劲。

黄昏之星的情况同早晨之星正好相反，它是较强烈的上升趋势中出现反转的信号。黄昏之星的K线组合形态如果出现在上升趋势中应引起注意，因为此时趋势已发出比较明确的反转信号或中短期的回调信号，对于我们来说可能是非常好的卖入时机或中短线回避的时机。同时如能结合成交量的研判，对于提高判断的准确性有更好的帮助。通过黄昏之星在实际K线图中的走势情况，可以看出在走出形态组合的同时，成交量也放出，其后该股走出一段调整走势。

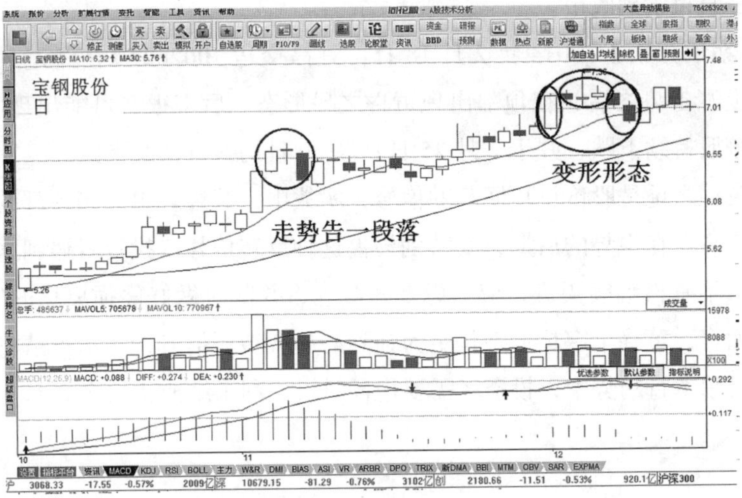

黄昏之星的K线组合形态

◆ 黄昏之星是股价见顶回落的信号，预示市场趋势已经见顶，卖出的时机悄然来临。

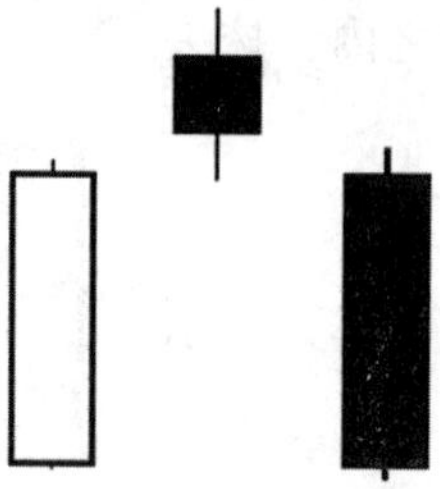

黄昏之星

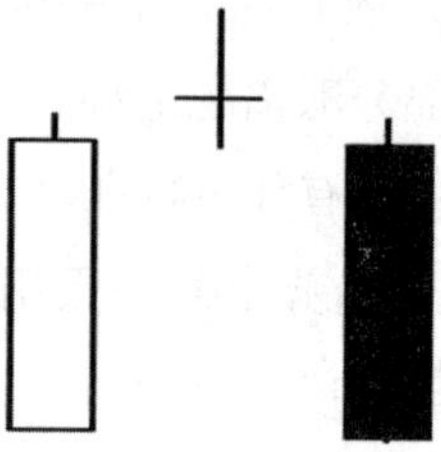

黄昏十字星

黄昏之星实战操作要点是，黄昏之星K线组合形成过程是，股价经过一段时间的持续上涨，第一天，市场在一片狂欢之中继续涨势，并且拉出一根长阳线。第二天，继续冲高，但尾盘回落，形成上影线，实体部分窄小，构成星的主体。第三天，突然下跌，间或出现恐慌性抛压，价格拉出长阴，抹去了前两天大部分走势。其中第一根K线为承接前期上升走势的大阳线，买盘强劲，显示升势持续。第二根K线可为出现在裂口高开后的十字星或纺锤，此讯号显示买方压力逐步得以舒缓，价格大有可能已见顶。倘若第二支烛有着与射击之星相同的上影线，利淡转向讯号的可靠性更大为提高。第三根是卖盘强劲的阴线，此时市况已发生根本的转变，跌势一直持续到收市。

【案例分析】 2014年2月18日，宜昌交运（002627）在经过一波较大的上涨走势之后，在顶部出现黄昏之星形态，后市很有可能出现下跌。之后该股持续下跌，并于2月25日跌破30日均线且持续下跌。

黄昏之星是股价见顶回落的信号，实战中，黄昏之星充当顶部的概率非常之高，在牛势的后期，要特别警惕这种反转信号。投资者遇到这种线组合，不宜再继续买进，应考虑及时减仓，并随时做好停损离场的准备。相较而言，黄昏十字星形态是更为强烈的趋势转弱信号，预示行情将随之进入震荡下行趋势中，投资者需要把握时机获利了结或止损出局。

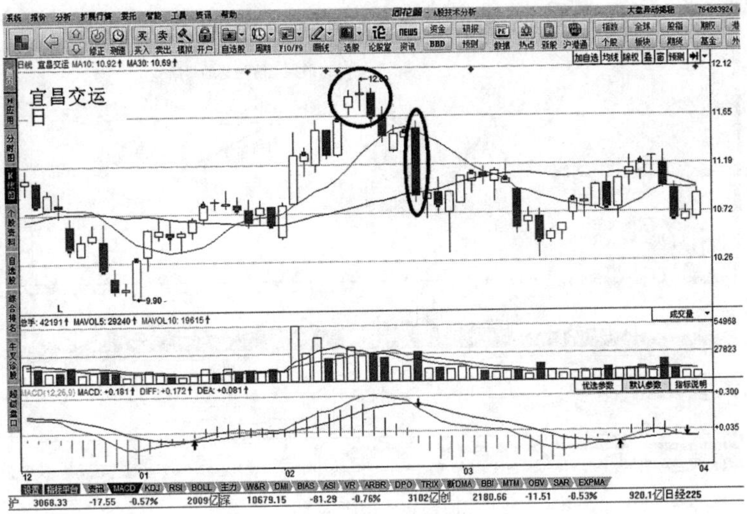

股票实战知识点 13

K 线经典实战策略之八——警惕穿头破脚 K 线

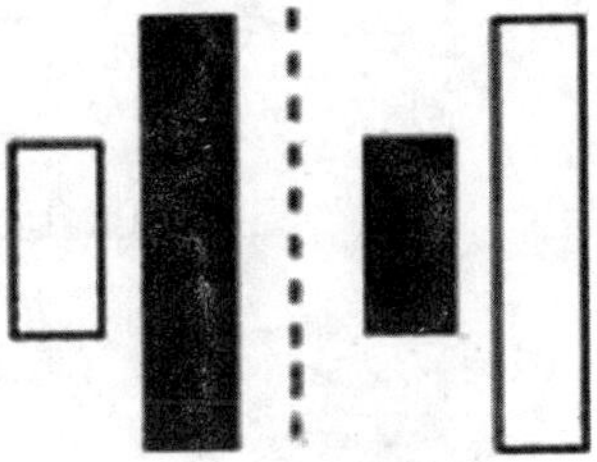

穿头破脚由两根 K 线组成，表示行情将要转向，穿头破脚第二支蜡烛烛身部分长于第一根蜡烛且蜡烛颜色相反；若是上升行情第一支蜡烛为阳线，若是下跌行情第一支蜡烛为阴线，并且包含了前一根。

◆ 顶部穿头破脚。顶部穿头破脚一般出现在升势中，第二根 K 线，即阴线的实体必须足以覆盖第一根 K 线即阳线的全部（上下影线不算）。顶部穿头破脚是股价见顶回落的信号。第二根 K 线包容前面的 K 线，转势机会就越大。

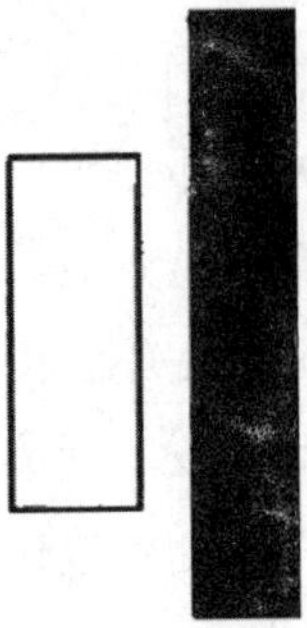

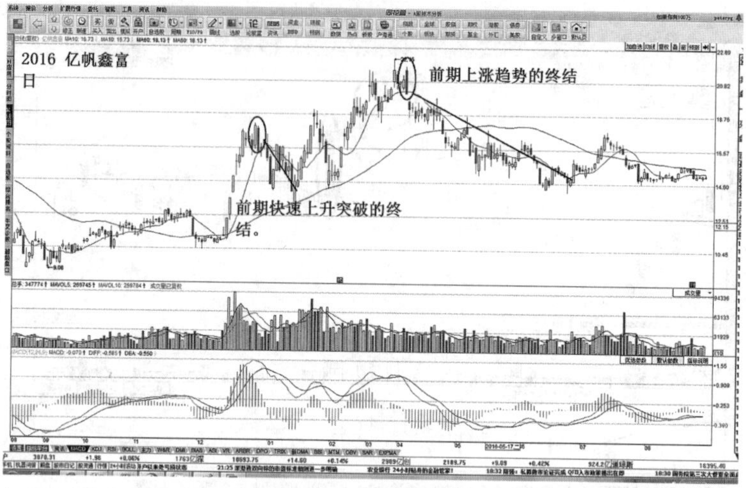

顶部穿头破脚 K 线

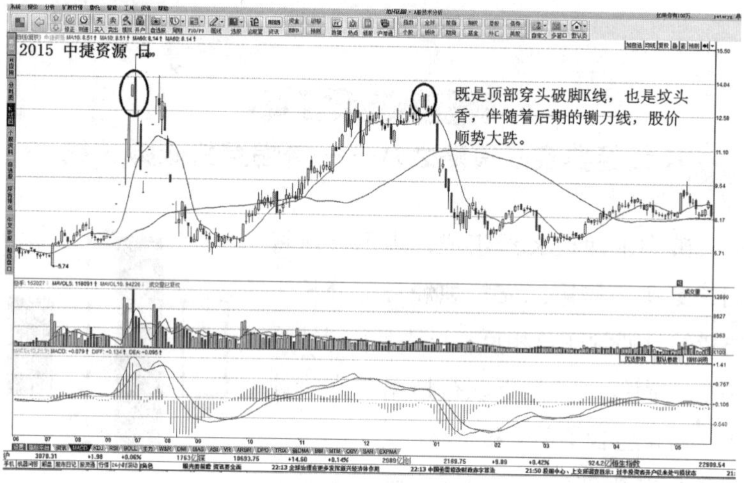

◆ 底部穿头破脚。底部穿头破脚一般出现在下跌趋势中，第二根 K 线，即阳线的实体必须足以覆盖第一根 K 线即阴线的全部（上下影线不算）。底部穿头破脚是股票回升的信号。第二根 K 线包容前面的 K 线愈多，转势机会就越大。

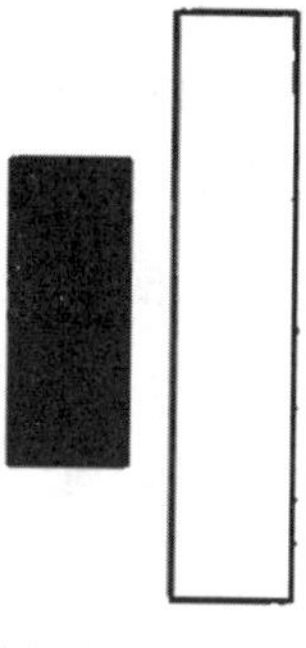

底部穿头破脚 K 线

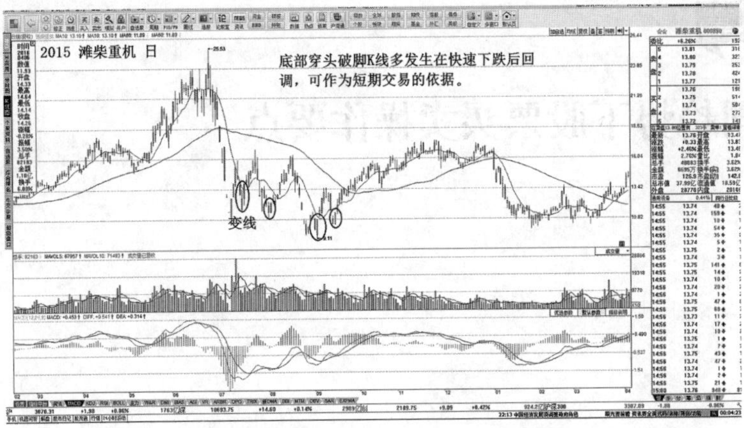

※ 高手炒股案例分析 ※

下面是云内动力的日 K 线图。

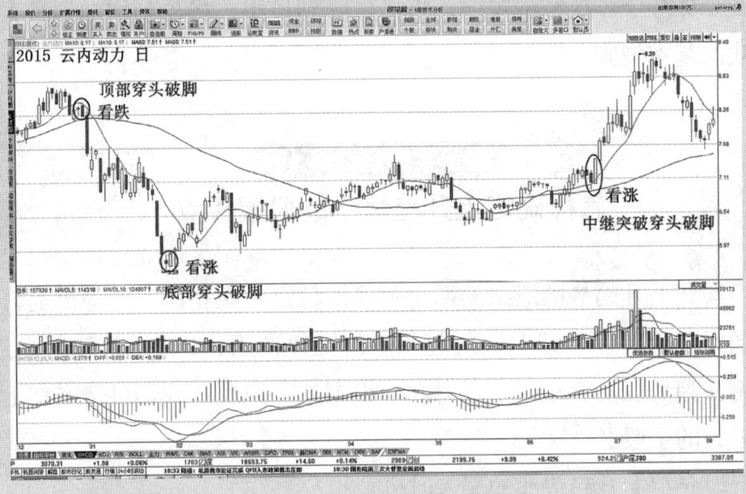

第八章

不同趋势下股票买卖操作要点

当一只股票开始下跌的时候，没有人能说清楚它会跌到什么程度，也没有人能猜到一只正在上涨的股票的最高点在哪里。在买卖股票时，必须遵行运行趋势。不管大趋势起步的因素可能是什么，不管谁反对，大趋势一定会照着背后的推动力量，尽其所能地快速推动到尽头。人们的经济活动 100% 要符合客观经济规律，将损失降到最小，将盈利增加到最大，这是游戏的基本规则。

股票实战知识点 14

怎样确定上升趋势下的股票买点？

将具有上升趋势的股票的两个相连的低点依次相连，就得出上升趋势线，通常，上升趋势线对股价起一定的支撑作用；上升趋势线一旦形成，股价将在趋势线上方运行一段时间。根据这一原理，我们可选取在上升趋势线上方的个股。

下面介绍上升趋势线的买入时机。

◆ 首先确认自己画出的上升趋势线满足以下条件：①有上升趋势存在，即存在两个依次上升的低点；②画出直线后，最好有第三个以上的点落在这条直线上，落在此线上的点越多，趋势线越有效、可靠；③该条直线延续的时间越长，越有效。

◆ 上升趋势线形成后，股价将沿这条上升趋势线运行。但在沿这条线往上运行的过程中，股价可能会有短时间的回调，很多时候都会回落至趋势线附近，有些更将股价砸至趋势线下。投资者在选股时，如果能确认趋势线有效，可待股价回至上升趋势线附近，短、中线介入。

◆ 选取股价跌破上升趋势线之后，迅速中阳或长阳回至趋势线上方的个股。

目前，越来越多的主力洞察到许多中小投资者利用上升趋势线选股，因此，他们在操作时，经常刻意地将股价砸穿上升趋势线。这样做能起到洗出部分不坚定的跟风盘的作用。

◆ 中期上升趋势中，股价回调不破上升趋势线又止跌回升时是买入时机。在中期上升趋势中，股价的低点和高点都不断上移，将其不断上移的两个明显低点连成一条向右上方倾斜的直线，便是主升趋势线，它将成为股价回档时的支撑。当股价每次回调至该线不破该线又止跌回升时，便是上升趋势中的短线买入时机。

利用此种方法操作时应注意：①股价回调至上升趋势线时，成交量应呈现缩量，否则上升趋势线难以支撑股价。②实际操作时应根据情况变化适时修正上升趋势线。

【案例分析】 生物股份从 2012 年 12 月到 2013 年 5 月，持续上涨。但该股在保持整体上涨趋势的同时，从 2013 年 2 月底到 4 月底出现了持续整理形态。该持续整理形态以三角形形态呈现，持续了 2 个月。4 月 19

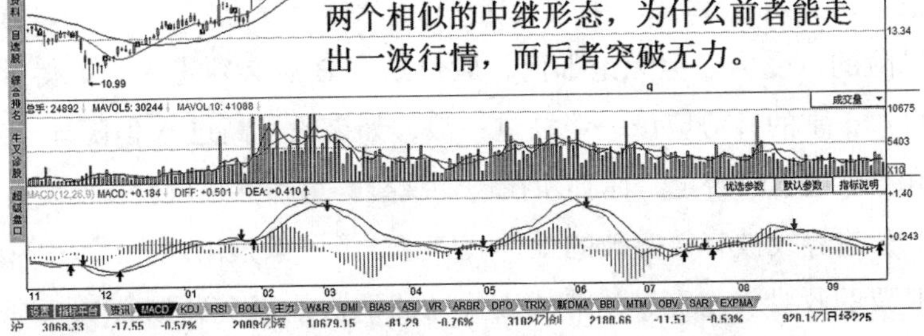

生物股份日 K 线图

日，买点 1 出现；5 月 6 日，买点 2 出现。

股票实战知识点 15

怎样确定上升趋势下的股票卖点？

股票从下跌到上涨的开始，所有的均线系统都会从下跌时的空头排列而转变为多头排列。在这个均线转变的过程中，股票会依托中长期均线上涨，上涨的速度都是不大的，在上涨当中主力还会根据大盘的背景而去进行波段操作。在这个波段操作的过程中，股价在主力的控制下就会在中长期均线那里止跌，然后继续上涨。一般在整个的上涨趋势中（开始到结束），主力都会进行好几次的波段滚动操作，这样主力就留下了操盘规律。我们可以根据主力这个操盘规律去判断上升趋势是否结束，如果股价跌破了股价一直依托的中长期趋势线，在短期没有回到中长期均线之上，而中长期均线也从向上转为平行或掉头，这就是上升趋势的改变。我们如果持有该股就应该出来了，这里就是上升通道的结束点。

【案例分析】 假如左图是一个正常的升势，A、B 点分别是波峰和波谷。一旦股价超过 A 点，便是好的买入点。假设 A=15 元，B=13 元，则好的买入点是 15.10 元或 15.50 元。因为你可以断定这是新一波的开始。假如股价升到 16.5 元，你便可将卖出价定在 15.50 元。记住保本。如果继续上升，你便应忘掉入场价，专注于股票的运动是否正常。止损点应怎么定呢？有两种方法：第一，A=15 元，把止损点定在 14 元；第二，B=13 元，把止损点定在 13 元。这要看你对风险的承受力。但无论如何，股价跌穿 B 点必须走人。记得升势的定义吗？正常的升势应该一浪高过一浪，如果股价高过 A 但随即击穿 B，表示升势已被暂时否定。你必须在场外观望，重新寻找机会。

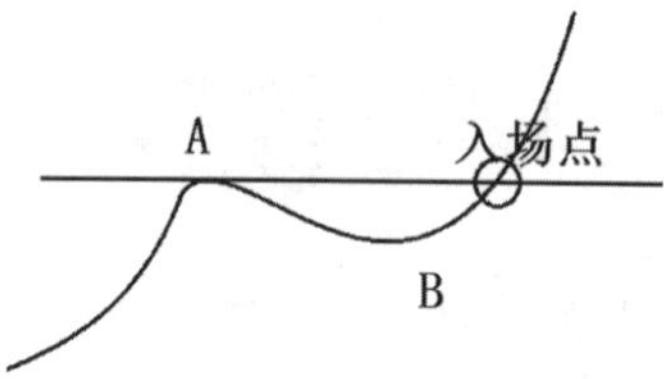

上升趋势线被有效突破的条件有三条：第一条是出现在涨势中；第二条是股票的收盘价与上升趋势线破位处的下跌差幅至少 3%；第三条是股价在上升趋势线下方收盘的时间在三天以上。下图中 A 处是假突破，而

B 处是有效突破。因为在 B 处该股的收盘价与上升趋势线破位处的下跌差幅已超过 3%，且股价在上升趋势线下方收盘的时间在三天以上；而 A 处股价下穿上升趋势线幅度不及 3%，并且时间不满三天，所以是无效突破。上升趋势线只要被有效突破，投资者就要及早止损，远离危险之地。

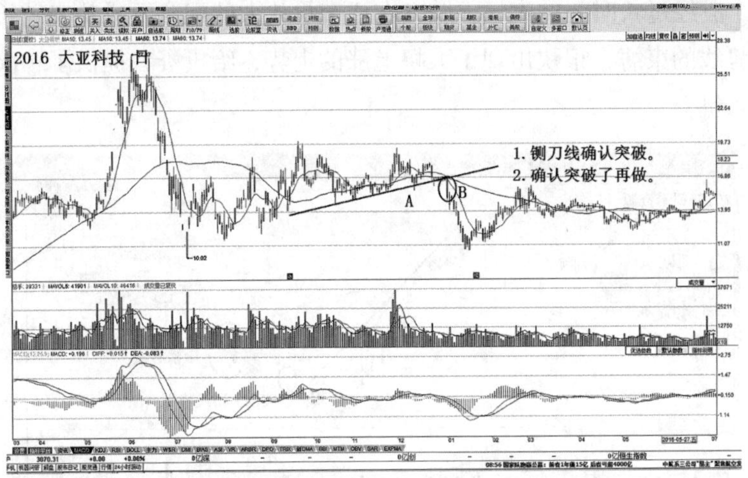

【案例分析】 2013 年 2 月 19 日，一汽富维在上涨趋势中出现看跌吞没形态，表明股价即将下跌。之后该股开始不断下跌，并于 3 月 4 日跌破 30 日均线。

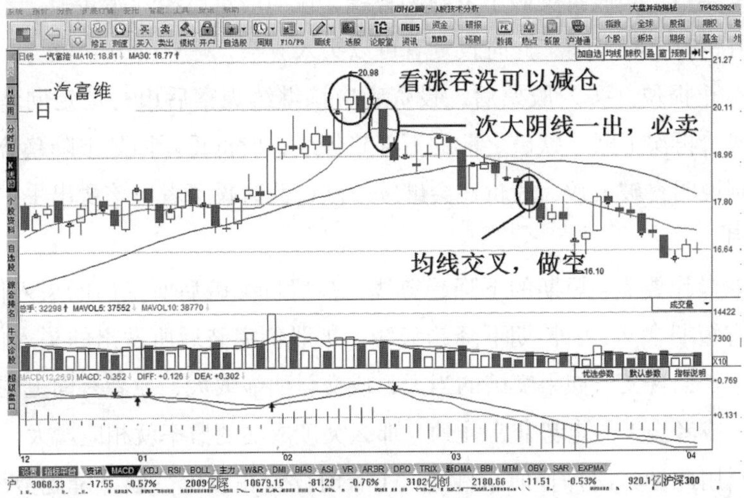

一汽富维日 K 线图

股票实战知识点 16

如何确定下降趋势下的股票买点？

个股经过长时间的大幅下跌，在成交量放大的配合下成功突破长期下降趋势线的束缚，很快出现了大幅上涨的走势，给投资者提供了一次良好的买入机会。

◆ 买点。当股价突破了下降趋势线，说明股价已经开始转强，未来股价将有一轮上涨行情，此时投资者可以买入股票，建立部分仓位。

◆ 止损位。买入股票后，投资者应该继续观察后市行情走向。如果未来股价再次下跌，跌破之前的下降趋势线，股价重新回到下降趋势线下方，则说明突破失败，股价还会继续下跌，此时投资者应该卖出手中的股票止损。

◆ 操作要点：短期的下降趋势线，被股价突破后所发出的买入信号，只具有短期含义；中长期下降趋势线，被股价突破后所发出的买入信号，具有中长期含义。如果突破的当天，成交量明显放大，或者有向上的跳空缺口，或者当天的走势非常强劲，那么突破成功的概率就相应增大。

利用此种方法操作时应注意：①有时候，在股价突破下降趋势线时，成交量并没有随着增大，这可视为短期的反弹，股价可能又回到下降趋势线以下，原有下降趋势并没有改变。②当股价向上突破 A 点之后，有时候股价又会反转下降，但是股价下降到 B 点，并没有下降到下降趋势线以下，随之股价又反转上涨，这时 B 点可视为第二次买入的机会。

股票实战知识点 17

如何确定下降趋势下的股票卖点？

以下为股票处于下跌趋势时找准卖点的方法。

◆ 做空卖出法。在跌市中投资者先将股票卖出，等跌到一定深度后，再重新买回，通过这种方法获取差价，降低成本。

◆ 快速斩仓法。适合于跌市初期使用，如果个股股价下跌不深，投资者套牢尚不严重的时候，应该立即斩仓卖出。这种时候，考验投资者能否当机立断，是否具有果断的心理素质。只有及时果断地卖出，才能防止投资损失的进一步扩大。

◆ 见异常走势卖出法。在持续疲软的市场中，如果所持有的个股出现异常走势，则意味着该股未来可能有较大跌幅。例如，在尾盘出现异常拉高的个股，要果断卖出。越是采用尾盘拉高的动作，越是说明主力资金已经到了无力护盘的地步。

◆ 趁反弹卖出法。如果股价已经经历了一轮快速下跌，这时再恐慌地杀跌止损，所起的作用就有限了。经过深幅快速下跌后的股市极易出现反弹行情，投资者可以把握好股价运行的节奏，趁大盘反弹时卖出。

◆ 补仓卖出法。当股市下跌到达某一阶段性底部时，可以采用补仓卖出法，因为，这时股价离投资者买价相去甚远，如果强制卖出，往往损失较大。投资者可适当补仓后降低成本，等待行情回暖时再逢高卖出。这种卖出法适合于跌市已近尾声时使用。

【案例分析】 2014 年 10 月 15 日，金牛化工（600722）经过一波上涨走势后在高位出现上吊线，第二天股价形成一根大阴线，投资者要注意及时卖出持股。

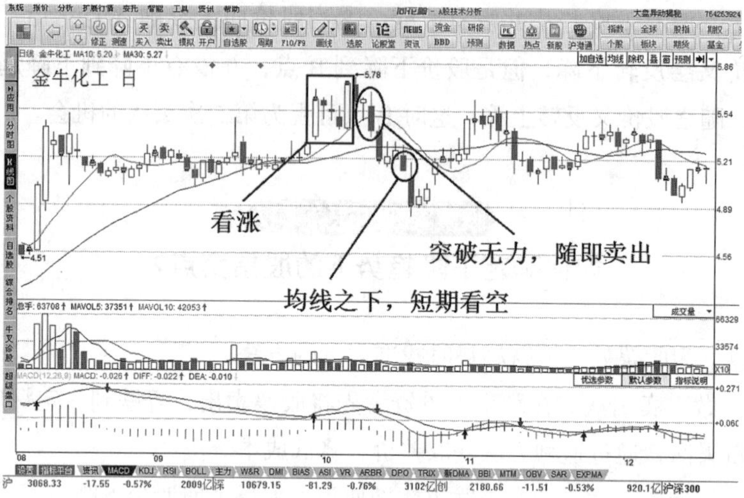

金牛化工日 K 线图

【案例分析】从 2009 年 10 月到 2010 年 4 月，深证成指周线图中出现头肩顶形态。2010 年 1 月 22 日，该股跌破颈线，卖点 1 出现。之后股价 3 次反弹，都受到颈线的阻力作用而向下，还没有出场的投资者要注意及时出场。在头肩顶形成过程中，左肩的成交量最大，头部的成交量次之，右肩的成交量则最小，也即成交量呈递减现象。它说明股价上升时上涨动能越来越弱，股价有涨到头的意味。

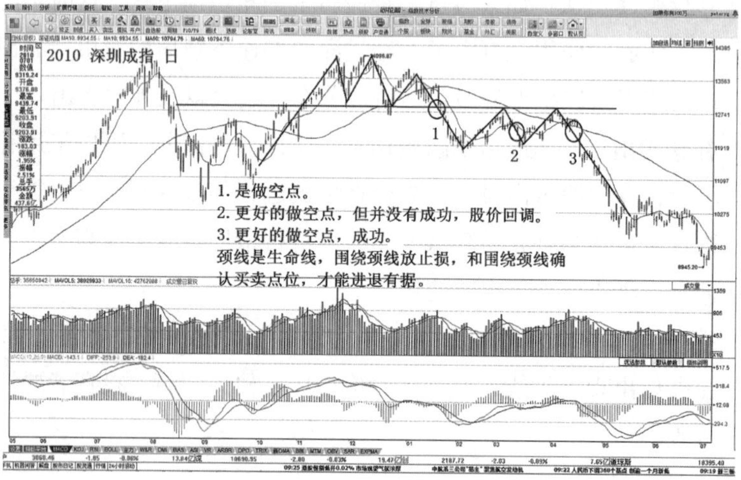

深证成指日 K 线图

※ 高手炒股案例分析 ※

高手炒股案例分析一：

实战中出现的情况瞬息万变。要保持对市场的不断观察，并且要抓住变的关节点。中原高速从 2009 年 8 月到 11 月的震荡走势。其背景则是前期的一轮较大上涨趋势。从 2008 年 11 月到 2009 年 7 月，该股伴随着大盘的上涨，也持续上升，价格几乎翻了一番。8 月份，该股从 60 日均线上方快速下跌，连续出现几根大阴线，并顺利跌破 60 日均线，表明下跌趋势初步形成。之后股价反弹向上，但受到 60 日均线的阻力作用而再次向下，表明市场下跌趋势已经彻底形成了，但价格跌到前期低点处却开始止跌回升。

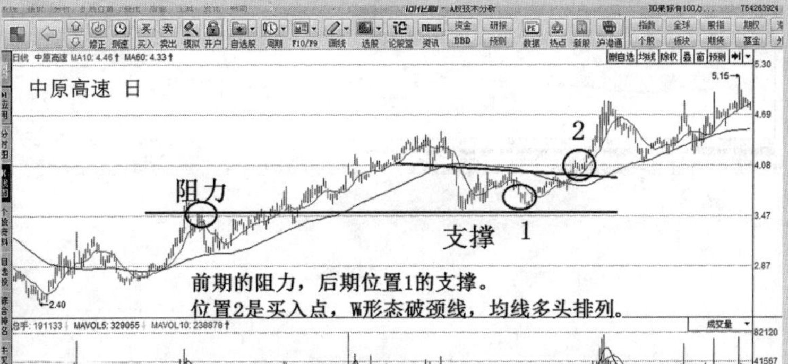

中原高速日 K 线图

高手炒股案例分析二：

在庄家做股票的基本步骤中，分为四步（吸筹、震仓、拉升、出货）。在实战操作过程中，各步骤的形态可能会复杂得多，吸筹和震仓的过程会反复多次出现，拔高出货会以二次回档的方式进行。几个环节可能多次出现，次序可能前后颠倒，或者是有多个庄家混杂在一起。

主力底部开始不断收集筹码，主力呈现上涨趋势的收集筹码原则，量能的放大、阳线多于阴线也是成为主力吸纳的表象因素。每日的盘中观察，需要投资者熟悉最强牛股上涨的趋势分析原则，一旦具备操作价值的技术因素出现，观察、潜伏、收获财富将成为大概率事件，关键是投资者需要具备发掘价值个股的能力。

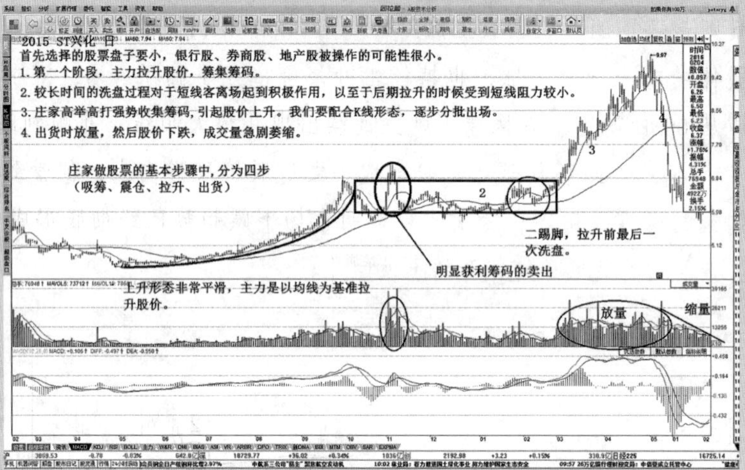

第九章

定位翻倍股——时间周期

大周期是总体战略，而小周期就是具体行进路线。无论你做的是中长期的趋势跟踪还是短线的波段交易甚至是日内的超短线，都离不开它。把握好时间周期就会极大提高你的胜率，以及在何时进场、何时离场方面真正地做到标准化的第一步。

股票实战知识点 18

不寻常的时间周期

在股市中，市场的顶与顶、底与底或者顶与底之间存在某种对等的、有节奏的时间周期，了解这些周期规律有助于我们判断市场的顶底出现的日期。

◆ 月线时间对称。在月 K 线图上时间呈现出 9 个月左右（正负 1 个月

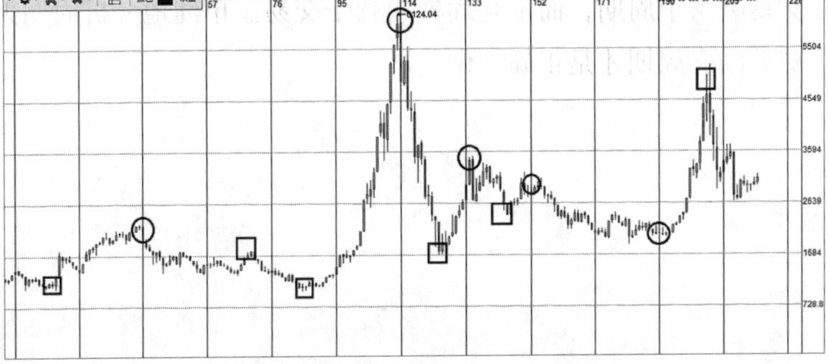

误差）的周期性波动。

◆ 周线时间对称。在月线大周期之内还存在着周线的中周期和日线的小周期等时间规律。每隔 12 周，一个季度，都会出现明显的周期变化。

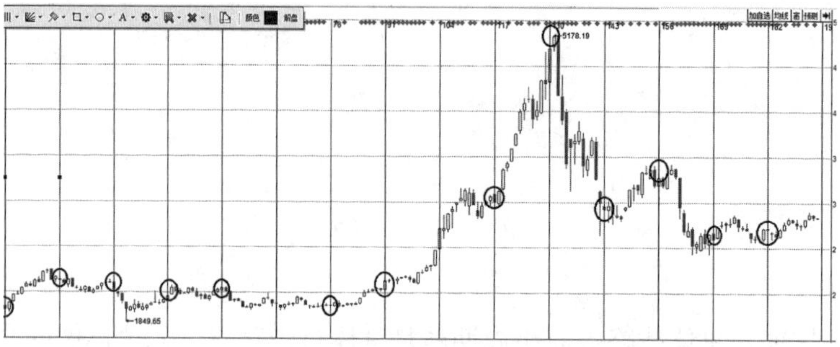

股票实战知识点 19

个股周期交易法

指数形态是相关股票的加权综合形态。有的股票是周期变化非常明显的，有的股票是几乎找不到任何周期变化规律的。所以我们一般不建议使用股指去做周期交易，而是选择周期变化比较明显的股票，辅以股指、工具等等做入场判断，乃至于整体交易策略。

1. 我们在选择交易品种的时候，要选择前期周期变化比较明显的股票，再做整体打算。

2. 平均周期法也是不合理的，市场波动时间不是完全数学平均的，要看出明显节奏，而不是等周期计算。

3. 交易凌驾于周期，而不是周期凌驾于交易。单纯地分析周期无益于交易，交易结合周期才是正确的做法。

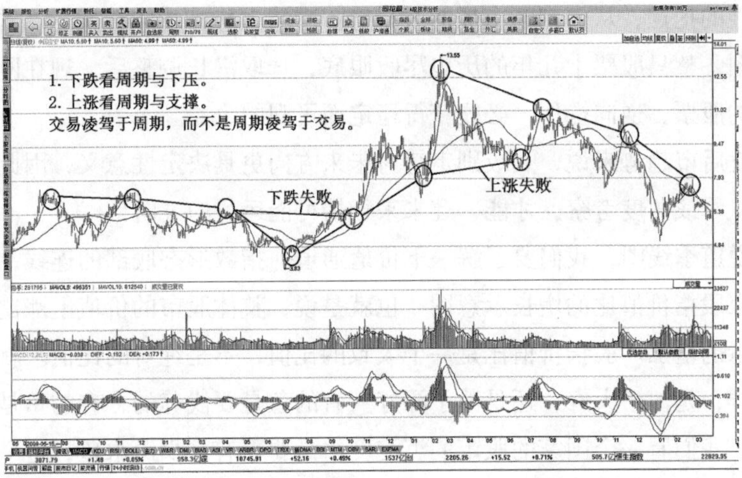

任何书籍，如果只是描述固定式周期，那么是缺少阅读价值的。市场中最大的特色是“分形和迭代”，虽然这是演化分析的高级概念，但我们也不妨在此一瞥。

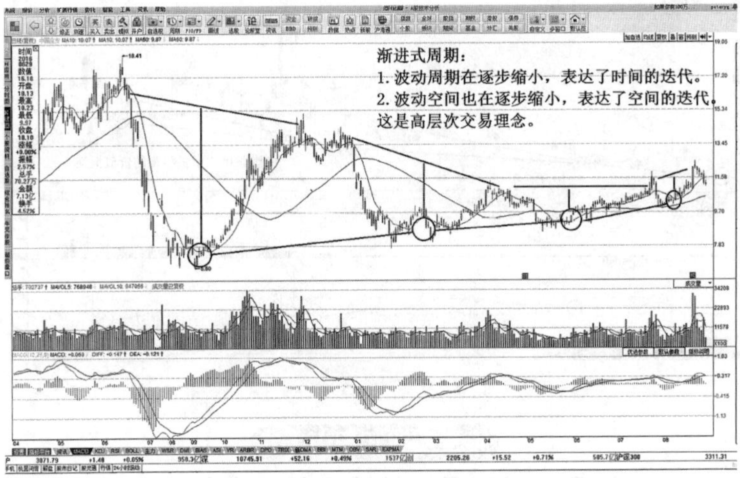

股票实战知识点 20

强大的季线图使用工具

季线图反映的是长期的趋势。通过研判季线图，我们可以对大趋势有方向性的把握，从而判断市场的大趋势。看清大势，才能行大运。看看季K线图，整只股票十几年的历史尽收眼底，选取漫长调整后，现在刚刚要启动的股票，逆向操作，必能获得稳定而可观的收益。

就后市趋势来说，大级别走势对未来方向更具决定性意义，因此投资者可从季线角度考察，才能一窥未来行情可能运行的方向！

说道季线图，我们要了解一下价值通道。指数形态底部的连线，是这个国家股指价值比的增长示意图。也就是说，整体股市的价值上涨比上股票数量的增加。股指价值比是一个大致的比值，不是绝对的比值。就像养鱼一样，是池子大好，还是池子深好？有的鱼是要浅养的，有的鱼是要深养的。我们看一个国家的股市的沉淀度，是要看有多少深水鱼，这个才是这个国家股市的根本价值。在金融危机中，深水区是很难被触及的，就像图中的低位支撑线一样。我们可以围绕这根线，做中国股市的“价值投资”策略。

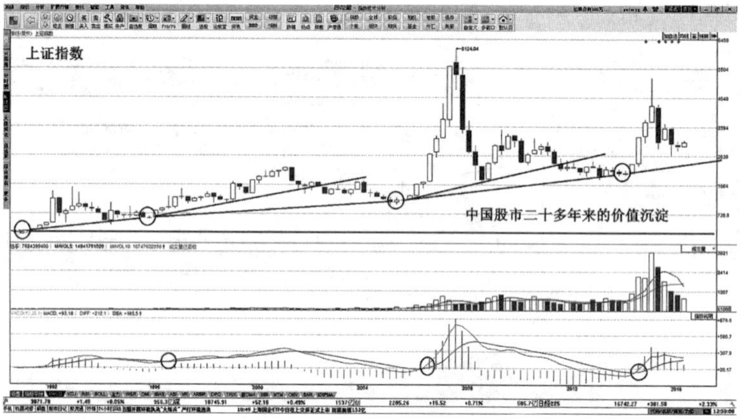

股票实战知识点 21

如何看多时间周期均线图的买点与卖点？

移动平均线是利用统计原理，以股票在一定时期内连续几天的价格求出平均值，将每天的平均值相连，就构成了趋势线。移动平均线采取对以往交易进行平均取值的方法，可消除股价波动，反映股价变动趋势。平均线参数的选择因人而异，但都包括长、中、短期3种，通常有5日、10日、

20 日、30 日、60 日、125 日线（半年线）、250 日线（年线）等。一般情况下把 5 日、10 日和 20 日均线称月线系统，把 20 日、40 日和 60 日均线称季线系统。

案例 1：均线买点

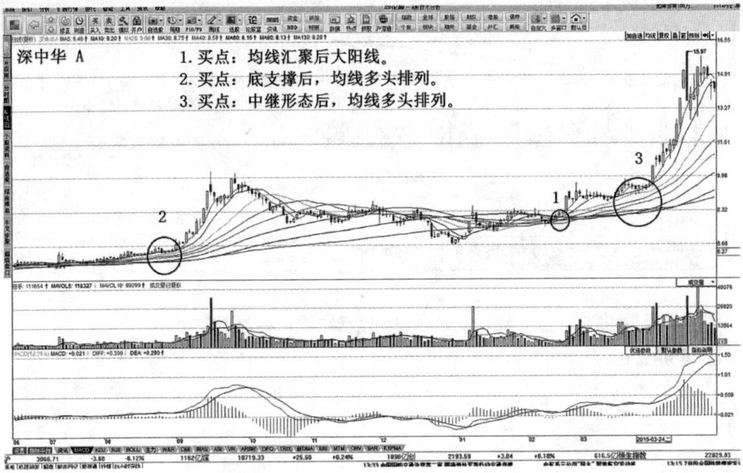

案例 2：均线的底部形态

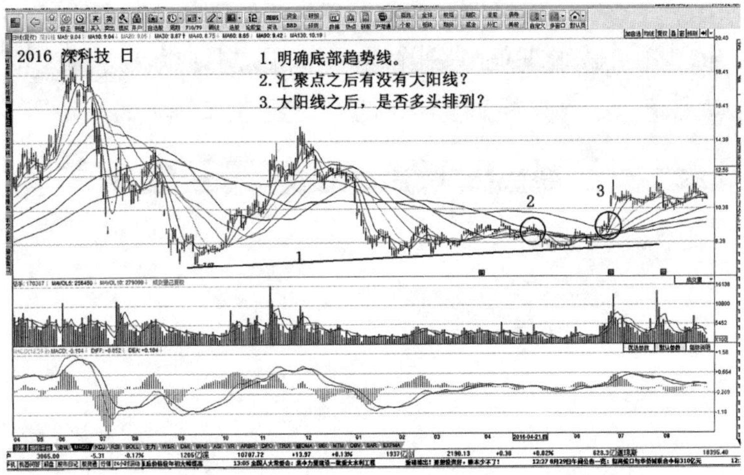

案列 3：以均线为主体画趋势线，有效去除 K 线毛刺。

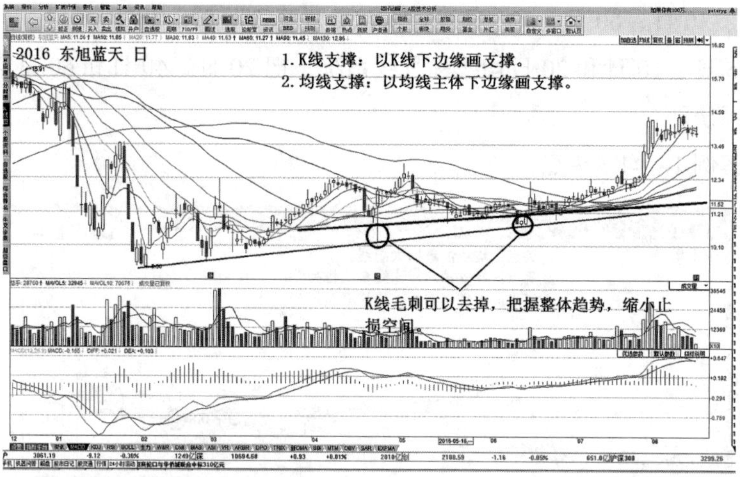
2016 东旭蓝天 日
1. K线支撑：以K线下边缘画支撑。
2. 均线支撑：以均线主体下边缘画支撑。
K线毛刺可以去掉，把握整体趋势，缩小止损空间。

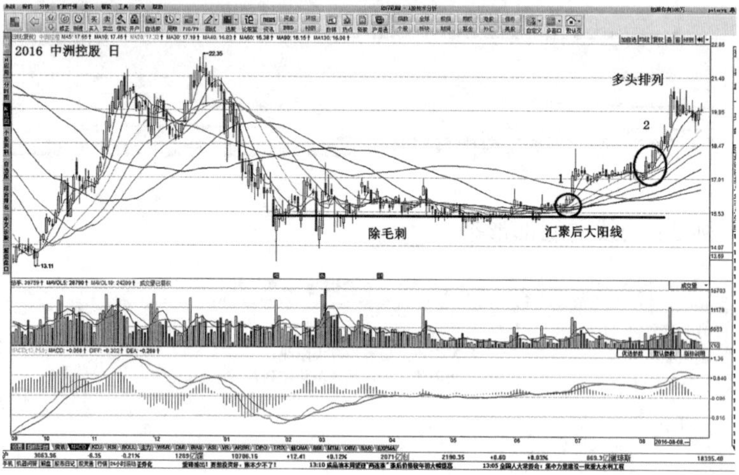
2016 中洲控股 日
多头排列
2
1
除毛刺
汇聚后大阳线

※ 高手炒股案例分析 ※

下面是华锦股价的日 K 线图。

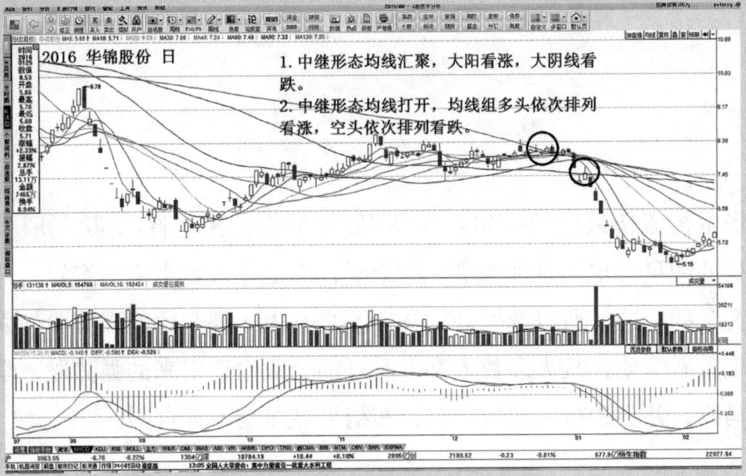

第十章

你也能找到黑马股票

华尔街流传最广的一句名言是“股市最难的是选择”。黑马股不是人人瞩目的明星，也不是涨幅最大的个股，而是投资者本来不看好，却能够异军突起的个股。所以选黑马的技巧不是选人人都知道的强势股，而是要透过现象看本质，从大多数人都不看好的个股中选出来的强势股。学会选出黑马股，并很快投入实战应用，其结果显然是不言自明。

股票实战知识点 22

什么样的股票才具备黑马的特征？

黑马股是指价格可能脱离过去的价位，而在短期内大幅上涨的股票。黑马股是可遇而不可求，如果被大家都看好的股票就很难成为黑马了，投资者不用刻意地搜寻黑马，只要是好股票，就可以赚得到钱。时下，很多投资者对黑马的认识存在一定的误区，以为黑马股就是股市中的明星。其实，这个认识是错误的。因为黑马股不是人人瞩目的明星，也不是涨幅最大的个股，而是投资者本来不看好，却能够异军突起的个股。所以选黑马的技巧不是选人人都知道的强势股，而是要透过现象看本质，从大多数人都不看好的个股中选出来的强势股。

日 K 线图是研判股票走势的重要工具，中线黑马的吸筹周期较长，虽然主力一定会刻意掩饰，但是仍然有许多迹象会泄露主力的真实意图。黑马股票一定具备这样的 K 线特征。

◆ 小平台建仓

主力欲建仓一只股票，会按计划买进一定筹码，为了避免被市场发现，起初的买盘不会很大，而且也不会主动追高吃进。主力不得不震仓洗盘，特别是几次莫名其妙跌停，吓唬得没有思想准备的散户恐慌抛售，可是，股票价格在次日继续大涨，如果投资者发现一只股票洗盘次数越多，而且杀跌幅度越大，那么，这个个股上涨潜力将是最大的品种。

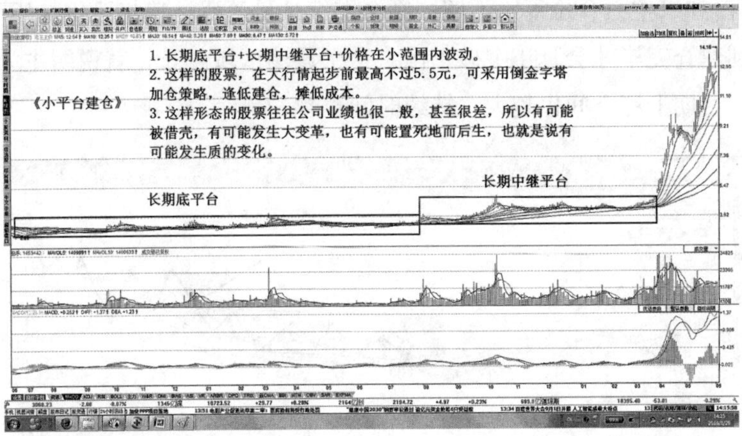

◆ 隐藏试盘动作。股票经过一段时间的下跌，逐步开始有主力开始吃进。吃进的筹码第一步是用来砸盘的，主力利用大势不好的机会，不断抛售初期吃进的少许筹码，通常借助大盘大跌的机会，主动性抛售几笔大单能够诱使盘中杀跌资金恐慌出现，终于股票价格跌到主力看好的价格位置，再横盘吃进一部分筹码，当盘中浮筹不够的时候，主力还会拉高股价

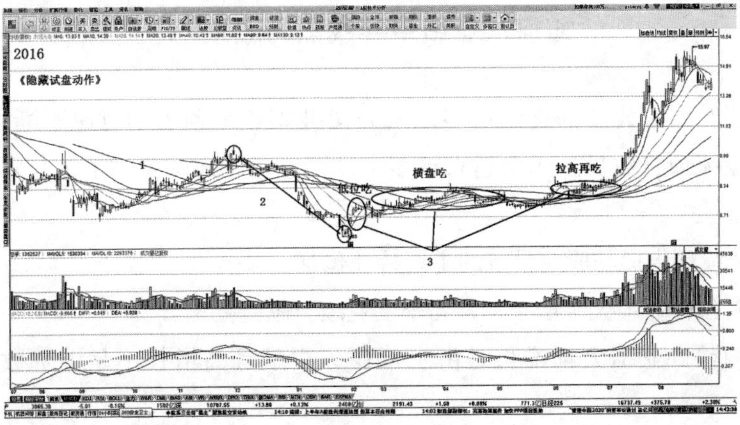

到一个新台阶继续吃进。

◆震荡走高型。股票价格连续砸低后，主力重新吸筹，它会改变一只个股的多空力量，股价会在主力的积极性买盘的推动下，不知不觉慢慢走高。但这个时候，大势并不稳定，因此，主力一般会努力控制股票价格在一个固定的区域来回震荡，并形成一个波段高低运行区域。盘中短线资金自以为找到主力破绽，于是加强高抛低吸，突然，有一天股价冲过箱体继续上行。如果主力仓位筹码不够，则会继续少量筹码迅速将股价打压下来，一直到建仓完毕才会真正突破上涨。这个震荡区域越长，就说明主力吸筹越多，后期上涨空间也越大，持续时间也越长。

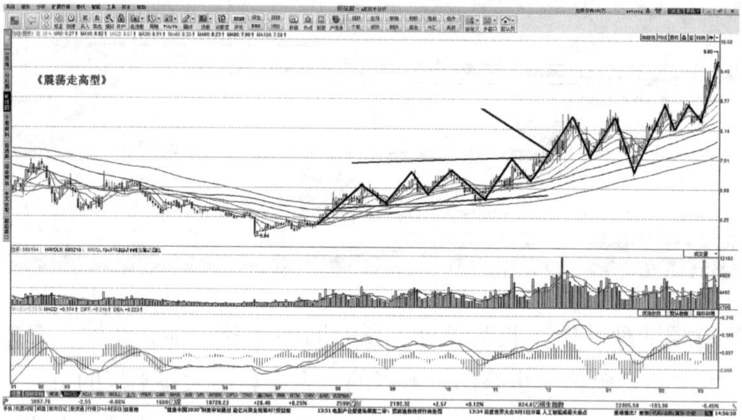

股票实战知识点 23

如何从业绩中寻找黑马股票？

随着上市公司的逐渐增多以及公司披露业绩预告的意愿不断增强，披露业绩预告数目近年来越来越多，投资者也越来越关注上市公司的业绩预告。

业绩预告黑马股应具备的主要特征包括：

◆预告业绩大幅增长，且当季度业绩贡献主要增幅。

◆预告业绩大幅增长是由主营业务贡献且高增长不是由基数过低造成。

◆ 业绩预告前股价没有大幅反映出业绩大幅预增的利好，并且公布大幅增长消息超出分析师的一致预期。

◆ 公司股价对于利好消息反应弹性较大，主要表现为流通盘小，且非周期股优先。

由于股市中很多黑马股都是伴随公司业绩的增长而产生的，所以投资业绩增长股票是重要的盈利方法之一。在财务报表披露前期，一些业绩预增预盈股的表现比较突出。随着披露的全面推进，围绕业绩预增预盈的行情也将如火如荼地展开，投资者应高度关注预增预盈股。投资预增股要注意以下问题。

◆ 风险防范。业绩的增长对于股价的提高有一定的帮助，但是两者之间并非完全相关，股价的走势还取决于多种因素的影响。从以往公布财务报表期间的个股表现情况分析，可以发现大部分预增股的走势是强于市场整体走势的，但是也有少部分预增股表现不佳，投资预增股必须综合考虑市场其他因素。如果在业绩公布之前股价已经出现大幅增长，投资者不能一味盲目追高，因为这部分预增型公司的股票已经得到了市场的热情追捧，市盈率和股价都比较高。此时再追涨，市场机会相对较小而风险较大。

◆ 了解业绩增长基数。一般来说，投资业绩预增股票要看公司净利润增长情况。相对而言，增长幅度越大的股票，其市场机会也相应较大。但需要注意一种例外的情况：有些个股的业绩原本较差，其业绩增长基数很低，每股收益只不过略微增加，就可以使业绩大幅翻番。例如，有些上市公司虽然也预增 50% 甚至 100%，但是如果前一年的基数只有每股 0.01 元，增长 50% 每股收益不过 0.015 元，增加 100% 每股收益也不过 0.02 元，其实公司基本面没有多大改善，可以忽略不计。也就是说，这种预增并不能真正有效改变公司的经营局面，也难以使个股摆脱绩差股的概念。这类绩差型预增股缺乏中长线投资价值。

◆ 了解业绩增长原因。稳健型投资者不仅要观察预增股的业绩增长幅度，还要了解业绩的实际增长状况和增长原因。注意分析上市公司是否有新的利润增长点形成，是否有新的投资项目投产，是否有真正能取得实质性收益的收购或该公司是否遇到有利于公司发展的一系列情况。

股票实战知识点 24

如何从成交量中寻找黑马股票?

成交量选黑马股的诀窍是:

◆ 结合股价的变化进行分析。绝大部分股票中都有一些大户，他们的短线进出同样会导致成交量出现波动，投资者要区分这种随机买卖所造成的波动与主力有意吸纳造成的波动的差异。我们知道，随机性波动存在刻意打压股价的问题，成交量放出时股价容易出现跳跃式上升，而主力吸筹必然要压低买价，因此股价和成交量的上升有一定的连续性。

◆ 利用股票软件中的量比排行榜。因为股票的抬升，首要的条件便是成交量要有所放大。所以，当大盘开盘 15 分钟时，投资者就可以先从成交量排行榜的前 20 只股票中选择黑马。其目的是翻看近期量比小的个股，剔除冷门股和下降通道的个股，选择那些曾经连续放量上涨、今日缩量回调的个股进行跟踪，待股价企稳、重新放量，且 5 日均线翘头和 10 日均线形成金叉时，就可果断介入。

◆ 买入放量突破之前高点的股票。一般而言，股票能够突破之前高点，也证明庄家还要继续拉抬该股，所以可介入。

◆ 注意观察成交量的堆积。寻找涨停黑马股，成交量的堆积也是一个重要的制约因素，它对于判断主力的建仓成本有着重要作用。除了刚上市的新股外，大部分股票都有一个密集成交区域，股价要突破该区域需要消耗大量的能量，所以它也就成为了主力重要的建仓区域。

◆ 不要追买连拉多日大阳的股票。虽然，这些股票每日都较之前一天放量，但是，这离庄家全线逃命时日不远，天天拉大阳其中必有阴谋，并且风险太高，所以不宜追买。另外，投资者需要注意的是，在主力开始建仓后，某一区域的成交量越密集，则主力的建仓成本就越靠近这一区域，因为无论是真实买入还是主力对敲，均需消耗成本，密集成交区也就是主力最重要的成交额区，积累成交量和换手率越高，则主力的筹码积累就越充分，而且往往实力也较强，此类股票一旦时机成熟，往往有可能一鸣惊人，成为一匹“超级大黑马”。

◆ 关键是寻找适度放量的个股。一般来讲，股市中的某股成交量较前日开盘时放大数倍，并且日 K 线图在横盘底部放量的可首选为黑马。因为如果个股放量过度，往往会极大地消耗该股做多的能量，使短期后续资金无法及时接力，个股的上涨将缺乏持续性的动力，从而使股价上涨一步到位，缺乏实际投资价值。

◆ 观察成交量均线。策略需要注意的是，如果成交量在均线附近频繁震动，股价上涨时成交量超出均线较多，然而在股价下跌时成交量低于均线较多，则此种情况说明该股就蕴涵着黑马股的潜力。

◆ 领会股市行情，把握放量大小。当放量有了一定的升幅后，庄家就会清洗短线浮筹和获利盘，并允许看好该股的投资者介入，其目的是垫高市场的平均持股成本，减少再次上涨时的阻力。由于主力是看好后市的，有计划地回落整理，因此下跌时成交量就无法连续放大，在重要的支撑点位会缩量盘稳，盘面浮筹越来越少，这时候如果再次拉升股价，条件就具备了。当然等到成交量再次放大，且能够推动股价上涨的时候，就是介入的良好时机。

【案例分析】 个股的重组预期在其走势当中也有蛛丝马迹可循，而一旦能够提前布局这些重组个股，那么最终翻倍不是问题，这些个股就是我们所要寻找的翻倍黑马股。这一切当中最重要的就是量价形态。

（1）下图是重组成功的冠福股份，该股在停牌前几个交易日，收出了一根涨停放量大阳线，但是随后该股就是维持在相对的高位震荡，股价没

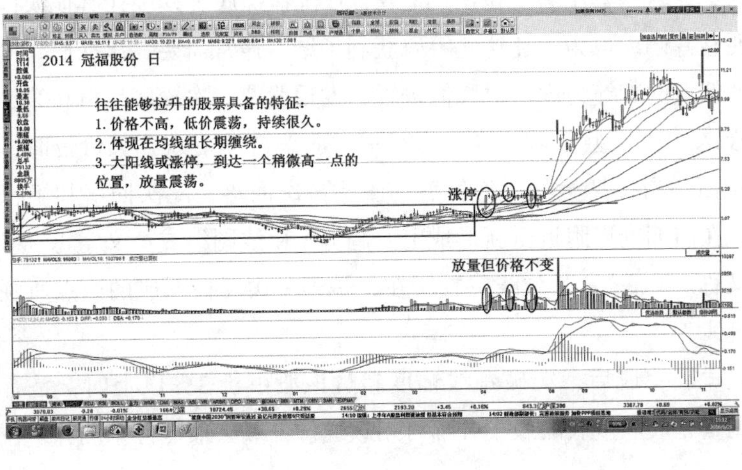

有出现相对的大幅上涨或者下跌。在震荡中该股停牌了。

（2）下图个股为焦作万方，在停盘前个股在 K 线形态和成交量。该股停盘前出现了大阳线，然后是带有长上影线的阴线或者是下影线的阴线，并且伴随的是成交量放大，所以当时以技术分析来看该股的突然异动，显得很诡异，普通投资者参与有一定的风险。但是对于一些知情者来说可能是借机逆势吸筹的好机会。在较坏的形态下个股停牌了。

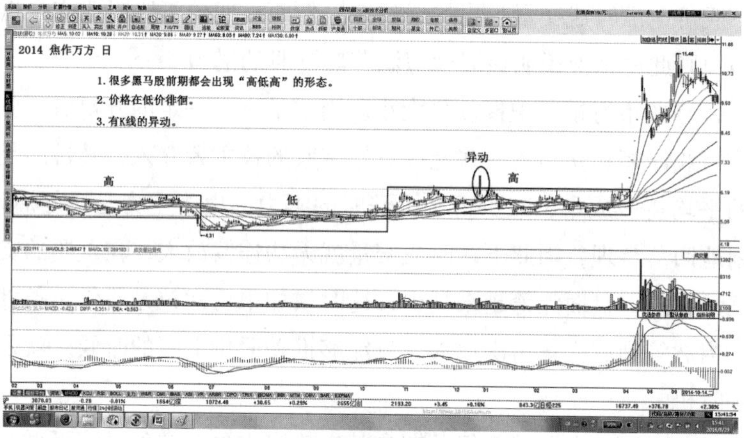

股票实战知识点 25

如何从双重底部中寻找黑马股票？

有的股票在洗盘后上拉过程中不能一蹴而就，如果在某价位套牢者较多，为了让这些套牢者低位出局；或者在洗盘探底过程中让其他人捡到了大量便宜筹码，也为了让这些筹码获利了结，通常需要二次探底，同时试探前期低点的支撑力度。对我们来说，发现股票二次探底后可在第二次回落中吸纳。和 V 型反转一样，当某一只股票持续下跌到某价位时，也会快速拉回。当拉高至某一价位后，股票再次回落，此次回落却不再创出新低，在前期低点附近重新形成上升趋势。K 线图组成英文字母 W 形状，因此又称“W 底”，其颈线位置所在，是第一次反抽形成的凸点所画的一条平直线。

双重底完成后，突破颈线幅度超过该股市价 3%以上时，是有效突破。测量完成双重底的最小升幅可用颈线价位减去最低位来测算价位，这一价差加上颈线位的股价，即是突破后目标位。在实际案例中，有些升幅更高，可达到最低价与颈线位距离的 1.618 倍或 2 倍。实际上双重底是 V 型反转的进一步深化，为什么要进行二次回落呢，一方面这是因为在打压过程中，一部分投资者已在低位吸纳了一些筹码，为了让这些筹码提早出局，再次打压是必要的。另一方面，也是某一价位套牢者较多，也需引诱套牢者出动，而不能强攻。

使用双重底选择个股应注意的是：

◆ 双重底不一定都是反转信号，有时也会是整理形态，如果两个底点出现时间非常近，在它们之间只有一个次级上升，大部分属于整理形态，将继续朝原方向进行股价变动。

◆ 两个底点产生时间相距甚远，中间经过几次次级上升，反转形态形成的可能性较大。

【案例分析】 底部 2 大于 1，呈现底部而即可介入。这是双重底最为标准的买入法。

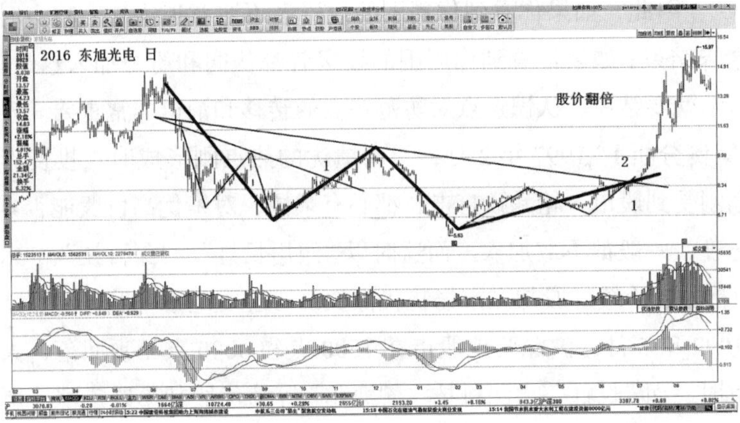

股票实战知识点 26

如何从市场热点中寻找黑马股票？

寻找热点板块的目的是：

◆ 从热点板块个股中寻找机会，介入领涨龙头股快速获利！

◆ 一个热点板块形成后出现如火如荼的炒作，很可能会影响或引领另一密切相关板块迅速崛起形成另一个新热点板块。分析了解目前热点板块的炒作一定程度上可预测下一热点板块在什么类别股票上形成。

◆ 热点板块和领涨龙头股的表现对大市指数和市场人气有着深与浅影响程度。

选股在热点板块里选，胜算就大得多。那么如何从市场热点中寻找黑马股票呢？

◆ 要掌握好热点转移与消退的时机。任何热点都会从热向冷的方向转化，这里最重要的是要掌握好热点转移与衰退的时机。如果你在热点没有退潮之前提早出局，就会错过一段行情，使盈利大打折扣；如果你在热点悄悄退潮后，还没有发觉仍在其中，那很可能就此成为套中人。因此，最佳的办法是在热点开始转移的初期顺利退出。

从总体上看，当一个热点从产生到发展，必然有一个市场从犹豫到响应的过程，而且一旦热点形成后不会马上结束，除非有突然的利空打压。只有热点升温到炙热状态才会退潮，这就是股谚中所说的“行情在欢呼声中结束”。因此，如果你看到你周围的投资者不愿意追入这个热点时，说明行情未结束；如果你看到你周围的投资者都认同和纷纷加入这个热点，说明行情就要结束。认识这点对防范热点的转移和消退非常重要。

【案例分析】 1997 年 2 月，崇尚绩优的热点刚形成时，投资者因为在前期刚受到股市一轮暴跌打击，都心有余悸，对绩优高价股能否攀升持怀疑态度，一般都不敢加入。而这时以“四川长虹”、“深科技”、“东大阿派”为首的高价绩优股却在市场犹犹豫豫的心理支配下一路走高。特别是到了 1997 年 5 月，沪深两地股市在 1500 点和 6000 点见顶回落，大盘一路下沉时，而“长虹”、“深科技”、“海尔”等绩优股却不跌反涨，屡创新高。眼前的事实，使原来怀疑绩优股能否攀升的投资者也不得不承认崇尚绩优热点所带来的巨大投资收益。

而股市真喜欢和大多数人开玩笑，正当众人一致认为崇尚绩优使市场变得成熟，投资趋向理性，纷纷买进绩优股时，崇尚绩优的热点突然在市场一片看好声中消退了，高价绩优股开始回落。之后在沪深股市跌至 1100 点和 4000 点见底回升时，市场热点又从崇尚绩优转移到追逐题材上来，一些市盈率高达几百倍和上千倍的绩差股、亏损股在资产重组的幌子下被市场捧上了天，连连涨停，而市盈率很低的绩优股却一反常态，成了市场抛售和平仓的对象。

◆ 热点有主流热点和一般热点之分。一般来说，主流热点板块必须是一个比较大的板块，其行业对于整个国民经济的影响面大，市场号召力强。如 1997 年初以“四川长虹”、“深发展”为首的绩优股板块热点。为什么要强调把热点分为主流热点和一般热点呢？因为当你学会对热点区分后，那么你对行情的估计和选股就更有把握了。比如，当一轮行情兴起时，你只要发现主流热点出现，那么你就可以测算出这一轮行情的性质是反转，而不是反弹，是一个大级别的行情，而不是一个小级别的行情。这时你就可以大胆做多，或是以长多短空为主，或买进股票后采取一路捂股的策略；反之，当一轮行情兴起时，你发现出现的热点只是一般热点，那么你只能估计这一轮行情是一个小级别的行情，是反弹行情而不是反转行情，这时你采取的投资策略就应该以短多长空为主，当接近上一轮高点，或在密集成交区，以及关键点位遇阻后，应果断做空离场。

◆ 要盯住热点板块中的领头羊。领头羊是主力为了使热点板块能够顺利启动，也为了号令天下而刻意塑造的一个市场形象。热点板块的其他个股都是看领头羊的号令行动，股民们也是在领头羊的示范效应下才会改变对市场的看法，由空翻多。由于领头羊在行情中具有重要作用，主力在培植领头羊的过程中往往也不计成本，股价可以拉到惊人的高度。从最近两年的行情看，领头羊的涨幅一般都在 100% ~ 200%之间，并且在上涨过程中气势如虹，股价也一飞冲天，根本没有犹豫、喘息的迹象，也不给空方以打压的机会。

股票实战知识点 27

如何从基本面中寻找黑马股票？

股民要如何利用基本面去挖掘黑马呢？下面是寻找翻倍黑马的常见基本面情况。

◆ 资源优势。在国内，有些资源是被国家垄断的。比如说金矿、稀土等。因此其对应的垄断企业有了最基础的资源支撑，发展空间无可限量。

或许黄金、稀土等也会受到经济发展的影响，但是其垄断性使得其长期行情看好，在估值较低或熊尾低位都可以适当从市场买入。

◆ 国企垄断经营。这类企业有很多，比如电信行业、军工行业等。这些企业一般都是国家控股，其业务是不可能由社会上的企业来做，因此，在发展的过程中，没有竞争，没有阻力。

◆ 新兴产业。对于新兴产业，国家一般会在政策上对其扶持，再加上市场空间巨大，因此这类企业在发展的初期，都会有一波快速的发展，投资者可以具体分析，以此来挖掘黑马股。

◆ 在技术上或专利上有独特优势，最好有垄断技术。法律保护拥有利用自主知识产权而生产的企业，众所周知，专利具有排他性，拥有更多专利可以垄断市场，而使得竞争者在短时间内望尘莫及，保证了利润。因此，对于此类企业来说，发展前途是明朗的，也是光明的。

◆ 对于黑马股来说，其公司本身必须拥有强大的研发、创新能力，能够帮助企业面对变幻不断的市场，经受市场的考验，并最终能够通过不断地改进创新，提高市场的占有率，增加企业利润。因此，对于一个公司而言，拥有足够强大的研发实力，才能保证投资者投有所值。

股票实战知识点 28

如何从股东数量变化中寻找黑马股票？

通过股东人数的变化可以反映出该股的筹码集中度如何变化，如果人数持续减少，说明庄家在持续吃货，有长线资金在运作。

下面介绍用同花顺软件进行股东人数变化的选股方法。

第一步：进入同花顺后单击上面的选股。

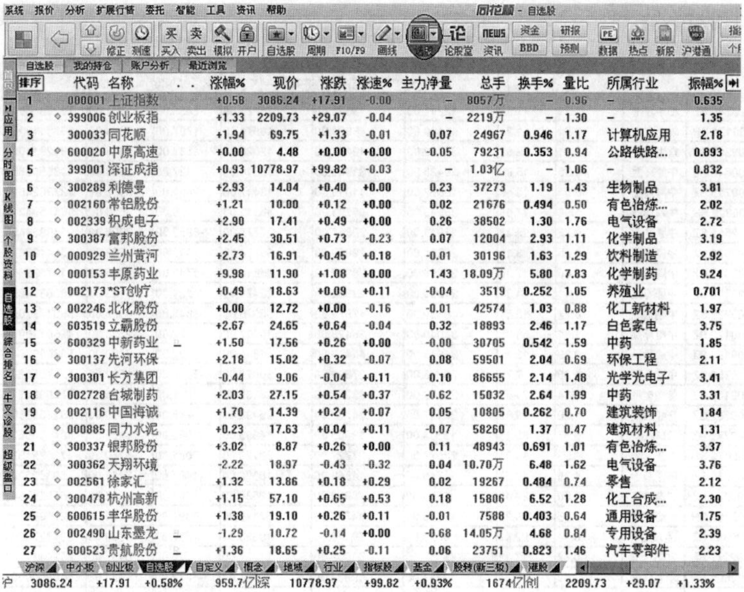

第二步：输入选股条件，例如“近两个季度股东人数减少，人数少于5万，总市值小于100亿，非停牌”。

第三步：可以选择加入板块进行选股，或者导出数据进一步精化。因为数据是按季度公布的，公布时间也是千差万别，不能实时反映最新的变化情况，所以还要结合成交量、当前价格位置、与季报时间进行对比，来

判断个股情况。

股票代码	股票简称	涨跌幅(%)	现价(元)	股东户数(户)			[2]-[3]	[1]-[2]	总市值(元)
				2016.06.30 [1]	2016.03.31 [2]	2015.12.31 [3]			2016.08.25
002346.SZ	柘中股份	1.58	17.33	12241.00	13592.00	16227.00	-2635.00	-1351.00	7528860842.80
600131.SH	岷江水电	0.54	11.24	41460.00	46804.00	48571.00	-1767.00	-5344.00	5636119232.90
002317.SZ	众生药业	1.11	13.68	35369.00	40487.00	42020.00	-1533.00	-5118.00	9962811000.00
000544.SZ	中原环保	0.90	16.80	29425.00	31989.00	32316.00	-327.00	-2564.00	4486505653.35
000715.SZ	中兴商业	-0.51	15.59	10077.00	11016.00	13417.00	-2401.00	-939.00	4372024020.00
600329.SH	中新药业	1.56	17.58	35643.00	36261.00	36311.00	-50.00	-618.00	9841504214.80
002511.SZ	中顺洁柔	0.72	18.23	17011.00	20817.00	27775.00	-6958.00	-3806.00	9149984400.00
002021.SZ	中捷资源	0.25	8.10	29366.00	29869.00	30774.00	-905.00	-503.00	5564423673.60
002401.SZ	中海科技	1.40	17.36	26858.00	28903.00	35615.00	-6712.00	-2045.00	5197533600.00
002116.SZ	中国海诚	1.41	14.34	21859.00	22352.00	22473.00	-121.00	-493.00	5868304838.50
000928.SZ	中钢国际	0.22	13.51	46320.00	47878.00	50926.00	-3048.00	-1558.00	8661737094.52
300172.SZ	中电环保	1.81	9.55	34040.00	36425.00	39007.00	-2582.00	-2385.00	4760730000.00
000151.SZ	中成股份	0.39	18.18	38979.00	41418.00	41800.00	-382.00	-2439.00	5360197800.00
000759.SZ	中百集团	1.30	7.79	26306.00	27808.00	30822.00	-3014.00	-1502.00	5237055335.00
002169.SZ	智光电气	0.14	21.53	29343.00	33258.00	38285.00	-5027.00	-3915.00	6796394713.00
000702.SZ	正虹科技	1.20	12.63	24117.00	24747.00	25492.00	-745.00	-630.00	3327599508.48
002771.SZ	真视通	0.57	85.33	13564.00	13903.00	14995.00	-1092.00	-339.00	6842855525.00
600070.SH	浙江富润	0.23	13.31	21577.00	27727.00	29728.00	-2001.00	-6150.00	4735821330.56
603338.SH	浙江鼎力	1.76	47.57	11746.00	14563.00	16000.00	-1437.00	-2817.00	7593625000.00
300304.SZ	云意电气	1.90	29.45	8950.00	8964.00	12530.00	-3566.00	-14.00	6555365845.20
600792.SH	云煤能源	0.75	5.39	40286.00	44747.00	54145.00	-9398.00	-4461.00	5296091260.00
300306.SZ	远方光电	0.94	22.49	8729.00	10128.00	10895.00	-767.00	-1399.00	5347200000.00
002277.SZ	友阿股份	-0.89	13.41	43552.00	50009.00	51787.00	-1778.00	-6457.00	9590417204.00
603600.SH	永艺股份	-2.40	53.34	19311.00	19832.00	20904.00	-1072.00	-521.00	5465000000.00
002014.SZ	永新股份	0.35	17.40	21402.00	23504.00	26968.00	-3464.00	-2102.00	5815094445.56
300337.SZ	银邦股份	3.60	8.92	25867.00	34708.00	34846.00	-138.00	-8841.00	7076731200.00
002686.SZ	亿利达	0.57	15.90	20725.00	21123.00	24130.00	-3007.00	-398.00	6509767500.00
300125.SZ	易世达	1.32	26.96	6221.00	6255.00	6801.00	-546.00	-34.00	3132900000.00
601038.SH	一拖股份	1.34	9.84	35654.00	38272.00	40658.00	-2386.00	-2618.00	7204789152.37
300030.SZ	阳普医疗	2.34	14.91	32023.00	32203.00	32758.00	-555.00	-180.00	4496067066.40
000608.SZ	阳光股份	2.04	6.49	45026.00	45041.00	47995.00	-2954.00	-15.00	4769448645.24
300373.SZ	扬杰科技	3.34	21.70	18670.00	21606.00	24123.00	-2517.00	-2936.00	8854864956.00
002559.SZ	亚威股份	-0.14	14.29	48941.00	55129.00	61144.00	-6015.00	-6188.00	5335684926.72
600692.SH	亚通股份	0.00	15.61	30015.00	33388.00	33823.00	-435.00	-3373.00	5491037039.04
002639.SZ	雪人股份	-0.78	12.66	44482.00	69682.00	77976.00	-8294.00	-25200.00	8601168506.92
002076.SZ	雪莱特	1.74	17.53	29394.00	36556.00	36835.00	-279.00	-7162.00	6328801172.64
603227.SH	雪峰科技	1.18	8.58	37454.00	38986.00	43432.00	-4446.00	-1532.00	5585776000.00
002658.SZ	雪迪龙	1.70	16.81	49931.00	51129.00	52016.00	-887.00	-1198.00	9992622886.40
002561.SZ	徐家汇	0.73	13.78	29370.00	30194.00	30358.00	-164.00	-824.00	5687637840.00
002733.SZ	雄韬股份	-0.27	25.75	29014.00	30780.00	32915.00	-2135.00	-1766.00	7897860000.00
600141.SH	兴发集团	-5.12	14.64	32731.00	35327.00	35912.00	-585.00	-2596.00	7908943510.56
002105.SZ	信隆健康	1.49	10.21	30560.00	32013.00	33729.00	-1716.00	-1453.00	3707110000.00
002480.SZ	新筑股份	4.05	12.84	29621.00	34467.00	37517.00	-3050.00	-4846.00	7970298134.50
002328.SZ	新朋股份	0.86	10.50	37432.00	38583.00	40800.00	-2217.00	-1151.00	4669202000.00
300013.SZ	新宁物流	1.15	15.81	24233.00	26237.00	28458.00	-2221.00	-2004.00	4651501824.20
600661.SH	新南洋	-0.24	29.84	20034.00	20688.00	21074.00	-386.00	-654.00	7730843535.84
002705.SZ	新宝股份	0.74	16.37	16799.00	18708.00	19129.00	-421.00	-1909.00	9343021365.60
600506.SH	香梨股份	1.11	24.55	9347.00	9986.00	11129.00	-1143.00	-639.00	3586322876.44
300137.SZ	先河环保	2.18	15.01	35052.00	38448.00	38530.00	-82.00	-3396.00	5062611556.80
600897.SH	厦门空港	0.74	21.89	19909.00	20920.00	22351.00	-1431.00	-1011.00	6471411300.00
600505.SH	西昌电力	1.17	9.49	20807.00	22114.00	22638.00	-524.00	-1307.00	3419643150.00
600211.SH	西藏药业	6.85	51.77	9447.00	10571.00	13061.00	-2490.00	-1124.00	7055242940.00
002149.SZ	西部材料	-0.84	29.57	11508.00	13458.00	14291.00	-833.00	-1950.00	6342926825.34
002194.SZ	武汉凡谷	-1.37	16.62	29341.00	31826.00	33537.00	-1711.00	-2485.00	9327666400.00
002107.SZ	沃华医药	1.02	15.91	47243.00	48967.00	51371.00	-2404.00	-1724.00	5685514560.00
600995.SH	文山电力	1.20	10.16	44186.00	48499.00	51269.00	-2770.00	-4313.00	4804405056.00
002648.SZ	卫星石化	0.31	9.83	23131.00	24098.00	26050.00	-1952.00	-967.00	7840000000.00
002003.SZ	伟星股份	0.39	15.33	21307.00	23521.00	26983.00	-3462.00	-2214.00	6584497801.42
002785.SZ	万里石	1.41	28.78	33409.00	36410.00	84370.00	-47960.00	-3001.00	5680000000.00
002543.SZ	万和电气	0.84	18.04	20295.00	22090.00	23989.00	-1899.00	-1795.00	7871600000.00
300229.SZ	拓尔思	1.69	19.88	45137.00	46569.00	47439.00	-870.00	-1432.00	9220514024.30
000885.SZ	同力水泥	0.06	17.59	22059.00	23906.00	24029.00	-123.00	-1847.00	8351719387.97
600647.SH	同达创业	0.95	26.65	10396.00	10489.00	11667.00	-1178.00	-93.00	3673389720.00
000419.SZ	通程控股	0.12	8.15	31021.00	32550.00	33332.00	-782.00	-1529.00	4424762811.70
002243.SZ	通产丽星	0.45	13.53	20798.00	22092.00	26702.00	-4610.00	-1294.00	4915862437.32

※ 高手炒股案例分析 ※

学会养“马”。养“马”的人超过任何一个短线高手。许多人选黑马还可以，却往往处于黑马还没有跑，自己倒已经下来的尴尬境地。黑马的含义不仅是指明日能涨10%的个股，真正意义在于两个方面：第一方面是高剂量的送、配，并在适当的时机填满权；第二个方面是指利润增长点。所谓的利润增长点，就是说企业内在机制的裂变和国家经济欣欣向荣相匹配。养“马”实际上指的是优良业绩保证下的持续股本扩张或者高含金量所带来的长期回报率，其原理在于仔细研究上市公司的产品，发现有前景的产品，其股价必有后劲。

“长虹”上市以来，年投资回报率超过200%。1994年8月，长虹第一次分红，每10股派红利12元送红股2股。1995年7月第二次分红配股，每10股配2.5股转配7.41股，其中配股价7.35元，转配股价7.55元。然后，在此基础上每10股派红利1元送红股7股，由于“长虹事件”，“长虹”转配红股（转配股不上市）上市流通。1996年8月，“长虹”第三次分红，每10股送6股。第四次分红每10股送6股配3股，如上市时拥有1000股，则共有流通12198股和不流通股6351股。

第十一章

果断追涨，严格止损

许多大牛股在启动后，都会有一波相当凌厉的涨势。所以，追涨应该及时、果断。买错止损，破位止损，重大利空止损，到了预设止损位止损，特别是高位追涨坚决止损。止损是主动性提前的止损，区别于被动性的割肉，要化风险于前兆之初，化风险于无形之中。

股票实战知识点 29

追涨应果断

追涨买入法是指股票上涨时看准还有上涨的空间，就及时追涨买入的投资方法。追涨要及时、果断。许多大牛股在启动后，都会有一波相当凌厉的涨势。因为这个时候追入，收益不但非常大，而且时间成本也较低。

追涨买入法的原则是：

◆ 异动量涨停选股，涨停后放出天量，随后几天股价却能不跌反涨，则这天放量很可能是主力想进一步拉高。涨停板选股如果能够准确识别减仓为目的的涨停，那短线收益将会大大提升。

◆ 关于出货型或减仓型的涨停识别，次日的量通常放大，且收高开阴，涨停的位置上属于震荡期间内，一个涨停板后股价并不能突破箱体，很多人以为股价会突破，想捡便宜，但往往不能如愿。

◆ 逆势选股，转势买股，在大盘一波下跌的最后两天至站上 5 日均线前，从涨停板中选股，这时的涨停板都有主力意图操控，这时的涨停有想要筹码的，有想趁涨停减仓的，选出想要筹码的股票放入自选股观察。

◆ 涨停次日低开缩量收阴的不要，高开放量收阴的不要，留下次日放量继续收阳，能够在涨停价上站稳三天，且调整时量能均衡，不过度微缩，靠近 5 日线时买入。

◆ 异动涨停（价异动）次日低仓位挂单买入。如底部双雄，填补长上影，填补高开阴，长下影涨停，下影送礼，下影低于昨日收盘价 5 个点以上，当天又涨停。

当然，在某些情况下是坚决不该追涨的：

◆ 大盘在高位（或个股）出现放天量时，坚决不追。

◆ 大盘在高位（或个股），而各种技术指标在高位钝化数日时，不追。

◆ 某只股票已连续上升 5%以上时，原则上不追。

◆ 大盘（或个股）出现巨量而滞涨时，不迟。

追涨的同时也要防止被套，下面是四种追涨而不被套的技巧。

◆ 必须是股价处于低价圈。股价处于低价圈时，涨幅靠前、量比靠前的个股，就能说明主力的真实意图在于拉高股价，而不是意在诱多。若在高价圈出现涨幅靠前、量比靠前的个股，其中可能存在陷阱，参与的风险较大。相对前期的高点而言，股价跌幅在 60% 以上的都可称为低价圈。

◆ 必须是涨幅靠前的个股，特别是涨幅在第一榜的个股。涨幅靠前，这就给了我们一个强烈的信号：该股有庄，且正往上拉高股价。其意图无非是，进入上升阶段后不断拉高股价以完成做庄目标；或是在拉高过程中不断收集筹码，以达到建仓目的。

◆ 必须是开盘就大幅上扬的个股。因为，各种主力在开盘前都会制定好当天的操作计划，所以开盘时的行情往往表现了庄家对当天走势的看法。造成开盘大幅拉升的原因，主要是庄家十分看好后市，准备发动新一轮的个股行情，而开盘就大幅拉升，可以不让散户在低位有接到筹码的机会。

◆ 必须是量比靠前的个股。量比是当日成交量与前五日成交量的比值。量比越大，说明当天放量越明显，该股的上升得到了成交量的支持，而不是主力靠尾市急拉等投机取巧的手法，来拉高完成的。

【案例分析】 2015 年 4 月 10 日到 4 月 14 日，华电国际（600027）在这几个交易日连续收出阳线，形成红三兵 K 线组合。此前有两根小阴星，但没有跌破 20 日均线，上涨动能依然强劲。

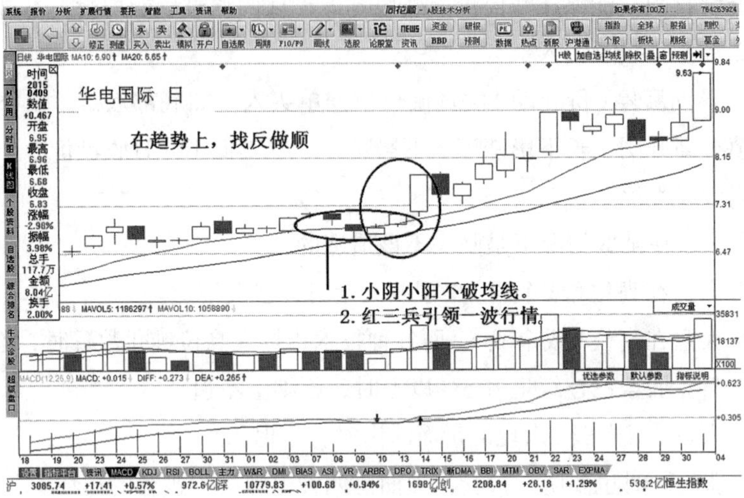

华电国际日 K 线图

【案例分析】 招商银行（600036）于 2014 年 3 月 11 日经过一波下跌之后，在底部出现早晨之星形态，预示后市将很有可能出现一波上涨走势，之后该股顺利突破 30 日均线并持续上涨。

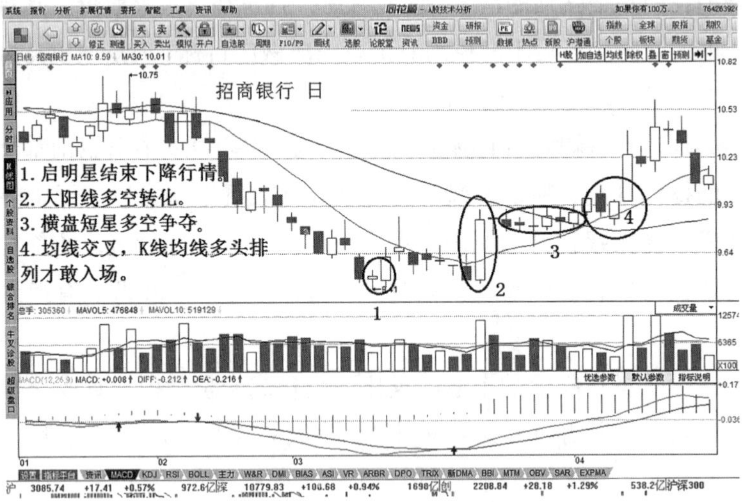

招商银行日 K 线图

股票实战知识点 30

追涨的方法有哪些?

当个股形成突破性走势后，往往意味着股价已经打开上行空间，在阻力大幅度减少的情况下，比较容易出现强劲上升行情。因此，股价突破的位置往往正是最佳追涨的位置。追涨成功突破的个股主要有以下几种方法：

◆ 追涨成功突破套牢成交密集区的个股。例如，时代新材在 2002 年年末上市以后，曾经在 15 元至 16 元之间形成两次成交密集区，有大量筹码在这一带被套牢。当股价强劲突破了该区域且创出新高时，显然主力有志在高位的意图和敢于解套所有筹码的勇气，因而前期高位就有可能成为新一轮行情的起点，投资者可以采用追涨操作。

◆ 追涨成功突破长期盘整走势的个股。例如，远东股份属于纺织类股票，流通盘较小，该股从 1999 年 6 月至 2001 年 1 月期间始终在 17 元附近震荡，2001 年初该股成功突破长期盘整格局，仅仅在两个月时间内，就实现了股价翻番的涨幅。

◆ 追涨成功突破箱体的个股。例如，青岛啤酒的公司总股本 106000 万股，流通股 20000 万股，主营啤酒制造、技术研究、开发、转让、咨询服务、国内商业、自营进出口等。该公司作为啤酒行业最大的生产企业，享有较高的知名度。从二级市场走势来看，该股 2002 年 6 月至 2004 年 1 月基本上不为大势所动，在 7.5 元和 9.5 元之间箱体运动，特别是在 2003 年全年，该股始终围绕 8 元做箱体运动。在 2004 年 1 月成功突破箱体后，该股成交量有所放大，并开始逐步盘升，形成了良好的突破型追涨买入位。

◆ 追涨成功突破长期下降趋势压力线的个股。例如，兰宝信息是我国手机部件的重要生产基地，具有一定发展潜力。该股于 2004 年春节前后成功突破长期下降趋势压力线的束缚，很快出现大幅上涨走势。

如何追涨停股票，现举例分析。追涨停板的介入点一定要在待涨停个股最后一分钱价位快被消化殆尽（只剩一百多手卖单）时要快速挂单，敢于排队，一般都有希望成交，而且这个点位最安全。

涨停个股的标准如下：

◆ 日K线在季托之上，股价正处于主力拉升初期或中期。

◆ 刚创新高，并且未远离底位成交密集区。

◆ 属于资金流向中的主流板块品种。

◆ 涨停板未被打开过。

◆ 早市跳空开盘小幅回档后直接快速封停。

◆ 涨停后未出现过四位数的抛盘。

◆ 封单为五位数。

◆ 涨停后量极度缩小。[涨停前量：涨停后量>4:1或更大]

【案例分析】 超短线分时图追涨停。

涨停板形态多种多样，以一种比较容易辨别和易操作的形态为例。

操作要点：

1. 盘出现明显攻击量峰。攻击量峰是指成交量比当日其他交易时段放大好几倍甚至十倍，这才是有效攻击量峰，形态呈现山字堆量，比平时多一两倍只能叫量峰不能叫攻击量峰。选股时有几只都在攻击量峰的情况下就选当天最大攻击量峰那只。

2. 换手区缩量。换手区缩量是指比攻击量峰少几倍的交易量，差不多或少一点都不叫缩量，最好是地量。

3. 午盘1点到2点前股价在6%～8%之间运动，必须不破6%（有时也会破到5.7%左右，但会迅速拉回6%以上）。

4. 换手率在5%～7%之间才去买进股票，换手率太低不要进货。

5. 午后1点半至2点半前买入股票。有经验的会在第一波攻击量峰出现后，股价回落至6%左右买进。

6. 单差必须是正，负也许也会涨停，但有可能是主力拉高的出货行为。

7. 当日股价分时线必须在均线上方运动。分时线走得较平滑为最佳。

8. 日K线最好是创近段新高。（一般重要）

9. 次日第一波拉升就卖出，不要贪恋。

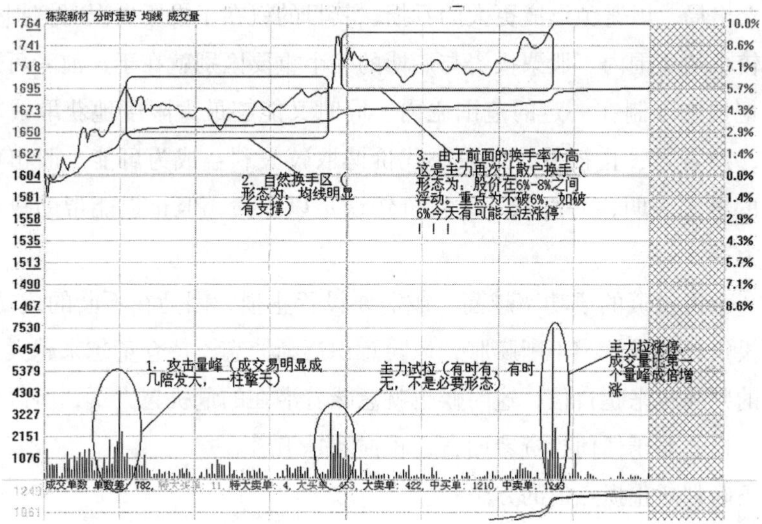

【案例分析】 苏宁环球从 14.97 元一路下跌到 7.38 元，跌幅高达 50.70%，之后超跌反弹出现涨停板，值得短线介入。

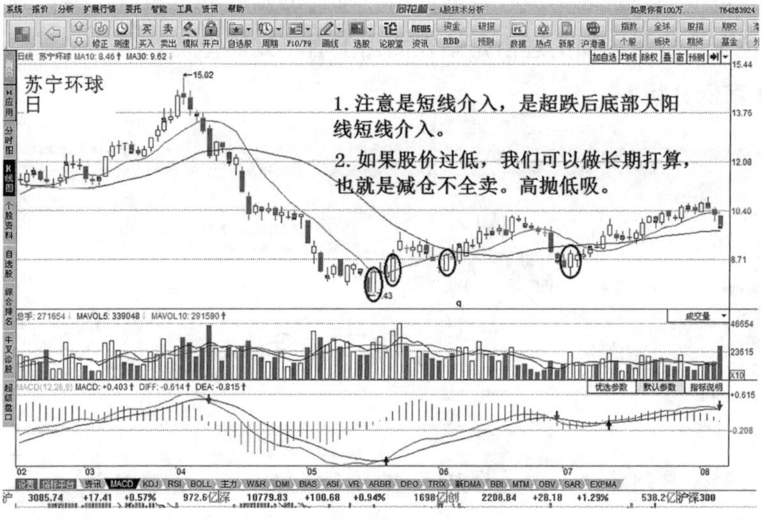

股票实战知识点 31

懂得止损才是王道

止损也叫“割肉”，是指当某一投资出现的亏损达到预定数额时，及时斩仓出局，以避免形成更大的亏损，其目的就在于投资失误时把损失限定在较小的范围内。股票投资与赌博的一个重要区别就在于，前者可通过止损把损失限制在一定的范围之内，同时又能够最大限度地获取成功的报酬，换言之，止损使得以较小代价博取较大利益成为可能。股市中无数血的事实表明，一次意外的投资错误足以致命，但止损能帮助投资者化险为夷。

一个人投资的成功率越高，越需要设置止损，因为在不断的成功中，会使投资者的成就感不断膨胀，风险意识逐渐淡忘，持仓量越来越大，对自己的判断越来越自信，这时候也就意味着潜在的危机越大了，所以更该设置止损。对于任何投资者而言，止损才是王道。

正确判断止损点位的方法：

止损的唯一正确方法就是分析图形，唯一的果断止损的理由是：上升趋势中，股价突然大幅下滑，且打破了上涨趋势，距离支撑位还很远。上涨找阻力，下跌找支撑，而不是关心你已经赚了多少或是赔了多少。赚20%、50%都不是你卖出股票的理由，唯一的卖股理由是股价运行到了强阻力位了，唯一止损的理由是站在高山上看不到支撑位。

【案例分析】

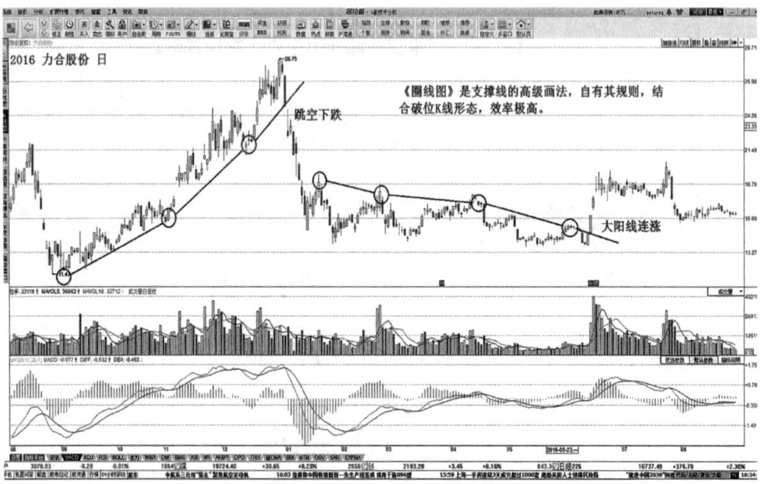

力合股份日 K 线图

股票实战知识点32

止损的方法有哪些？

股票止损方法包括：

◆ 技术止损法。技术止损法是将止损设置与技术分析相结合，剔除市场随机波动后，在关键技术位设定止损位，从而避免亏损进一步扩大。这一方法要求投资者有较强的技术分析能力和自制力。实战中设定技术止损可参考以下几点：①股价跌破前一个交易日的中间价；②股价跌破前一个交易日的最低价；③股价跌破5日成本均线（反映市场平均持股成本的一种技术指标，代码CYC）；④股价跌破上升趋势线；⑤股价跌破前期横向整理的支撑位；⑥股价跌破前期震荡收敛形成的底部支撑价位。

◆ 无条件止损法。无条件止损是指不计成本，夺路而逃的止损。当市场的基本面发生了根本性转折时，投资者应摒弃任何幻想，不计成本地抛出，以求保存实力，择机再战。

◆ 趋势形态止损法。这种方法是随时分析股价运行形态，一旦发现股价出现破位形态，则坚决止损。具体形态包括：①股价跌穿上升趋势线或下降支撑线；②股价跌破顶部附近的最低价位；③股价跌穿上升通道的下轨；④股价跌穿上涨过程中形成的跳空缺口，即开盘价超过上一日最高价的空间。

◆ 严格设定止盈点和止损点。一般投资者很难把握股价何时到达极点，因此不能妄想用足行情，买个地价卖个天价。只要有适当的利润就可及时买进或卖出。设置自己能承受的而非遥不可及的止盈点和止损点，会帮你稳稳拿到可赚得的价差，最大限度地降低损失。

如果发现找错了对象，应当机立断，止损出局，千万不要陷在里面。止损降低风险的关键，请牢记以下两点：

（1）必须设定止损点

永远不要没有设定止损就开始一笔交易。没有只赚不赔的股票，投资股市要时刻提高风险意识。最起码的风险意识就是买入前确定自己可以赔多少——设定止损点。

（2）坚持预设的止损点

能够严格自律地做到这一点的投资者很少。因为在止损点卖出股票就是要坦白地承认自己错了，而大多数散户对持有的股票往往过于自信，面对判断失误，依然心存侥幸。

◆ 选择割肉卖出的 8 个要素。止损的最终目的是保存实力，提高资金利用率，避免小错铸成大错甚至导致全军覆没。没有止损意识就等于没有正视错误的勇气，也就失去了探索成功之途的可能。止损是股市交易中保护自己的重要手段，必须坚持但又要灵活掌握。

投资者在买入股票被套后，首先面临的问题就是，必须在卖还是留之间做出选择，这时投资者可根据以下八个要素来考虑：

（1）迅速判断该股票的买入行为是投机性买入还是投资性买入。如果是投资性买入，只要公司基本面没有变坏，可以不必关心股价一时的涨跌起伏而继续持有。

（2）迅速判断这次买进是属于短线操作还是中长线操作；认清自己是属于稳健型投资者，还是属于激进型投资者。做短线最大的失败不是一时盈亏多少，而是因为一点失误就把短线做成中线，甚至做成长线。不会止损的人是不适合短线操作的。

（3）迅速判断买入时大盘指数是否处于较高位置。大盘指数较高时，特别是市场中获利盘较多时要考虑止损。

（4）资金管理的硬性规定，即交易损失总金额不能大到持有本金的某个百分比（比如 10% 至 20%）以及每笔交易所允许的最大损失额度。这是投资者必须要考虑和遵循而与市场状况无关的最基本因素，也是设定止损的基本标准和最后底线。

（5）根据投资者购买该股票时事先计划的风险与回报的比例所设定的止损点来判断。

（6）迅速判断该股票的买入操作是属于抄底型买入还是追涨型买入。如果是追涨型的买入，一旦发现判断失误，要果断地止损。

（7）迅速判断个股的后市下跌空间大小。下跌空间大的要坚决止损。

（8）分清主力是在洗盘还是在出货，如果是主力出货，要坚决止损。

◆ 定额止损法。定额止损法是指将亏损额设置为一个固定的比例，一旦亏损大于该比例就及时卖出。它一般适用于两类投资者：一是刚入市的投资者；二是风险较大市场中的投资者。定额止损的强制作用比较明显，投资者无需过分依赖对行情的判断。

止损比例的设定是定额止损的关键，通常由两个因素确定：一是投资者能够承受的最大亏损。这一比例与投资者心态、经济承受能力、盈利预期有关；二是股价的随机波动。这是指在没有外界因素影响时，股价自然波动的幅度。定额止损比例的设定是在这两个因素里寻找一个平衡点，这是一个动态的过程，投资者应根据经验来设定这个比例。一旦止损比例设定，投资者可以避免被无谓的市场波动震出局。

◆ 止平法。止平法指的是绝不让自己已经赢利的股票变成被套的股票，而是当股价滑落到保本价时坚决卖出的一种操作技巧。这种方法与止损或止盈的不同之处在于，股民把自己的保本价设置为坚决卖出价。这是一种可以有效防止手中所持有的股票由盈转亏，避免被套的投资止损技巧。

◆ 止盈技巧。止盈技巧有两种：第一种方法是静态止盈，即由投资者设立目标价位，一旦达到，坚决止盈。第二种方法是动态止盈，即当持股有盈利时，由于股价上升趋势完好或题材未尽等原因，还有上涨动力，应继续持股，直至股价回落到某一标准时，再予卖出的操作。其位置的设定标准有以下几种：

（1）价格回落幅度

若股价比最高价减少5%～10%（具体的比例依市况而定）时止盈卖出。

（2）均线破位止盈

股价从上向下跌破重要价格均线（5日线，10日线），将意味着趋势转弱，要立即止盈。

（3）技术形态止盈

当股价上升到一定阶段，出现滞涨，K线形成头部形态时，要坚决止盈。

投资者在止盈时，一定要果断操作，因为止盈是保证资金稳定增值的基础，而果断决策是有效实施止盈的基础。

◆ 止损“十不要”。

（1）上升趋势中的正常技术性回调整理时，不要止损。只要市场整体趋势没有走弱，就可以坚持中线持股为主、短线高抛低吸的操作策略。

（2）个股股价的下跌空间有限时，不要止损。当股价经过长期的下跌后，股价被压缩到极低位置，再度下行的空间有限时，投资者不仅不能止损卖出，还要考虑如何积极吸纳。

（3）熊市末期缩量下跌时，不要止损。成交量萎缩，显示了下跌动能枯竭，此时止损出局无疑是不明智的。

（4）有恐慌盘出现时，不要止损。恐慌性抛盘的出现往往是股价达到阶段性底部的重要特征，投资者切忌盲目加入恐慌性抛售行列中。

（5）股价接近历史重要支撑位时，不要止损。这时应以观望为宜，不要急于抄底抢反弹，需要等待趋势的最终明朗后，再采取进一步动作。

（6）当股价严重低于价值时，不要止损。熊市中常会出现非理性暴跌，一些具有投资或投机价值的个股会跌到平常可望而不可即的低价，这时投资者要有长线持有的耐心，切忌不分青红皂白地止损。

（7）当个股跌到某一位置企稳后，受到市场主流资金的关注，并且有增量资金不断积极介入，在量能上表现出有效放大时，不要止损。

（8）投资者因深度套牢而亏损过于巨大的，不要止损。因为这时止损为时已晚，不仅不能挽回多少损失，反而会严重打击投资心态。

（9）对于庄家洗盘的股票，不要止损。庄家临拉升股价前，为了减少未来拉抬阻力并抬高市场平均成本，常常会制造股价震荡，试图将意志不坚定的投资者赶出市场，投资者此时要保持信心，不能随意止损。

（10）股价临近重要底部区域时，不要止损。股价在底部区域时，通常情况下已经不具有下跌动能，但有时仍会有最后的成交量极小的空跌，投资者要坚定持股信心。

※ 高手炒股案例分析 ※

2013 年 3 月 27 日、28 日，凌钢股份连续两天涨停并大幅放量，上涨动能强烈。3 月 29 日，K 线组合形成高位孕线形态，当天 K 线是十字星形态，空方占据主动。4 月 1 日，股价大幅下跌，这时应果断卖出。

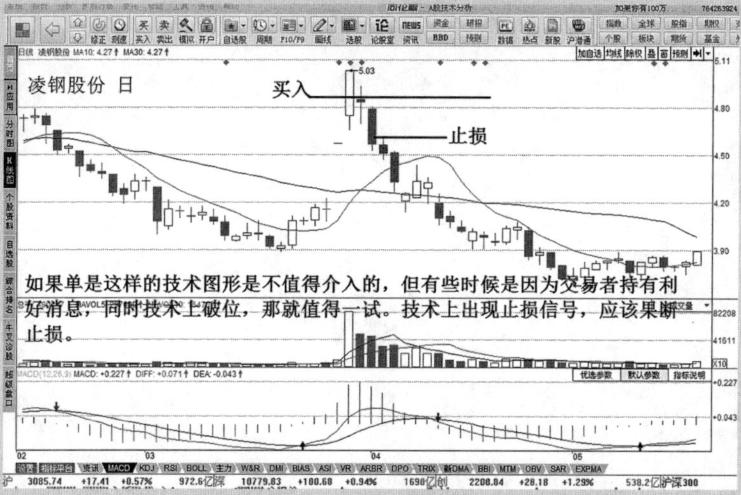

凌钢股份日 K 线图